两希文明哲学经典译丛

包利民 章雪富 主编

论灵魂和复活

[古罗马] 尼撒的格列高利 著

石敏敏 译

Philosophical Classics of Hellenistic-Roman Times

中国社会科学出版社

图书在版编目（CIP）数据

论灵魂和复活／（古罗马）尼撒的格列高利著；石
敏敏译 . —北京：中国社会科学出版社，2017.8（2022.6重印）
　　（两希文明哲学经典译丛／包利民　章雪富主编）
　　ISBN 978 - 7 - 5161 - 7821 - 8

　　Ⅰ . ①论…　Ⅱ . ①尼…②石…　Ⅲ . ①古希腊罗马
哲学—研究　Ⅳ. B502.49

中国版本图书馆 CIP 数据核字（2016）第 057576 号

出 版 人	赵剑英
责任编辑	凌金良　陈　彪
责任校对	石春梅
责任印制	张雪娇

出　　　版	中国社会科学出版社
社　　　址	北京鼓楼西大街甲 158 号
邮　　　编	100720
网　　　址	http：//www.csspw.cn
发 行 部	010 - 84083685
门 市 部	010 - 84029450
经　　　销	新华书店及其他书店

印刷装订	环球东方（北京）印务有限公司
版　　　次	2017 年 8 月第 1 版
印　　　次	2022 年 6 月第 2 次印刷

开　　　本	650×960　1/16
印　　　张	20.75
插　　　页	2
字　　　数	289 千字
定　　　价	65.00 元

2016 年再版序

我们对哲学的认识无论如何都与希腊存在着关联。如果说人类的学问某种程度上都始于哲学的探讨，那么也可以说，在某种程度上我们都是希腊的学徒。这当然不是说希腊文明比其他文明更具优越性和优先性，而只是说人类长时间以来都得益于哲学这种运思方式和求知之道，希腊人则为基于纯粹理性的求知方式奠定了基本典范，并且这种基于好奇的知识探索已经成为不同时代人们的主要存在方式。

希腊哲学的光荣主要是与苏格拉底、柏拉图和亚里士多德联系在一起。这套译丛则试图走得更远，让希腊哲学的光荣与更多的哲学家——伊壁鸠鲁、西塞罗、塞涅卡、爱比克泰德、斐洛、尼撒的格列高利、普卢克洛、波爱修、奥古斯丁等名字联系在一起。在编年史上，他们中的许多人已经是罗马人，有些人在信仰上已经是基督徒，但他们依然在某种程度上，或者说他们著作的主要部分仍然是在续写希腊哲学的光荣。他们把思辨的艰深诠释为生活的实践，把思想的力量转化为信仰的勇气，把城邦理念演绎为世界公民。他们扩展了希腊思想的可能，诠释着人类文明与希腊文明的关系。

这套丛书被冠以"两希文明哲学经典译丛"之名，还旨在显示希腊文明与希伯来文明的冲突相生。希腊化时期的希腊和罗马时代的希腊已经不再是城邦时代的希腊，文明的多元格局为哲学的运思和思想的道路提供了更广阔的视域，希腊化罗马时代的思想家致力于更具个体性、时间性、历史性和实践性的哲学探索，更倾心于在一个世俗的世界塑造一种盼望的降临，在一个国家的时代奠定一种世界公民的身份。在这个时代并且在后续的世代，哲学不再只是一个民族的事业，更是人类知识探索的始终志业；哲学家们在为古代哲学安魂的时候开启了现代世界的图景，在历史的延续中瞻望终末的来临，在两希文明的张力中看见人类更深更远的未来。

十年之后修订再版这套丛书，寄托更深！

是为序！

包利民　章雪富

2016 年 5 月

2004 年译丛总序

西方文明有一个别致的称呼，叫作"两希文明"。顾名思义是说，西方文明有两个根源，由两种具有相当张力的不同"亚文化"联合组成，一个是希腊—罗马文化，另一个是希伯来—基督教文化。国人在地球缩小、各大文明相遇的今天，日益生出了认识西方文明本质的浓厚兴趣。这种兴趣不再停在表层，不再满意于泛泛而论，而是渴望深入其根子，亲临其泉源，回溯其原典。

我们译介的哲学经典处于更为狭义意义上的"两希文明时代"——即这两大文明在历史上首次并列存在、相遇、互相叩问、相互交融的时代。这是一个跨度相当大的历史时代，大约涵括公元前3世纪到公元5世纪的八百年的时期。对于"两希"的每一方，这都是一个极为具有特色的时期，它们都第一次大规模地走出自己的原生地，影响别的文化。首先，这个时期史称"希腊化"时期；在亚历山大大帝东征的余威之下，希腊文化超出了自己的城邦地域，大规模地东渐教化。世界各地的好学青年纷纷负笈雅典，朝拜这一世界文化之都。另一方面，在这番辉煌之下，却又掩盖着别样的痛楚；古典的社会架构和思想的范式都在经历着巨变；城邦共和体系面临瓦解，曾经安于公民德性生活范式的人感到脚下不稳，感到精神无所归依。于是，"非主流"型的、非政治的、"纯粹的"哲学家纷纷兴起，企图为个体的心灵宁静寻找新的依据。希腊哲学的各条主要路线都在此时总结和集大成：普罗提诺汇总了柏拉图和亚里士多德路线，伊壁鸠鲁／卢克来修汇总了自然哲学路线，怀疑论汇总了整个希腊哲学中否定性的一面。同时，这些学派还开出了与古典哲学范式相当不同的、但是同样具有重要特色的新的哲学。有人称之为"伦理学取向"和"宗教取向"的哲学，我们称之为"哲学治疗"的哲学。这些标签都提示了：这是一个在巨变之下，人特别关心人自己的幸福、宁静、命运、个性、自由等的时代。一个时代应该有一个时代的哲学。那个时代的哲学会不会让处于类似时代中的今人感到更多的共鸣呢？

另一方面，东方的另一个"希"——希伯来文化——也在悄然兴起，逐渐向西方推进。犹太人在亚历山大里亚等城市定居经商，带去独特的文化。后来从犹太文化中分离出来的基督教文化更是日益向希腊—罗马文化的地域慢慢西移，以至于学者们争论这个时代究竟是希腊文化的东渐、还是东方宗教文化的西渐？希伯来—基督教文化与希腊文化是特质极为不同的两种文化，当它们终于遭遇之后，会出现极为有趣的相互试探、相互排斥、相互吸引，以致逐渐部分相融的种种景观。可想而知，这样的时期在历史上比较罕见。一旦出现，则场面壮观激烈，火花四溅，学人精神为之一振，纷纷激扬文字、评点对方，捍卫自己，从而两种文化传统突然出现鲜明的自我意识。从这样的时期的文本入手探究西方文明的特征，是否是一条难得的路径？

还有，从西方经典哲学的译介看，对于希腊—罗马和希伯来—基督教经典的译介，国内已经有不少学者做了可观的工作；但是，对于"两希文明交汇时期"经典的翻译，尚缺乏系统工程。这一时期在希腊哲学的三大阶段——前苏格拉底哲学、古典哲学、晚期哲学——中属于第三大阶段。第一阶段与第二阶段分别都已经有了较为系统的译介，但是第三阶段的译介还很不系统。浙江大学外国哲学研究所的两希哲学的研究与译介传统是严群先生和陈村富先生所开创的，长期以来一直追求沉潜严谨、专精深入的学风。我们这次的译丛就是集中选取希腊哲学第三阶段的所有著名哲学流派的著作：伊壁鸠鲁派、怀疑派、斯多亚派、新柏拉图主义、新共和主义（西塞罗、普鲁塔克）等，希望向学界提供一个尽量完整的图景。同时，由于这个时期哲学的共同关心聚焦在"幸福"和"心灵宁静"的追求上，我们的翻译也将侧重介绍伦理性—治疗性的哲学思想；我们相信哲人们对人生苦难和治疗的各种深刻反思会引起超出学术界的更为广泛的思考和关注。另一方面，这一时期在希伯来—基督教传统中属于"早期教父"阶段。犹太人与基督徒是怎么看待神与人、幸福与命运的？他们又是怎么看待希腊人的？耶路撒冷和雅典有什么干系？两种文明孰高孰低？两种哲学难道只有冲突，没有内在对话和融合的可能？后来的种种演变是否当时就已经露现了一些端倪？这些都是相当有意思的学术问题和相当急迫的现实问题（对于当时的社会和人）。为此，我们选取了奥古斯丁、斐洛和尼撒的格列高利等人的著作，这些大哲的特点是"跨时代人才"，他们不仅"学贯两希"，而且"身处两希"，体验到的张力真切而强烈；他们的思考必然有后来者所无法重复的特色和原创性，值得关注。

这些，就是我们译介"两希文明"哲学经典的宗旨。

另外，还需要说明两点：一是本丛书中各书的注释，凡特别注明"中译者注"的，为该书中译者所加，其余乃是对原文注释的翻译；二是本译丛也属于浙江大学跨文化研究中心系列研究计划之一。我们希望以后能推出更多的翻译，以弥补这一时期思想经典译介之不足。

包利民　章雪富

2004 年 8 月

目　录

中译本导言

在拉丁（西方）基督教传统的笼罩之下，人们一般对于希腊（东方）基督教传统了解不多。本书收集一位非常重要的希腊（东方）基督教思想家的文选，为了帮助读者增加了解，在此我以浅显易懂的方式，分别介绍作者的生平背景、思想大要与著作导读，期盼能够让读者阅读原著时尽快登堂入室。

一 生平背景

尼撒的格列高利（Gregory of Nyssa，335—395）是希腊（东方）基督教神学传统的奠基者卡帕多西亚三大教父（Cappadocian Fathers）当中最年轻的一位，另外两位是他的哥哥大巴西尔（Basil of Caesarea，329—379），以及这对兄弟的好友拿先斯的格列高利（Gregory of Nazia-zus，329—390）。三位卡帕多西亚思想家在公元325年尼西亚会议之后的神学论辩中大放异彩，他们承袭阿塔纳修（Athanasius，330—373）的神学路线，抵制阿里乌派（Arians），为早期基督教的基督论与三一论奠定了基调。

尼撒的格列高利在卡帕多西亚三位思想家当中所受的教育最少，并未像大巴西尔与拿先斯的格列高利那样到雅典求学，他的教育主要得自大巴西尔与其姊玛克丽娜（Macrina，327—379）。371年，他因被大巴西尔任命为尼撒主教，自此得名。从行政角度来看，他并不成功，而为大巴西尔所失望，但他在思想方面独具天分，自学成功，在写作上的表现反而是卡帕多西亚三大教父当中最有成就的一位。

尼撒的格列高利在希腊基督教传统中成名甚早，但是并没有得到西方基督教传统的重视，部分原因是，在西方直到第9世纪才有其著作的拉丁文译本。在过去的研究中，学者们倾向于重视大巴西尔与拿先斯的格列高利而忽略了尼撒的格列高利，仿佛他是三大思想家中最不显眼的一位，然而近代学者大大改变了这种观点，不论从基督教思想家的角度，或者从灵修神学作者的角度来看，他无疑都是第一流的人物。

二 思想概要

早期基督教在进入希腊文化圈的过程当中，由原先强烈的犹太教色彩转而穿上希腊文化的外衣。然而由于基督教有其内在的思想理据与价值系统，因此与承载它的希腊文化不尽兼容。在整合希腊主义与基督教的过程中，如果只是作妥协性的调和，那可说是"混合主义"（syncretism）；如果它被强势的文化吸收，甚至被文化改造，可说是被文化吸纳消融；如果它与文化格格不入，甚至渐行渐远，可说是与文化互相对峙。最理想的状况，应当是它与文化能作深度融合，成为文化发展的契机，而文化表现出基督教信仰的精神，按照蒂利希（Paul Tillich）所期盼的"神治"（Theonomy）理想，就是"信仰为文化的内涵，文化为信仰的形式"。

尼撒的格列高利在整合基督教与希腊主义方面表现卓越。从他的著作可以看到，在采用希腊文化思想的同时，极力呈现基督宗教信仰的基本立场，尤其是以圣经为根据的基督宗教思想。他的著作一方面带有浓厚的希腊文化色彩，甚至表面看来好像是希腊哲学作品；另一方面却以基督教教义为主轴，实质上是带有希腊哲学色彩的基督教神学著作。尼撒的格列高利在拿捏二者之间的关系分寸时，表现出非常卓越的天赋，在形式方面是希腊的，而在内涵方面是基督教的。

在这方面，尼撒的格列高利的先辈，亚历山大里亚的基督教思想家奥利金（Origen，185—253）可以视为其前车之鉴。奥利金的一些观点引起他同时代和后世思想家的极大质疑。比如奥利金的"灵魂先在说"与"灵魂转世说"，看起来更像是"基督教色彩的希腊哲学"，而非"希腊色彩的基督教神学"，使人们更容易形成这样的误解，奥利金使基督教被希腊文化吞噬掉了。大巴西尔与拿先斯的格列高利都非常喜欢研读奥利金的著作，二人曾合编过《奥利金著作精华》，尼撒的格列高利也同样深受奥利金的影响。然而，卡帕多西亚三位思想家的神学被视为正统神学，在奥利金的过分偏向希腊化与极端保守地按照字面遵守圣经的圣经主义（biblicism）二者之间，确实走出一条平衡的道路。

尼撒的格列高利还受到新柏拉图主义（Neoplatonism）的很大影响，不过也与其有所不同，新柏拉图主义强调被造者参与创造者的能力，而尼撒的格列高利却强调被造者与创造者之间的绝对间隔。阿里乌派以嗣子说（adoptionism）诠释基督论，认为耶稣基督是站在从属于神的立场，是以人的身份被神接纳为儿子的最高典范，从此打开了自下而上、自人而神的通路。尼撒的格列高利却极力反对这种基督论，主张从三一神学的角度思考，耶稣基督是永存的神的道，而道成肉身是自上而下、自神而人的启示，主张被造者与创造者之间的界限不可泯灭，而且认为只有创造者才有能力打破这种界限。

三　著作导读

本译文集包含三篇尼撒的格列高利的主要著作《论贞洁》、《论人的造成》与《论灵魂和复活》，两个短篇《论婴儿的夭折》与《论朝圣》，以及介绍基督教教义的《大教义手册》。主题集中在人论上，而以"神的形像"为最主要的神学概念。

《创世记》一章26—27节说："我们要照着我们的形像、按着我们的样式造人，使他们管理海里的鱼、空中的鸟、地上的牲畜，和全地，并地上所爬的一切昆虫。"神就照着自己的形像造人，乃是照着他的形像造男造女。被造的人具有"神的形像"是基督教人观的重要主张。基督教认为人是被神所造，而且是按照神的形像被造，不过因着人的犯罪堕落，神的形像已经扭曲变形。然而，人身上仍然存留神的形像，因此带有神的形像的人是尊贵的，且其尊贵建立在神本身之上；带有神的形像的人也是有限的，因为人只是神的形像而非神本身。总之，人的尊贵源自与神的关系，而人的有限则是因为人仅仅是神的形像而已。尼撒的格列高利的作品，对神的形像的神学主题作了非常深刻的反省。

（一）《论贞洁》（On Virginity）概要

大巴西尔受其姊玛克丽娜的启蒙，开始追求隐修生活，拿先斯的格列高利则受大巴西尔的影响，也开始追求隐修生活。尼撒的格列高利本人已婚，在受到大巴西尔与拿先斯的格列高利的影响之后，看到尘世生活的有限，鼓吹贞洁的隐修生活。《论贞洁》是尼撒的格列高利最早的作品，大约写于370年，应当在371年前成稿。

尼撒的格列高利显然受过大巴西尔类似著作的影响。大巴西尔写了两本著名的隐修著作：《详细规章》（*Detailed Rules*）与《小规章》（*Shorted Rules*）。《论贞洁》的"前言"说："这里，为了避免冗长，把响应这种上天呼召的人所遵循的一切具体规章都删去了；文中的劝勉完全采用了一般性的术语，可广泛适用于各种情形。但具体规章也会在一定程度上包括在内，免得在避免冗长的同时把重要的东西也忽视了。"此处的"具体规章"很可能就是指大巴西流的隐修规章。

尼撒的格列高利以三一神论为隐修思想的基本进路，认为贞洁必须从圣父、圣子与圣灵去寻找其源头，因为贞洁是属于创造者的，而且从一般常见用来描述贞洁的"不朽"（一），亦可知贞洁是创造者的不朽属性。他根据《约翰福音》强调耶稣基督的出生不是出于血气、情欲与人意（1章13节），而是出自贞洁，因此以马利亚为贞洁的完美原型，他说："包蕴在基督里面的完美的神性借着纯洁无瑕的马利亚显现出来，在她身上发生的一切也发生在每一个遵照贞洁原则生活的人身上。"（二）马利亚由其贞洁生出完美的神性，成为后世追求贞洁者的典范。

贞洁是神的属性，人是因为具有神的形像，才有可能是贞洁的，问题发生在情欲的介入，使得神的形像不能发挥（十二）。解决问题的关键在于克制情欲，借由贞洁所搭的桥梁，联结天上人间。尼撒的格列高利描述贞洁扮演着联结天上人间的角色："所以，贞洁如此意味深长，它虽然留在天上与诸灵之父同在，移动着属天权能的舞步，但仍然伸出双手拯救人；它一方面是通道，把神引下来分有人的产业，同时使人保持欲望的翅膀，渴望上升到属天之事，是连贯神人之间的一条纽带，通过自身的中介使这两种如此悬殊的存在和谐统一。"（二）

由于尼撒的格列高利本人已婚，因此他认为有关贞洁的知识对自己而言已经没有用处，自称有如在谷场上被笼住嘴的牛，又如望水兴叹的干渴之人。"人一旦扎根于世俗生活，就不可能再攀登上那样的峰顶。……如果情形不是这样，如果我们不是事后才知道美善，那该多好啊！……我们越是深入了解贞洁的丰富，就必然越是对眼前这种生活感到悔恨，因为我们通过与美好事物的比较认识到这种生活的贫乏可怜。"（三）这使得尼撒的格列高利视独身比婚姻生活更高一级，因而对于今世的婚姻生活有贬抑的倾向。

进而言之，基于人生的有限，尼撒的格列高利强调婚姻生活如虚空和幻影，他这样说："笑容里含着眼泪，快乐里夹杂着痛苦，刚出生的婴儿就明明面临死亡的恐怖，每一种甜美和喜乐都无法逃脱它的阴影。"（三）尼撒的格列高利强调的是，即使婚姻生活是美好的，然而就长时段而言都只是幻象，"总有一天所有这些美都将烟消云散，归于虚无，只留下一堆令人厌恶的丑陋白骨，对曾经活生生的容光没有留下任何痕迹和记忆"。（三）这些想法呈现出厌弃今生而期盼来世的倾向，从当今重物欲的现代人的角度看来，似乎比较偏激，但若视为一种对于沉迷物欲者的提醒，则不失为智慧的观察。选择贞洁者的福气，在于尚未经历婚姻生活幻象破灭之前，就能够觉醒而专心注目于永恒生活的追求。

其实，尼撒的格列高利并不反对婚姻制度。他说道："不过，诸位不可以为我们这里是在贬损婚姻这种习俗制度。我们清楚知道，婚姻并非与神的恩福格格不入。"（八）不过，他所肯定的婚姻制度的价值仅在于生儿育女，然而婚姻往往成为人沉溺情欲的工具，并且遮掩了其短暂有限而虚无的真相。严格而言，尼撒的格列高利反对的是"情欲"，在他看来，只要陷入情欲当中，就将陷入循环往复的邪恶的锁链之中，因此贞洁的价值在于彻底斩断与邪恶的任何联系。"最好在此生中不要经受这些试探的考验，这可能对我们有利，免得情欲在合法满足的借口下找到进入灵魂堡垒的通道。"（八）由此观之，婚姻成为天国之路的首要障碍，"这样说来，婚姻就是我们离弃乐园之生命的最后阶段；因而，如我们的讨论可以推出的，婚姻也就是首先要离弃的事物；可以说，这是我们走向基督的第一站"。（十二）

尼撒的格列高利又从实际生活观察婚姻的本性。他说，"每人都知道，可朽的身体的繁衍是两性交配所必做的工作；而对那些与圣灵结合的人来说，与圣灵结合所产生的是永生和不朽，而不是孩子"。（十三）出于贞洁而与圣灵结合，结果是"永生和不朽"，而两性间的结合，结果却是终必朽坏的"孩子"。由此，两性间的结合引入了"死亡"："从母腹生育孩子——我丝毫没有侮辱的意思——既是生命的开始，也是死亡的起点；因为从出生的那一刻起，死的过程就开始了。"（十三）从这个角度来看，贞洁是阻止死亡最重要的一步，由此甚至可以反证贞洁比死亡强大。尼撒的格列高利进一步认为，我们必须在两种婚姻当中做一个选择，或者是肉体的婚姻，或者是灵性的婚姻，但是只能够选择一样，显然他认为后者是更好的选择（廿）。

尼撒的格列高利认为最高的祝福，就是"得见神的面"（廿四）。人若是想要离开地上黑暗的环境接近天上基督的真光，人自己必须先成为光，而贞洁就是使人成为光的道路，如他所说："同时也表明灵魂与不朽之神的这种联合要得以实现没有别的途径，唯有靠她自己借自己的贞洁状态尽可能实现最大的纯洁——这种状态因为与神相似，必能使她领会神，同时也使她自己就像一面镜子放在神的纯洁之下，在与万美之原型的接触和凝视中形成自己的美。"（十一）他举例说，视力正常者只需要除去障碍就能看到远方，人的灵魂只要清白就能吸收真光，"而真正的贞洁，追求圣洁的真正热情，就是以此为目标的，即获得看见神的能力"。（十一）

然而，贞洁虽然非常重要，却不是唯一的美德，而是追求各种美德的根基。"良善的生活当以对贞洁的爱作为自己的基底，但不能到此为止，而要进一步在这根基上结出各种美德的果子。"（十七）这样的贞洁并非靠着人力所能及，而是需要神的恩典才有可能达到。因此，尼撒的格列高利认为，贞洁"只属于那些在神的恩典的鼓励和帮助下奋勇拼搏，从而赢得这个包含高尚之爱的对象的人"。（一）

关于《论贞洁》的评论：

1. 尼撒的格列高利重视贞洁的原因，与奥古斯丁所代表的拉丁（西方）传统不大一样。尼撒的格列高利以"成圣"（Deification）为追求目标，而贞洁是神的属性，因此认定独身的隐修生活，可以成为通往成圣之路。奥古斯丁则认为，原罪是借着遗传而来，即使婚姻本身并非坏事，却间接地帮助了原罪的传播，而独身守贞可以阻绝原罪传播。这样的观点，反映了受拉丁文化影响的奥古斯丁重视"法庭式"（forensic）的除罪，"代赎"（atonement）与"补偿"（satisfaction）成为基督论的主要概念，"代替性"（substitutional）的补赎成为基督论的思考重点，因此西方神学传统以如何借着代赎而除罪为神学主轴。希腊（东方）教会重视"成圣"，强调人的改变；而拉丁（西方）重视"代赎"，强调神的作为。

2. 尼撒的格列高利强调重视贞洁，反映了希腊文化重灵性轻肉体

7

的倾向，而未能呈现希伯来文化以灵性与肉体合一的观点，有贬抑神创造肉体的美意之嫌。这多少反映了其所崇尚的奥利金的影子，奥利金是亚历山大的克莱门（Clement of Alexandria，150—215）的学生，他的《教义大纲》① 是最早的系统神学著作。他把希腊文化彻底地和基督教信仰结合，可是他的神学因为希腊化色彩太重而没有完全地为教会所认可。奥利金在希腊文化的影响之下，有禁欲修道的观念，自愿贫穷，刻苦己身。为了遵行《马太福音》十九章12节，耶稣说有人是为了天国而自阉，他接受按照字面意义解释，同时也为了能够专心于神的国，结果把自己阉割了。

奥利金受到希腊文化灵肉二元的影响，以创造者（神）为最高的灵，被造者（人）也是一种灵，但是人有肉体，而天使、魔鬼与邪灵都是灵，他所看到的世界主要由灵组成，其中最高级的灵就是神。他也以此来解释耶稣基督，耶稣基督的灵并没有从神那种完全的状况里失落，道成肉身时，其肉体渐渐地被灵吸收。奥利金的世界观充满各种灵，而看肉体是邪恶的，需要被克服，因此其拯救观是人逐渐恢复成为纯粹的灵，而期盼在终末时灵不断地被炼净，直到越来越像神，这些思想多少塑造了尼撒的格列高利重灵性轻肉体的想法。

（二）《论人的造成》（On the Making of Man）的概要

本书可能完成于大巴西尔去世（379）后不久，是尼撒的格列高利致其兄弟彼得的复活节礼物。由于"论人的造成"是一个严肃的大题目，在"前言"中他就强调，只有真正按照神的形像被造的人——大巴西尔才有资格谈论这个题目，他甚至称其为"你我共同的父亲和老师"。

尼撒的格列高利在此使用了一种辩证思考方式，称之为神在万物当中的"双重运作"，在动静、天地等两极本性的复合当中是并存而和谐

---

① 或译为《论首要原理》。

一致的，呈现出各种精致而复杂的作用（一）。人也是如此，"既有属天的神性，也有属地的兽性"。（二）这种辩证思考方式，让他能够非常精致而细腻地观察复杂的现象，比如从兽性而来的非理性之情欲并非全然败坏，"如果理性统辖这些情欲，则每一种情欲都会变成一种美德。……凡此种情欲，只要为崇高的心灵所高举，就具有神的形像之美"。（十八）重点在于如何好好地"双重运作"，兽性需要神性、情欲需要理性的辖制。

尼撒的格列高利对于人的尊严作了非常精彩的描述，他不只给了人在被造当中最后出现一个美妙的理由说："因为他（人）天生就是君王，一出现就要统治他的臣民。"（二）在君王出场之前，臣民应当都已就位；而且他指出，"造物界是神的权能实时创造的，他一发出命令就立即出现了，唯有在创造人之前却经过慎重考虑"（三），这是指创造人时的商量语气，非同于创造其他万物时的命令语气。

尼撒的格列高利进一步从人的结构形状，看到君王的样式（四），也在人心看到对神心与神道的模仿（五），甚至从人缺少天然武器与衣服，看到人取材大自然的能力（七），而且从人的双手看到合乎理性与配合理性的表现，指出人具有灵（理性）、魂（感官）、体（营养）三方面（八）。这些联想在今日看来，或许有夸大之嫌，却反映出他对人带有神的形像的反省。

尼撒的格列高利对于直接与神的形像相关的心灵与理性作了许多颂赞，而且他强调心的单一不可区分与不可理解，是相应于神性的单一不可区分与不可理解的（十一）。心灵原本具有整体性与不可分解的特性，"心灵不是受制于身体的某一部分，但与全身的每个部分平均接触，根据受其影响的那一部分的本性发动它的活动"，下焉者，心灵受制于身体，上焉者，则心灵领导身体（十四）。

当心灵与神的形像相符时，就呈现出神性的美。"心灵作为至美者的像也必是美且善的，只要它尽可能保持与原型相像；但它若偏离原型，那就要失去原有的美"；心灵若偏离神的形像，"由此就导致罪恶的产生，随着对美善之物的脱离，邪恶即将出现"。（十二）尼撒的格列高利问道："人的伟大性究竟在哪里呢？不在于与受造的世界相同，而在于他是造物主之本性的形像。"然而，形像意味着必须与原型相似，也意味着与原型分离的状态，如何在分离状态充分呈现其相似，是人在今世最重要的目标（十六）。

尼撒的格列高利对于亚当所吃的禁果有非常特别的诠释，他认为，"那棵树结果子并不是一个善果一个恶果地结，而是同一个果子里包含着善恶两种不同性质"。（十九）因此被禁止的原因，就在于这棵树的果子混乱了善恶知识的分辨。（廿）这种混杂是人堕落的起因，原本人所当遵循的价值观单单是良善而已，混杂善恶带来了价值观的错乱。

尼撒的格列高利对于终末具有非常乐观的期盼，他深信实有的良善必定胜过虚无的邪恶，"因为恶不是无限的，而有其必然的界限，所以到了恶的尽头，善就接踵而至"。（廿一）当终末时刻来临时，"到那时，万物都将恢复初态，人性也随着世界更新脱离其朽坏性和属土性，而成为不受伤害的永恒之人"。（廿二）尼撒的格列高利期盼，"复活所应许我们的，没有别的，就是使堕落的人恢复其原初的状态"。（十七）这就是有名的"万物回转说"（Apokatastasis），这个思想源于奥利金，在思想家中引起了巨大的争议。

然而，尼撒的格列高利与奥利金亦有分歧之处，他否定灵魂的先在存在，也否定身体的先在存在，因而驳斥灵魂轮回的主张（廿八），他的理由是，"人是一个整体，是由灵魂和肉体构成的存在，所以我们应当设想，人一开始就是作为统一体而存在的，是两部分共同的，绝不可能出现一部分先于他自己，另一部分后于他自己的情形，也就是说，在时间上先有肉体，再有灵魂附加在后，这种假设是不成立的"。（廿九）从这一点来看，尼撒的格列高利也与灵肉二元的希腊思想保持了一些距离，认为灵魂与肉体共同组成人的生命，"我们的正题是要表明，我们人体的构成的最重要原因既不是无身体的灵魂，也不是无灵魂的身体"。（卅）他以"人的种子"形容人整体生命的成长，"身体是从非常微小的种子发育到完全状态的，同样，灵魂的活动也随着接受者的发育不断增强活跃"。（廿九）然而，尼撒的格列高利更追求灵魂的完全成长，灵魂必须不沉溺于身体的感官情欲，而达到彻底的更新，以恢复神的形像（卅）。

有关《论人的造成》的评论：

1. 尼撒的格列高利主张，当心灵与神的形像相符时，就呈现出神性的美。如此一来，他把"人的心灵"与"神的形像"关联起来，这对于中国哲学如何安排心、性、理与天，可以作有趣的比较。对尼撒的格列高利而言，天人相应的理想因着人具有神的形像而得到保障，并且进一步可以由此诠释善恶的分际。对他而言，心灵若相应神的形像就是善，而心灵若偏离神的形像就是恶。这种神学处理方式，强调神是良善的终极原因，但不把神视为邪恶的创造者，而把邪恶的原因归诸于偏离了良善，奥古斯丁也采用相同的方式，避免基督宗教与善恶二元论的混同。

2. 尼撒的格列高利根据自己关于善恶来源的看法，推展出对终末非常乐观的期盼，因为良善是无限的，邪恶却不是无限的，只是暂时性地偏离良善，因而导致"万物回转说"，相信在终末万物都将恢复原初的状态，人也将恢复初始的善良。这种观点有过度乐观的嫌疑，因为即使邪恶是有限的，并不代表邪恶是没有力量的，而邪恶的力量在面对最终审判时，究竟是被惩罚销毁，或被扭转改变，似乎不宜轻易下定论，尼撒的格列高利的观点必然导致把神的审判当作是炼净灵魂的过程，而不是为了惩罚，乃是为了医治，因而减弱了邪恶的严重性。

（三）《论灵魂和复活》（On the Soul and Resurrection）概要

本文作于大巴西尔死（379）后，借着尼撒的格列高利拜访其姊玛克丽娜的事件，导引出文中有关灵魂与复活的话题。根据他所写《玛克丽娜的一生》，其姊隔日就去世，因此这是临终前有关生死的重要谈话。

文中称呼玛克丽娜为"老师"，以对话讨论的方式进行。一开始从人对死的厌恶谈起，引申出灵魂如何能够是永久的问题，尼撒的格列高利借着"老师"的口说："我们的灵魂观是这样的，灵魂是存在的，具有自身稀罕而独特的本性，它的整个结构独立于身体。""灵魂是一种被造的本质，活的，属理智的，从自身把生命力和感知力传递给有结构但暂时的身体——只要这自然结构不分解，保持团结。"

"老师"认为，灵魂与质料的结合，并不改变其不可捉摸的本性，亦即灵魂还不等同于质料。"老师"证明灵魂存在的方法，除了借由对身体功能的观察而推论出灵魂之外，就是使用"否定法"，意即指出灵魂不是什么，这是因着灵魂的不可理解性，仅仅能够从否定可以理解的部分而逐渐逼近。

灵魂被愤怒与情欲的情绪捆绑着，"理性与它们之间有一场争战，一场使灵魂摆脱它们的争战"。欲望是出自于对某物的向往与渴求，尽管灵魂可能与其纠缠在一起，却与灵魂的定义无关，而这种纠缠正是理性所要排除的。灵魂可能在生前就从欲望的束缚得到释放，也可能在死后仍然被欲望捆绑。若是理性能够充分驾驭的话，甚至这些情绪都可能转化成为正面的用途，反之则可能堕落到野兽的状态。

理性造物可能有三种状态：未形体化的天使世界是"天上的"，仍在身体里面的是"地上的"，脱离了身体的是"地底下的"，从这三种状态可以看到，"地上的"人死后成为"地底下的"，而期盼在终末成为"天上的"。复活的盼望是在灵魂脱离了身体之后不只仍然存在，而且有能力辨识出身体的各种元素而加以组合起来，这就是"复活"。

灵魂之所以可贵在于，"灵魂里像神一样的部分具有沉思和批判能力，正是借着这种能力我们才能领会神性"。因此人所应当向往的是，"灵魂复制了天上的生命，与神性特有的性质一致；原有的习性全然不复再有，留下的唯有爱，而爱天然与美相近相靠"。灵魂的净化，犹如带有渣滓的金属最终得以炼净一般，由此推演，"神作为审判者使罪人受苦，主要并根本上不是为了惩罚，……他这样做只是为了使善与恶分离，把善引入恩福的团契之中"。

"复活"的主张与"轮回"的主张不同之处，在于前者认为复活的身体是同一个身体，而后者认为灵魂在死后降在另外的身体。前者认为人是处在一个发展过程当中，灵魂也随着肉体成长，重点在于，灵魂愿意成为什么，就将成为什么，直到最终的目的——人性的完美实现。因此复活时的身体，并非是有瑕疵的身体，而是不断地成长到完全的身体，只是仍然是同一个身体。因此，"复活不是别的，就是我们的人性按它原初的形式重新构造"。

关于《论灵魂和复活》的评论：

1. 尼撒的格列高利非常强调理性对灵魂的重要性，因为灵魂需要理性以摆脱捆绑它的愤怒与情欲，而且他把这场战争当作是从生前延续到死后。这样的神学观点富有创意，当灵魂生前就从欲望的束缚得到释放时，可以说是在世如同在天，而当灵魂死后仍然被欲望束缚时，可以说是在身后如同生前同样受苦，如此可以排除过分简化的天堂与地狱二分观点，而专注于生活方式的自由与否。然而，当尼撒的格列高利赋予理性这么高的位置时，多少也反映了希腊文化一面倒地"重知"的特色，这与形成《圣经》的希伯来文化是否兼容仍有待商榷。

2. 尼撒的格列高利虽然并未全面接受灵肉二元的观点，强调生命的整体性在于灵魂与身体的合一，然而还是对灵魂情有独钟，认为灵魂具有通往神性的能力，因为"灵魂复制了天上的生命，与神性特有的性质一致"，而且灵魂随着肉体成长，灵魂愿意成为什么，就将成为什么，直到最终人性的完美实现。显然，灵魂扮演着主导的角色，在生命的整体性当中，仍然是最重要的，这与从《圣经》导引出来的整全人观相较，缺少了对身体角色的正面肯定。

（四）《论婴儿的夭折》（On Infants' Early Deaths）概要

本文似乎是比较晚期的作品，一开始尼撒的格列高利自称"老马"，却又表现出"老骥伏枥"的精神。自称在许多赞美神的文笔当中，犹如听到赛马的喧哗声而血液为之沸腾，仍然想要上场出赛，参与对神的赞美。本文主要讨论为何有婴儿夭折而不得寿终正寝的悲惨事情。从报应的角度来看，善有善报，恶有恶报，然而婴儿处在善恶都尚未萌芽的起点，使得这个问题更加难解。

尼撒的格列高利的主要论点是，人性是神按照自己的形像所创造，因此在可见的属地形体之外，还带有不可见的属天灵魂，后者是人得以认识神的基础，然而人的灵魂必须清明，才能够清楚地得见神，若是陷溺肉体之内，则无法看见神。至于婴儿，其灵魂尚未长成，但也尚未沾染任何疾病，在此意义下，夭折的婴儿还是有福的。尼撒的格列高利因而主张，"知道将来并过去的神因为预见到婴儿将来的生命中要产生邪恶，所以阻止他长大成人，免得所预见的邪恶真的产生，免得赐给人的一生（他的恶习必延续终生）成为滋养其邪恶的实际质料"。

尼撒的格列高利的观点凸显出至善的神对于邪恶的主权，借着婴儿的夭折不只制止了邪恶的蔓延，也使这婴儿将来不至于沦丧于邪恶之手。他以这种神的主权超过邪恶权势的理解，抒发了对全能的神的颂赞。

（五）《论朝圣》（On Pilgrimages）概要

重视灵性的尼撒的格列高利对于地理上的圣地并无太大兴趣，而且他认为这并不是出于神的诫命或者教导。就像耶稣基督的肉身并不能限制耶稣基督的作为，耶路撒冷也不能限制神的作为，因此他呼吁说："所以，敬畏主的人哪，请在你现在所在的地方赞美他吧。改变处所并不能使你更靠近神，无论你身处何地，只要你的灵魂里有神能居住和行走的空间，神都会来到你身边。"

（六）《大教义手册》（Great Catechism）概要

本文是基督教教义的综合摘要，内容涵盖广泛，大体上第一至第四章，论及三一神；第五至第卅二章，论及人的创造、堕落与基督的道成肉身以及拯救所带来创造秩序的恢复；第卅三至第四十章，论及拯救恩典如何借由洗礼与圣餐而临在、重生以及三一神。

尼撒的格列高利论证说神必然是同一的，而多神论是不可能的。然而就位格而言，神的道、神的灵二者各不相同，而且二者各与其本源也不相同，非常简单扼要地构筑了三一论的基本架构。

在这些教义的论述当中，尼撒的格列高利坚决主张，邪恶只是叛离了良善（六），"而一切不道德就表现为善的丧失，不道德本身并不存在，并且不能视之为一种实体……恶就是所谓的善之不存在"（七），由这一点导引出，神创造良善，并未创造邪恶。

灵魂带有属肉气质与属灵气质，然而唯有后者能够看到神的良善、肉体的有限以及灵性世界的长久，沉溺在肉体世界的人，无法企及良善，不但受邪恶羁绊，而且迟早必须面对肉体的衰亡分解（八）。尼撒的格列高利进一步地认为，"神性与人性有某种统一或接近"，而且"神性可以体现在人身上，但不受身体的任何限制"（十），就像灵魂与肉体的结合一般（十一）。对人而言，人的存在始于软弱，也终于软弱，然而神借着"道成肉身"与"死里复活"呈现了"其生并非始于软弱，其死也并非终于软弱"（十三）。

在此文中，尼撒的格列高利逐渐地从神论谈到人论、基督论以及拯救论，而后论及"重生"，"人进入生命之后，因为第一次生只能走向必死的存在，所以必须找到第二次生，这次生既不始于败坏，也不终于败坏，是引导人生而为不朽之存在的生"。（三十三）这样的重生，借着领受洗礼而从三一神得以实现（三十五），也借着领受圣餐——神道的身体，使"不朽的身体一旦进入接受它的事物里面，就把整体的性质都转化为不朽"。（三十七）

尼撒的格列高利相信，"人是一种具有两重性的被造物，是灵魂和身体复合而成的"，相信而得救，不只在灵魂方面与主融合，也在身体方面逐渐经历转化，无限的将逐渐地改变有限的，使得人性更加趋向神性，而终于达至成圣（三十七）。

林鸿信
德国杜宾根大学神学博士
英国诺丁汉大学哲学博士
2003 年 10 月

中译者序

本文集选译了尼撒的格列高利（Gregory of Nyssa）的三类著作：第一，哲学类著作；第二，苦修和道德类著作；第三，辩护类著作。前面两类著作直接相关，均涉及灵魂和复活的主题；选入第三类著作，则主要是为了能有一个系统阐释 4—5 世纪希腊基督教神学的文本。第三类著作部分也讨论灵魂和身体的关系，以及身体如何圣洁的问题。当然，它所取的角度是从耶稣基督神人两性联合的视野，与前两类著作所取的人的角度不同。然而，三类著作间还是有内在相关性的，它们反映出尼撒的格列高利的思想旨趣。

我们把格列高利和奥古斯丁作为 4—5 世纪两位基督教思想家代表选入"两希文明哲学经典译丛"，是出于呈现基督教神学规范时期与希腊主义关系的差异性之考虑。这两位思想家都深受新柏拉图主义的重要影响，他们与受中期柏拉图主义和斯多亚主义影响的 2—3 世纪基督教思想都有重要的区别；由于他们是基督教思想家，因此与同时期的新柏拉图主义也存在重要的区别，例如先在灵魂问题。然而，格列高利和奥古斯丁之间也有重大差别，比较一下这部文集与奥古斯丁的《论灵魂及其起源》就会有明显的感觉。因此，从哲学史的角度讲，收入格列高利的这部文集是为了呈现出基督教思想与新柏拉图主义关系的不同层面；从基督教思想发展史的角度讲，则涉及重估基督教以何种形态生根于希腊主义之中以及基督教的多元性等重要问题。

本中译文依据的版本是 Philip Schaff and Henry Wace（eds.），A Select Library of Nicene and Post-Nicene Fathers of the Christian Church, Vol. V（Edinburgh：T & T Clark，Reprinted 1994），系章雪富博士所选，译文也经由他审校。这里谨表感谢。

本文集非常荣幸地邀请到林鸿信博士作"中译本导言"，我们对林博士的慷慨帮助深表感谢。林博士自己对基督教思想史有深入的研究，对我们的研究也有不少的鼓励，是我们心中所长存念的。

中译文当然会有不少的问题。格列高利的思想虽较奥古斯丁而言希腊色彩更浓，更富思辨，然而其文本并不见晦涩，在一些文章中甚至词章华丽。我在译文中也只能力图有所反映而已，并且实在囿于学识，定有不少疏漏，谨请读者和专家指教。

石敏敏
浙江工商大学教授
2003 年 11 月

哲学类著作

论人的造成

有关说明

本作品原意是对圣巴西尔（Basil）的《创世六日》（Hesaemeron）[①]的补充和完善，所以预先假设读者对那篇作品有所了解。本文对创造世界的叙事没有详细讨论，只是一笔带过，主要是为了强调这样的观念，即世界的受造是为人的统治领域作预备的。另一方面，格列高利表明，人的受造是"经过慎重考虑的"，其本性上适合统治其他造物，在各种道德属性方面是按着神的样式造的，拥有理性，同时不同于神性，因为人的心灵接受信息是借着感觉，它对外在事物的感知依赖于它们。身体是合乎心灵之用的工具，适用于理性存在物；正是因为它除了拥有"自然"或"植物"灵魂和"感觉"灵魂之外，还有"理性灵魂"，人才区别于低等动物。同时，他的心灵通过感官运作，就其本性来说，心灵是不可理解的（这一点类似于它的原型神性）；关于它与身体的关系有一定篇幅的讨论（第十二章至十五章）。心灵与身体之间的关系是难以言喻的，本文没有从心灵居住在身体的某一部位这种观点来解释这种关系，而认为心灵作用于整个身体，也受到整个身体的反作用，依赖于有形的质料本性作为感知的一个元素，因而感知既需要身体也需要心

[①] 《箴言》17：6（七十子译本）。英译本里找不到这个句子。

灵。但"灵魂"这个名称是专门指理性元素的，营养力和感觉官能只是从那高于它们的事物中借取了这个名称。人起初是按照"神的样式"造的，这个观点排除了性别观念。起初造人的时候，按照神的预见，一切人性都包括在内，"我们自始至终的整个人性"都是"自有永有者的形像"。人要不是堕落，其数量很可能会像天使那样以某种我们无从知道的方式增长。人从最初的阶段倾斜堕落，这使繁殖生息成为必然，正是因为这种下坠及其结果呈现在神圣心灵面前，所以神就"造男造女"。就这一点以及人需要食物营养来说，人不是"神的形像"，而是表现出与低等造物的同类性。但这些必然性并不是永恒不变的，他们最终要恢复人先前的美德（第十六章至十八章）。这里，格列高利开始谈论人在乐园里的食物，以及"分辨善恶的智慧之树"（第十九章至二十章）。在讨论了人的堕落之后，就接下来讨论人的复活。在他看来，这是由于恶的本性是有限的，到了人性满了数目之后，复活是无可阻挡的；至于事物目前的状态以什么方式终结，我们一无所知，但从质料不是永恒存在的这一点可以得知它必然要终结（第二十一章至二十四章）。我们相信复活的教义，因为我们准确地知道《圣经》里所预言的那些事，在具体情形中体验过类似的事，看到了因我们的主而复活的那些人，尤其是我们的主自己的复活。有人说这样的复活不可能，为驳斥这种观点，可诉求于神无限的大能，人性与神性的相似性（第二十五章至二十七章）。格列高利继而开始讨论灵魂的先在问题，他否认灵魂是先在的，认为身体和灵魂是一起进入存在的；灵魂原本潜在地存在于神的旨意里，当每个人因出生而进入存在时就转化为现实的存在（第二十八章至二十九章）。在讨论这最后一个观点时，他在最后一章离开正题对人体的结构作了一定程度的论述，但在结论部分又回到原来的主题上来，认为人"生来是有生命的活的存在"，灵魂的力量是渐渐显明在身体的质料构造里的，并通过这个构造才能显明出来；所以人是借助于灵魂中的低级属性走向完全的。但灵魂的真正完全不在于这些属性，它们最终都要被"弃之一旁"，而在于高级属性，由它们构成的人才是"神的形像"。

正　文

尼撒主教格列高利致神的仆人彼得（Peter）兄弟：

如果我们尊敬那些品德优秀的人就可以得到金钱的报酬，那么与你的美德相比，就如所罗门（Solomon）所说的①，全世界的金钱都会显得微不足道。然而，由于对尊敬的阁下的感激是无法用金钱来衡量的，而圣复活周要求有惯常的爱之礼物，所以你这伟大的属神的人啊，我们就赠送给你一件礼物，它虽然小得可怜，实在不配呈献给你，但至少是我们力所能及的。这礼物就是一篇论文，就像一件卑微的衣服，是我们有限的能力倾心编织的；而这篇论文的题目，虽然可能会普遍被认为太过胆大，但似乎也并不是不恰当的。因为唯有那真正按神的样式所造，其灵魂里印有造他的神的形像的人才配思考神的创世这个题目，这个人就是巴西尔——你我共同的父亲和老师，他凭自己的沉思使宇宙的高贵秩序成为普遍可理解的，使神用真正的智慧创造的世界为那些借着他的领悟力走向这种沉思的人所认识。然而，我们这些甚至不配敬仰他的人，却意图对这位伟大作家的思想中所欠缺的东西加以补充添加；我们这样做不是为了篡改他的作品（因为不可以为那高尚的嘴受到污辱，说它是为我们的讨论提供权威的），而是为了使老师的荣光不致在他的学生中间陨落。

考虑到《创世六日》中人的缺陷，如果他的学生中没有一个人做出一些真诚的努力为他补缺添遗，那么讥笑者就可能有可乘之机来诋毁他伟大的名声，说他不注意在听众中形成任何理解的习惯。但我们既然

①　这是巴西尔所写的解释《创世记》的著作。——中译者注

在力所能及的范围内大胆地把所缺乏的东西显明出来，如果我们的作品中有什么正好与他的教义相匹配，那毫无疑问得归功于我们的老师；但如果我们的讨论没有达到他那高尚思想的高度，他不必为此负责，不能因此指责他不希望自己的学生拥有技巧，倒是我们应该受到指责，因为我们渺小的心灵无法容纳我们导师的智慧。

我们要探讨的范围不可谓不大，它不次于任何世界的奇迹，也许可以说比我们所知道的任何奇迹都要更大，因为除了人的受造之外，没有任何其他存在物是按神的样式造的。因而我们必会欣然看到，即使我们的讨论远远配不上这个题目的价值，但善良的读者必会对我们所说的持宽容态度。我想，我们的任务就是把有关人的一切都加以彻底检查，不留下任何死角——关于我们相信先前已经存在的事，关于我们现在所看见的事，关于将来可指望出现的结果（因为可以肯定，既然人是沉思的存在，如果这个题目所包含的问题有些遗漏，那么我们的努力就会被认为是落空了）；而且，我们必须根据《圣经》的解释和出于理性的解释，使那些关于人的论述——由于某种必不可少的顺序，它们看起来自相矛盾——自圆其说，这样，我们的整个题目在思想和顺序上都和谐一致，因为那些看起来矛盾的陈述（既然神圣权能为没有盼望的找到盼望，为无法逃离的找到出路）都指向同一个目标。为了清楚起见，我想最好把论文的章节向你陈列出来，好叫你一目了然，知道整个作品的各部分内容的要点。

1. 关于世界性质之部分的探讨，以及关于人类产生之前的事物的更详细说明。

2. 人为何在创世中最后出现？

3. 人的本性比一切可见的造物更宝贵。

4. 人的构造全面表明他的统治力量。

5. 人酷似神的主权。

6. 暂时离题检查心灵与本性的一致性，驳斥父子非相似派的学说。

7. 人何以没有天然的武器和衣服？

8. 人何以有直立的躯干；人因为有理性得赐双手；兼论灵魂的差异。

9. 人的形体如此构成以便做理性的工具之用。

10. 心灵借感官运作。

11. 心灵的本性是不可见的。

12. 关于统治本原应属哪一部分的探讨；关于哭和笑的讨论；从生理学的立场推测物质、本性与心灵的相互关系。

13. 关于睡眠、呵欠和梦的一个解释。

14. 心灵不是住在身体里的一个部分；由此也是身体活动与灵魂活动的一个区别。

15. 无论是实际上还是名义上，灵魂其实就是理性灵魂，而其他的只是笼统称之；这也表明，心灵的力量贯穿全身，与各个部分妥善接触。

16. 对神所说的"我们要照着我们的形像与样式造人"的思考；进而检查何为形像之定义，易受伤害、必死的人缘何与护佑而不受伤害的神相似；原型既无男女之分，为何形像却有两性之别。

17. 我们要怎样答复那些提出这样问题的人："生殖既是罪恶之后的事，那么倘若人类的始祖没有犯罪，灵魂会怎样形成呢？"

18. 我们的非理性情欲源于与无理性兽类的同宗关系。

19. 致那些说"我们所寻求能享有的美事不外乎饮食，因为经上记载人最初住在乐园里时也靠此为生"的人。

20. 乐园里的生活是怎样的，禁树（forbidden tree）① 又是什么？

21. 希望来世有复活，不仅因为《圣经》如此断言，更因为事情必

---

① 指生长着分别善恶果子的那棵树，因为神禁止亚当吃那果子，故有此说。参看《创世记》2：16—17。——中译者注

定如此。

22. 答复下面的问题："复活既是一件极佳美的事，为何至今仍未实现，只能寄希望于渺茫的将来？"

23. 凡承认世界有起始的，也必承认世界有终了。

24. 驳斥那些说质料与上帝同样永恒的人。

25. 如何使那些不信的人也相信《圣经》教导复活的话。

26. 复活并非不可能之事。

27. 当人的身体分解归入宇宙的元素之后，每个人都可从共同的源头复得自己的身体。

28. 致那些说先有灵魂后有身体，或者说先有身体后有灵魂的人；驳斥关于灵魂轮回的谬说。

29. 确立关于灵魂和身体的生成原因完全同一的理论。

30. 从一个医学的观点简单思考我们身体的构造。

一　关于世界性质之部分的探讨，以及关于人类产生之前的事物的更详细说明。

1.《圣经》说："这就是创造天地的来历。"① 当一切可见的事物都造好了，万物各居其位，天体环绕万物，而那些沉重下坠的物体即地和水彼此依附，位于宇宙的中间位置。同时，为维系并稳定这些业已造好的事物，神在万物的生长中植入神力和技巧，借一种双重运作（正是通过动静之理使原本不存在的事物产生，使原本已有的事物延续）引导万物，在那不动的造物所提供的沉重而不变的元素周围，推动天体疾速旋转，如同轮子围绕一定的轨道转动，这两者的相互运动维系彼此，使它们不致分裂，因为一方面，环绕地球的物体因迅速旋转而紧压着地球周围的实体，另一方面，那牢固不动者因其固定不移，不断地加

---

① 《创世记》2：4（七十子译本）。

强那些环绕着它的物体的旋转运动。所以，这两者虽然一个静止不动，一个旋转变动，但各自产生的力量同样强大，即固定力与旋转力是一样大的，因为地球没有离开自己的根基，天体也不曾放慢或减速运转。

2. 这些就是神的智慧最先造的，以之作为整个宇宙的开端。伟大的摩西所说的"起初"神创造天地①，我想就是意指一切有形的造物都是动与静照着神的旨意产生并存在的。天与地的作用截然不同，彼此对立，而位于天地之间的造物，接近天者则有几分像天，接近地者则有几分像地，因而其作用就如同两极之间的一个中介，天地两极显然可以借助这个中介相互接触。比如空气轻盈易于流动，有点类似于火这类实体（substance）的恒常变动和精巧细微；但它并不因此而与固体全然格格不入，因为它既不是处于源源不断的流动状态，也不是处于亘古不动的状态，而是与两者都有密切联系，是截然对立的两种作用之间的一种交界，将天然不同的事物既合于自身，又与之相分。

3. 同样，液体也因其双重性质与这两种对立作用相关。一方面，液体重而有下坠倾向，就此而言，它接近地；但它又是流体，分有一定的动能，所以并不完全与天之动性无关。由此也可以看出两种对立作用之间的混杂和复合，就如重量可以转化为运动，运动也不以重量为妨碍；本性完全相反的事物可以彼此联合，并且是借助两极之间的中介相互连接。

4. 不过严格地说，这两极的本性中并非全无相互混合的成分，所以在我看来，无论是我们在世上所见的彼此和谐的事物，还是性质完全不同的造物，都是和谐一致的。要知道，运动不只是指位移，还包括变化和化生；另一方面，不动性则不包括变化这种运动。所以神的智慧使这两种性质可以互换易置，在动变的事物中包含不变性，在不动的事物中寓有变化性。这样做可能出于某种神意先见，唯其如此，才不会把凡包含不变性和不动性的受造之物都看作是神，因为凡可动或可变的事物

---

① 《创世记》1：1。

都不会被认为是神。这样说来，地是稳定而常变的，而天则相反，既没有变易性，也没有稳定性。神的权能在稳定性中编入变化，又在不变性中织入运动，通过这种性质互换，使它们彼此紧密相连，同时也使它们区别于神的观念。因为如上文所说，这两者（即不稳定者与可变易者）都不能算为具有神性之物。

5. 现在万物都已经达其目的，所以摩西说："天地万物都造齐了"①，天地之间的各物都有其适当的美作为点缀，天上有星光，海里有游鱼，空中有飞鸟，地上有各种各样的动植物，这一切都是神的旨意赐予活力产生出来的。地也满足了她的产出，开花结果，绿草如茵；山岭、峰巅、丘陵、斜坡、幽谷也长满了毛茸茸的小草，还有刚从地里长出来的各种各样美不胜收的树木；按神的命令造出来的各种野兽都兴高采烈——我们可以这么说——成群结队地在丛林里欢腾雀跃、来回奔跑；百灵鸟在树荫丛中鸣叫歌唱。我们可以设想，当时海洋的情景也差不多一样，因为水聚入深处就沉寂安定下来，而沿海各处很自然地出现了海港口岸，以致海陆相连；海面上微波荡漾，在风和日丽下扬起阵阵涟漪，与姜绿的草地相映媲美。海陆的一切造物都已应有尽有，只是还没有人享受。

二　人为何在创世中最后出现？

1. 当时那伟大而可贵的造物即人还没有存在于世。不可指望统治者会先于他所辖制的下属出现，那是不适当的事；唯有当他的疆域准备妥当了，君王才会随之出现。所以，可以说，创造万物的主预先为将来的王预备了一个堂皇的住所（这就是陆地、岛屿、海洋以及像穹庐一样覆盖着它们的天空），当各种各样的财物都已经贮备在这王宫里了（财物我是指整个造物，所有植物和树木，一切有感觉、呼吸

---

① 《创世记》2：1。

和生命的东西；还有——如果我们把物质也算作财物的话——所有因其华美而在人眼里看为宝贵的东西，诸如人所喜爱的金银珠宝，所有这些都多多地埋藏在地心里，就如同藏在王室的宝库里一样），他就让人出现在这世界上，对这些宝物或拥有或管理，好让人通过享受这些美物而认识施与的主，因看见万物的美丽和伟大而溯源造主无以言喻的大能。

2. 正是出于这样的原因，人是在开天辟地之最后出现的，这并非因为他无用而排在最后，而是因为他天生就是君王，一出现就要统治他的臣民。一个好的主人断不会在宴席还未准备停当之前就把客人带到家里来，他必是要先把一切准备妥当，把家里装饰好，桌椅摆放整齐，美味佳肴随时可以上桌，然后才把客人带到家里来；同样，款待我们的那位富裕的主人先用各种美物把住所装饰一新，把丰盛的珍馐安排妥当，然后才引宾客上堂，让他享有现成之物，而不是叫他去求取未有之物。因此之故，造主给人一种双重构造的本能作为基础，既有属天的神性，也有属地的兽性，好叫他借这两种属性自然而恰当地倾向于双重享受：因其有神性，可以享受神；因其有感官，与地上万物相类，可以享受地上的美物。

三　人的本性比一切可见的造物更宝贵。

1. 我们对于以下这一点不可不予以考虑：世界固然巨大，然而它本身及其各个部分都是作为宇宙形成的基础创造出来的，可以说，造物界是神的权能当下创造的，他一发出命令就立即成了，唯有在创造人之前经过慎重考虑。造主先用言语描述他要造的人应当属于什么种类，带有什么原型的样式，为了什么目的造人，造了之后他的作用何在，能够管治什么。凡此种种，造主都预先作了考虑，所以在人产生之前神已经给他定了位分，让他有权柄管治在他之前出现的万物。经上说："神说，我们要照着我们的形像，按着我们的样式造人，使他们管理海底的鱼，地上的兽，空中的鸟，牲畜和全地。"①

2. 多么奇妙啊！神造太阳没有预先考虑，神造天空也没有预先思量，要知道，天与太阳可是宇宙万象中无与伦比之造物。神只要说出一句话，如此伟大的奇迹就成了，究竟这样的奇迹是何时成就，如何成就，《圣经》都没有任何详细说明。其他各样具体事物，以太、星辰、空气、海洋、陆地、动物、植物，无一不是神只说一句话就成的，唯有在造人的时候，造物主思前想后，慎重考虑，以便预先为造他的形式准备好质料，并使他的样式具有一种原型之美，也就是说，在造人之前先立好目标，然后按照这个目标去造他，为他造出一种适合并配合其作用也符合预定目标的本性。

四　人的构造全面表明他的统治力量。

1. 若说在我们的日常生活中，工匠制造器具总要合乎其用，那么，那最神妙的伟大工匠创造我们的人性则是为了合乎君王之用，所以既给它灵魂的优势，也给它身体的形式，使它最适合作君王之用。因为灵魂即刻就显示出其高贵而杰出的品质，远超乎个人地位的卑微渺小，因为它是自治的，不依附于别的主，自由自在，特立独行；这样的情状，如果不是王还能是什么？此外，所谓人性是按那统治万有的神性这形像造的，不就是说我们的人性受造之始就是为王的吗？按人类通常的惯例，为君王立像②，先要把他们的形像塑造好，还要在塑像上加刻表示高贵地位的紫袍，这样通常就把这形像称为"君王"了。同样，人性既是为统治其他万物而造的，就是按照万物之王的样式造出来的一个活像，无论在地位还是在名称上都与原型相似，他没穿紫袍，也没有王节和王冠作为其高位的记号（因为原型本身就没有这些装饰），但是他有美德

---

① 《创世记》1：26（不完全出自七十子译本）。

② 这里究竟是指画像还是指塑像不甚清楚。

来代替紫袍，这才是真正最威严最尊贵的；有永生的幸福可仰仗以代替王节，有公义的冠冕以代替王冠。因而，这活像显然酷似其原型之美，完全具有君王的尊贵。

五　人酷似神的主权。

1. 诚然，神性的美不表现为任何形状或模样，也没有什么美丽的色彩，但其奇妙之处在于卓越之难以言喻的喜乐。画家可以借助于各种颜色把人搬到画纸上，借适当、相应的着色使原型之美唯妙唯肖地再现在画像上；同样，我希望你明白，我们的造主在画人时也画得酷似他自己的美，加上各样美德，就像着上各种色彩，在我们身上体现出他自己的主权。造主在描绘他的真像时，可以说用了很多各种各样的颜色，当然所谓的颜色不是指红色或白色，或两者的混合色——不论称其为什么颜色；不是指描眉画眼所用的黑色，也不是指许多画家发明出来的明暗法、俯视法，或者其他诸如此类的技法，而是指纯洁、安详、幸福、脱离一切罪恶，以及其他诸如此类足以使人酷似神的属性。造主就是用这样的一些颜色按他自己的形像造出我们的本性的。

2. 如果你考察神性之美表现在人身上的其他各点，就会发现它们都完全保存了神的形像。神性就是心，就是道，因为“太初有道”①，并且保罗的跟随者“有基督的心”在他们里面“说话”②，同时这些人也并没有脱离人性。你可以在你自己身上看到话语和理解，它们其实就是神心和神道的一种模仿。另外，神就是爱，就是爱的源泉，这是伟大的约翰说的，“爱是从神来的”，又说：“神就是爱。”③ 创造人性的主也使我们具有这样的特征；他说：“你们若有彼此相爱的心，众人因此

---

① 《约翰福音》1：1。
② 参《哥林多前书》2：16，《哥林多后书》13：3。
③ 《约翰一书》4：7—8。

就认出你们是我的门徒了。"① 因此，若没有这爱，按神的样式所造的像就会走样。神能看见一切，听见一切，洞悉一切，你也可以借视力、听力了解事实，又有领悟力探求、明白事理。

六　暂时离题检查心灵与本性的一致性，驳斥父子非相似派的学说。

1. 但愿不会有人以为我是在说神像人一样，通过各种不同的官能作用来接触存在物。神性是单一的，不可能设想在这种单一性中会有千差万别的认识功能。就拿我们自己来说，我们虽然借助各种感官从多个方面了解那些影响我们生活的事物，但我们认识事物的官能也并不非常之多。但有一种官能，就是内在的心灵，它贯通各个感觉器官，明白外界事物。正是这一官能，借眼目看见有形之物，借听觉明白所说之话；借味觉对美味怡然自得，对恶臭避而远之；借手做它想做之事，或拿取，或扔弃；它觉得怎样适宜，就怎样借助器官实现其目的。

2. 尽管自然界赋予人各种不同的器官来认识世界，但推动各个器官发挥作用、使用相应的器官对付所出现的对象的，只有一个，就是心灵；它的作用虽然千变万化，但其本性始终不变。在人尚且如此，更何况在神呢？我们怎能因神的诸种不同权能就怀疑他的本性是多样的，而非单一的呢？如先知所说，神是"造眼睛的"和"造耳朵的"②；他既以自身作为人类的原型，便在人性中刻上这些作用作为重要特点；因他说："我们要照着我们的形像造人。"③

3. 这样说来，那主张父子非相似的异端邪说是怎么回事？他们对上述经文会怎么说呢？经文既这么说了，他们又能怎样为自己虚妄的教义辩护呢？他们是不是会说，一个形像应当可以与多个不同的形体相同？如果子

---

① 《约翰福音》13：35（并非完全直译）。
② 《诗篇》94：9。
③ 《创世记》1：26。

的本性不同于父，那从不同本性造成的像怎可能是一个？神说"我们要照着我们的形像造人"，这里的"我们"显然就是指圣三位一体，倘若这三位一体的三个原型各不相同，那神在讲到"形像"时断不会用单数来表示；因为彼此不合一的事物断不可能表现为同一个形像。如果这三位的本性各不相同，那神必定一开始就把他们造为不同的形像，使每一个都有其适当的形像。然而形像既然只有一个，若说原型有多个，那岂不是毫无头脑吗？难道不明白几种事物若与同一个事物相同，它们必彼此相同这一道理吗？所以神说："我们要照着我们的形像，按着我们的样式造人。"（这话说在人形成之初，可能就减少了这样的弊病）

七　人何以没有天然的武器和衣服？

1. 人有直立的躯干，这意味着什么？为什么那些帮助人生存的力量不是天然地依附于他的身体？人刚生下来时，赤身裸体，毫无遮蔽，也没有防卫能力，一切于他有用的东西，他都没有，所以，单从外表看，他不值得仰慕，倒显得可怜巴巴；他没有尖角，没有利爪，没有蹄或齿，更没有天生的可放毒汁的刺。大部分动物都具有的用以自卫抵御外来伤害的这些器具，人倒完全没有；他身上甚至连自我保护的毛皮都没有。不过，人既被提升为万物之王，我们可能会指望他应当有天生的武器来自我防卫，而不必求助于他者来保护他的安全。要知道，狮子、老虎、豹子、野猪这些猛兽都有足以自卫的天生力量；公牛有角，兔子能迅速奔跑，鹿能跳跃且视力准确，有的野兽躯体庞大，有的野兽鼻子奇长，鸟有双翼，蜂有针刺，总而言之，一切造物都生而具有某种保护能力。唯有人，走路快不过奔跑迅疾的野兽，身材大不过躯体庞大的野兽，动物还有天赋武器自我护卫，人却全然没有。既然如此，我们就要问，人何以能获得统治万物之权柄呢？

2. 我想，这个问题一点也不难回答。正是因为我们的本性有所缺乏，才使我们获得统治其他造物的权力。假如人有力量，能比马跑得更快，有结实的脚，怎么走路也不会累坏，身上长有蹄、爪，或者角、刺这些东西，那他就会成为野兽一样的可怕之物了。再者，假如他根本不必与下属合作，那他就可能懒得去管治其他造物了。现在则不然，人类生活所需的一切都由我们统治下的各种动物分担。正因如此，我们非得统治它们不可。

3. 正是因为我们的身体动作迟缓，不善运动，所以要把马驯服，供己之用；正是因为我们赤身露体，所以有必要牧羊，利用它每年生产的羊毛来供给我们天生的缺乏；正是因为我们要从别处接受生活给养，所以就驯服兽类担当此任；还有，因为我们不能像牲畜一样吃草，便利用牛为我们的生活提供劳役，使我们过得轻松安逸；因为我们没有利齿和咬的能力来征服其他动物，就利用狗的灵敏和牙齿的能力为我们服务，做人的一把活剑；人还发现了铁，它比尖角利爪更坚固更犀利，它不同于动物身上所长的器具，并不总是长在我们身上，而是在需要的时候才与我们联合，为我们所用，其他时间则待在一边。人没有鳄鱼的鳞皮，但他可以随时披上鳄鱼的鳞皮作盔甲；否则，不用鳄鱼皮，他可以用铁打出一副盔甲，打仗时披上护身，和平时就脱下来，以免重负。飞鸟的羽翼也给我们的生活提供帮助，我们借助于发明甚至可以胜过羽翼的快疾：有的鸟被捕鸟者驯服，为他们所用，还有的通过计谋被征服为我们所用。此外，我们造出有羽毛的箭，并借助于弓获得像飞翼一样的速度。因为我们路走多了就要腿脚酸痛，所以必须利用所管治的动物提供的帮助，做出鞋子为我们的脚所穿上。

八　人何以有直立的躯干；人因为有理性得赐双手；兼论灵魂的差异。

1. 人的身体是直立的，他向天伸展，昂首向前。这就是表明他有君王尊严的标记。在一切存在物中，唯有人是直立的，其他动物都弯身朝下，这就清楚地表明了两者之间孰尊孰卑：动物俯首屈体，受人支配，人则昂首挺胸，统治它们。所有的动物都把前肢当作脚用，因为弯曲的身体需要有东西支撑。但在人的形体中，前肢就成了手，因为直立的躯体已经有了一个根基，那就是双脚，这个根基足以使他稳稳站立了。

2. 这辅助性的双手尤其符合理性的要求。事实上，如果有人说手之运用乃是有理性的人的独特属性，这话错不到哪里去；纵然他说这话时心里只想到通常而明显的事实，比如心有所思就自然地动手笔之于书。我们用写作交谈，在一定意义上借助于双手把声音用文字的形式保存下来，这确实与天赋的理性不无关系，但当我说双手与理性合作以响应其指令时，却另有所指。

3. 不过，在讨论这一点之前，我们要先考虑为我们所掠过的问题（我们差一点忽视了造物的次序问题），为什么先创造地上所出的各种植物，其次创造非理性的动物，造了这些之后，最后才出现人？因为我们可能会从这样的创造次序产生明确的想法：在造主看来青草是对动物有用的，而动物则是于人有用的，因此之故，在造动物之前先造出它们的食物，在造人之前先造出与人类生活有帮助的动物。

4. 但在我看来，摩西通过这些事是要揭示一个隐蔽的道理，秘密暗示关于灵魂的智慧。关于这种智慧，没有学识的人实在只有一些想象，并没有什么清晰的知识。所以他的讨论教导我们，生命和灵魂的力量可以分为三个部分。一部分是生长和滋养的力量，它为身体提供一切适合其营养的东西，称之为植物的灵魂，可以在植物中看见这种力量，因为我们可以在生长的植物中看到某种没有感知觉的生命力。第二部分除了上述形状之外，还拥有根据感知觉调整活动的能力，这种力量可见于无理性的动物，因为它们不只是要滋养和生长，还有感知觉的活动。而完全的生命只存在于理性者（我指的是人）身上，他有生长力、感知觉，还有理性，受心灵的支配。

5. 我们完全可以这样来划分论题。一切存在物中，有些是属纯理智的，有些是属有形的。我们先把属纯理智的放在一边，因为根据其性质，它与我们目前所讨论的话题无关。就有形的存在物来说，有些是完全没有生命的，有些是分有生命力的。再拿生命体来说，有些还有感知觉，有些则全无感知觉。最后，有感知觉的还可以分为有理性的和无理性的。正因如此，立法者说，植物的生命是在无机物质（作为生命物的一种基础）之后造的，这种生命早先已经存在于植物的生长之中。然后他使那些受感知觉支配的动物产生出来；再按照同样的顺序，在那些获得了肉体生命的存在物中，那些有感知觉的能够自立自存，无须依赖于理智存在物，而理性原则若不与感知觉结合却无法体现出来——正是出于这样的原因，把人放在最后，先造动物再造人，这是自然本性走向完全的必然顺序。因为有理性的动物即人结合了灵魂的各种形式，有植物性的灵魂得滋养，在这种生长力之外还有感知觉能力，从其特有的属性来看，感知觉处于理智和物质之间，比理智粗糙得多，但比物质精致。于是理智就与感知觉中精细而不含偏见的元素连接混合起来。因此人兼有这三者。正如使徒说给以弗所人的话教导我们的，他为他们祷告，愿他们的"灵与魂与身子"在主降临的时候得蒙保守完全的恩典①。他用"身子"一词代表人的营养部分，用"魂"一词指感知觉部分，再用"灵"表示理智部分。同样，主也在福音书里教导文士说，要尽心、尽性、尽意爱神，这是一切诫命中最大的②。在我看来，这里的这些语词也标出了同样的分别，属形体的部分称为"心"，居间的魂是"性"，而较高的灵即理智慧力则是"意"。

6. 使徒也认为有三种属性，一种是"属肉体的"，它忙于口腹与饱食之乐；一种是"属血气的"，它介于善恶之间，高出于恶，但又不全属于善；还有一种就是"属灵的"，它认识神圣生活的完全形式。由

---

① 实际出于《帖撒罗尼迦前书》5：23。——中译者注
② 参《马可福音》12：30。

此，他指责哥林多人纵情恣乐："你们是属肉体的"①，因而不能接受更完全的教义。使徒还在另一处把第二种与第三种作比较，说："属血气的人不领会神圣灵的事，反倒以为愚拙，并且不能知道，因为这些事唯有属灵的人才能看透。属灵的人能看透万事，却没有一人能看透了他。"② 属血气的人自然比属肉体的人高，同样，属灵的人也比属血气的人更高。

7. 因而，既然《圣经》告诉我们，人是在一切生物造好之后最后造的，立法者这样记载就是在向我们宣布关于灵魂的教义，认为最完美的事物总是最后才出现，这是符合事物的某种必然顺序的。理性造物中既包含知觉力，也包含生长力，而有知觉的造物中也必存在植物形式，植物形式则同样与物质形式相关。由此，我们可以说，自然是从低级向高级一步一步上升的——我指的是生命的各种属性。

8. 人既是理性动物，他身体的器具自然得符合理性之用。你可以看到，音乐家总是根据各自的不同乐器来创作音乐，竖琴是弹拨的，不用来吹奏，笛子是吹奏的，不用来弹拨。同样，我们身上的各种器官的构造也必须合乎理性之用，这样，使用发音器官时就应当发出适用于语言的声音。正是出于这样的原因，人体上才长有双手。我们的双手是极为精巧而有用的工具，我们可以数出它们在日常生活中的无数用途，因为它们能够掌握各种技艺，从事各种操作，无论在战争时期还是在和平时期都大有作为。然而自然把它们赐给我们的身体最主要的是为着理性之用。如果人原是没有手的，那么可以设想，人脸上的各个部位很可能就会像四足动物的脸那样分布，以适用于进食；果真如此，它的形状就会拉长、凸出，鼻子上翘，嘴唇凸起，肥厚粗硬，适用于吃草；舌头夹在牙齿之间，与多肉而粗硬的双唇正相配，帮助牙齿咀嚼，或者就像狗

---

① 参《哥林多前书》3：3。
② 参《哥林多前书》2：14—15。

或其他食肉动物的舌头，在两排粗牙间湿淋淋地伸将出来。假如人体上没有手，那么嘴的各部分的形状就会不适用于言语的使用，那它怎能发出清晰的声音来？若那样，人必只能像牛似地叫，或像驴似地鸣叫，或像别的兽那样吼、吠。幸而手天生就是人体的组成部分，使嘴能自如地为理性所用。由此看来，手显然是理性造物的特性，是造主为理性所设计的一种独特好处。

九　人的形体如此构成以便做理性的工具之用。

1. 我们的造主把某种神圣的恩典赐给我们的形体，在按照他的形像造的人里面培植他自己的优点，因此之故，他也把自己其他的美物大大地赐给人性。但是严格来讲，我们不能说心灵和理性是他"赋予"的，而应当说是他"分与"的，再加上他自己的本性作为他的像（即人）适当的装饰。因为心灵乃是属理智的无形之物，若不借助于一定的器官来显明它的活动，它的恩惠就会无法传达出来，它就只能寂然独居。因此非得有这架工具机构不可，只要用琴拨动琴弦，就会传达出里面的心声。

2. 有些技术熟练的音乐家虽然自己的嗓子因故不能歌唱，但仍然希望展示自己的技艺，于是就借助乐器来创作旋律，用笛子或琴弦来展示自己的艺术才华。同样，这发现了各种概念的人心，既然不能单靠灵魂向那些凭身体感官视听的人展示自己的悟性活动，便像一个精巧的音乐家一样，去拨动这些活生生的乐器，通过它们所发出的声音来传达那隐蔽的思想。

3. 人体这个乐器所奏出的音乐乃是笛声与琴音合起来产生出来的交响乐。当人说话时，他所吹出的气便由肺经过气管，打击管道内部的凸起膜（这膜将笛似的管道分成一个个圆节），在它们周围转动，于是就像笛一样发出声音。不过人的上颚由上颚本身的凹处接受声音，然后将声音分传至鼻子的两条孔道和贯通骨的软骨周围，使声音如同经过一些鳞状的凸起膜而变得更响亮起来。此外，还有脸颊、舌头、咽喉（咽喉收缩，下巴就放松；咽喉伸展，下巴就绷紧），琴弦一拨动，所有这些器官都以各自不同的方式作出响应，音调则根据情形需要迅速变化。至于嘴唇的开合，其效果正如吹笛者根据音拍用手指控制笛声的气韵一样。

十　心灵借感官运作。

1. 既然心灵借我们身体这架器具发出理性的音乐，可见我们生来就是属理性的；另一方面，如我所认为的，如果我们的嘴得负担为身体提供饮食所需这样繁重而辛苦的任务，那么我们大可不必有理性的天赋了。然而，事实上，我们的双手足以承担这样的工作，而让嘴可以完全为理性之用。

2. 这器具①具有双重作用，一种是发出声音，一种是从外界接受观念。两者各有其天然指定的作用方式，不可相互混淆，听觉器官不可用来说话，言语器官也不可用来听音；嘴总是滔滔不绝地说话，而耳朵，如所罗门在某处所说的，不停地听也听不足②。

3. 在我看来，关于我们内在的官能，特别令人惊奇的一点在于：那内在的器具从我们的听觉接受源源不断注入的东西，它的容量究竟有多大呢？谁在作记录员把借它所带进来的话记录下来呢？由我们的听觉引入的观念贮存在怎样的仓库里呢？如果这许多各式各样的观念彼此挤压，如何又不会因其相互易位而出现混乱错误的情形呢？关于视觉的作用，我们也会感到同样的惊异，因为心灵也同样借视觉领会那些处于身外的事物，把各种现象的影像摄入到自身里面，使凡所见的东西都在里面刻下印记。

4. 就好比说有一个恢宏的大城市，接纳从四面八方涌来的人群；

---

① 即心灵的器具，与理性相关。

② 参《传道书》1：8。

人群进来后，并不都去同一个地方，而是各有去处，或去市场，或到住宅，或上教堂，或逛大街小巷，或进戏院看戏，各人都按自己的喜好选择去处；我似乎也看到我们里面有这样一座心灵之城，各个入口借助各种感官川流不息，同时，心灵对每一个来者逐一分辨、考察，分门别类地编入其相应的知识部门。

5. 再接着大城市的比喻来说。情形往往会这样，那些属于同门同族的人并不总是从同一个门进来的，很可能是从不同的入口进来的，但一旦进到了这个围墙之内，便又聚到了一起，彼此亲近（我们也可以看到相反的情形，那些素不相识的人倒往往是从同一个门进入大城的，但这并不能使他们联合起来；因为就算他们都进来了，也可以彼此分离，加入到各自的族类中去）。在我看来，在我们心灵这个宽广的大城里，情形也与此相似。我们往往从不同的感官获得同一种知识，因为同一个对象是由几个不同的部分组成，各个部分对应于各个感官；反过来也一样，我们也可以从同一个感官了解许多彼此不相干的事物。

6. 比如——为使我们的讨论更清楚，最好用类比来说明——我们假设要探讨一下味觉的属性：味觉的甜是指什么，食者要避而远之的是什么。于是我们凭经验发现了胆汁是苦的，蜂蜜是甜的。知道这一点之后，通过味觉、嗅觉、听觉，常常还有触觉和视觉可以得到同一种知识（同一事物以几种不同途径进入我们的理解中）。人只要看到蜂蜜，听到这个名字，尝一尝，嗅一嗅，或者用手摸一摸，通过所有这些方式他都可以认出这是同一样东西。

7. 另一方面，我们也可借同一种感官获得各种不同的信息，因为听觉接受各种不同的声音，视觉看见各种不同的事物——无论是黑的、白的，或者其他任何不同的颜色，都尽收视线之下。味觉、嗅觉、触觉亦然。各种感官都借各自的认识能力把各类事物的知识收入我们心中。

十一　心灵①的本性是不可见的。

1. 心灵将自身分布在各个感觉器官中，并借着它们接受关于事物的知识，那么它自己的本性又是什么呢？若说它是感官之外的东西，我想，凡明智的人都不会有异议。因为它若是等同于感官，就会把由各个感官执行的不同作用归约为同一种作用，因为心灵本身是单一的，而单一的事物不可能包含多样性。然而，我们大家都承认，触觉是一回事，嗅觉是另一回事，其他感觉各就其位，各司其职，彼此不相通，不混杂，如此，我们就完全可以认为，心灵既必定出现在每一种感觉功能中，它就必然是感觉之外的东西，免得以为属理智的事物还有变动不居的属性。

2. 使徒问："谁知道主的心（灵）？"② 而我还要进一步问，谁明白他自己的心灵？请那些自以为领会了神之本性的人告诉我们，他们是否明白了自己，是否知道他们自己的心灵的本质。若说"它是多重性的，十分复杂"，如此，理智性的事物又怎么会是复合性的呢？不同类别的事物混合起来，那是什么样子呢？抑或说"它是单一的，非合成的"，如此，它又怎么会分布到各种不同的感官之中呢？一的里面如何会有多？多的里面又如何包含着一？

3. 我只要诉求于神的话，就发现这些难题都可以迎刃而解。神说："我们要照着我们的形像，按着我们的样式造人。"③ 这形像只要不变形，原型具有的一切属性，它也必定一样不漏地具有；假若它没有与原型完全一致，就此而言，它就不再是一个形像了。因而，既然在我们看来，神性的属性之一就是其本质之不可理解性，那么显然它的形像也必

---

① 英文为 mind，我们这里译为"心灵"。格列高利用这个术语指"理智"的处所；把 heart 译为"心脏"，指其他肉体器官的中心，或者说是感觉的中心。

② 《罗马书》11：34。

③ 《创世记》1：26。

然表现出与原型一样的属性来，即也是不可理解的。

4. 倘若原型超乎理解力，而它的形像却可以理解，那么从两者所表现出的这种相反特点就可以表明这形像是有缺陷的。然而，按造主的样式造的人的心灵，其本性是我们所无法认识的，所以它必定与那高级本性完全相同，它自身的不可知性就是神性不可理解性的表现。

十二　关于统治本原（ruling principle）应属哪一部分的探讨；关于哭和笑的讨论；从生理学的立场推测物质、本性与心灵的相互关系。

1. 让那些把理智力局限于某种身体器官的人停止种种虚幻而没有根据的讨论吧。这些人中，有的以为统治本原位于心脏，有的则说心灵就在大脑里面，他们都以某种似是而非的浅薄论调来巩固这样的观点。认为支配力（principal authority）位于心脏的人说，心脏的位置就足以证明他的观点（因为看起来心脏似乎位于身体的中间部位①），这样，意志就能轻易地从中心向全身发布命令，从而将其付诸行动；他还拿人的烦恼和情绪证明他的观点，因为这些情感似乎驱使心脏产生震动。另一方面，认为理性能力在于大脑的人说，大自然造出头就是让它作全身的一种堡垒，又说心灵住在大脑里就像王一样，周围有感官组成的卫队，就像信使和持盾的卫兵一样保卫它。这些人还找到一些事实来证明自己的观点：脑膜受伤的人其推理能力就变得不正常，喝酒过多、头脑发沉的人就丧失了礼义廉耻。

2. 持这两种观点的人都提出更倾向物质性的理由来说明各自关于统治本原的看法。一方说，从悟性（understanding）发出的运动有点类似于火的性质，因为火和悟性都处于永恒运动之中；既然热可以从心脏里发出来，而心灵的运动则混合着热的运动，那么——他据此说——包含热力的心脏就是包容理性本性的器具。另一方说，脑膜（他们是这

---

① 关于心脏的位置，或许格列高利本人也持同样的看法。例如这一部分的三十章 15 节。

样称呼围绕大脑的细胞组织的）可以说就是一切感官的基础或根；而理智力（intellectual energy）不可能位于其他地方，只可能位于五官所在的地方，唯其与耳相连，声音一到，理智便受感染；视觉器官（自然属于两眼所在的那个凹处）则借落在瞳仁上的各种像在脑膜内再现；气味则通过鼻子之嗅得以辨别；味觉由脑膜亲自试验，由颈部的脊椎将敏感的神经送下至颈道，使它们与颈部肌肉联合。

3. 我承认灵魂的理智部分常常受到身体情欲的干扰；理性因身体上的某种变故而变得迟钝，影响其本质活动；心脏是身体里火元素的一种源泉，受情感的刺激而激动；除此之外，我也不否认（因为我听到致力于解剖学研究的人也这样说）脑膜包围着大脑，浸淫在大脑里发出的气中，构成了各种感觉基础这种说法，这是基于那些生理学角度采取的理论。但我并不认为这种理论能够证明无形之本性受制于任何地点的限制。

4. 我们自然都知道，并非只有头脑昏沉才导致精神失常，高明的医生宣称，脑旁的膜皮患病也会引起我们智力变弱，由于他们把那些膜取名为"phrenes"，因而就称这种病为"frenzy"，即癫狂病。由忧愁引发的情感往往被误认为是从心脏发出来的，其实痛苦的不是心脏，而是肚腹之入口，但人们无视这一点，仍然把情感归于心脏。然而，那些仔细研究过这种情感的人作出如下的解释：当人处在忧伤状态时，全身的管道便自然压缩闭合，气管里的气受阻，不能顺畅通行，于是就被迫压到身体的下部，此时（呼吸器官也被周围的气压迫）人本能地想要扩展那紧缩的气管，打开闭合的管道，受此影响反而使呼吸变得越来越急促。这种呼吸我们以为就是忧伤的一个症状，称之为呻吟或尖叫。再者，那压迫心脏的痛苦并非出自心脏，而是出自胃的入口，其所以如此，也是出于同样的原因（我的意思是说，是由于气管的紧缩使然），因为胆囊里的胆汁一经压缩，就把辛辣苦涩的液体喷到胃的入口。那些忧心忡忡的人往往脸色苍白，这就是一个证明，因为胆汁经过度压迫被逼入了静脉管道。

5. 而且，相反的情绪，即欢喜快乐之情也有助于确立这种观点，因为人若听到好消息而快乐得神魂颠倒，其身体上的管道也多少松弛扩展。我们在前面说过，管道里轻微的不易觉察的呼吸因忧伤而受阻，从而压迫上层脏腑的内部组织，于是把湿润之气驱至头部和脑膜；脑腔里滞留了太多这样的湿气，便通过它底部的管道一滴一滴渗出去，这就是眼泪了。与此相同，我希望你想到，在相反的情形中，管道得到非同寻常的扩展，空气通过它们吸入内部，又通过口腔自然地呼出，同时所有的脏腑（尤其是肝，如他们所说的）都形成一定的震动和搏动，齐心协力把这气压出去，因此，自然为使这气易于呼出，就扩张口腔，使伸展的两颊鼓满了气。这一切的结果就叫作笑。

6. 由此说来，我们既不可说统治本原位于肝脏，也不可因为愤怒的情绪使心脏周围的血变热就说心灵的位置在于心脏。我们必须认为这些事是我们身体组织的特点，并认为心灵乃是根据一种难以形容的联合与身体的各个部分同等地接触。

7. 即使有人就此观点驳斥我们，说《圣经》也宣称统治本原就是心脏，我们也不可毫无考察就接受这种说法。经上说："神察验人的心肠肺腑"①，提到心脏时也讲到肺腑。这样看来，他们要么把理智本原（intellectual principle）囿于心肺两者之中，要么不在任何一者之中。

8. 虽然我知道在某种身体状况下，理智本原会变得迟钝，甚至变得完全无能为力，但我想这并不足以证明可以把心灵局限在某一具体部位，否则，一旦相邻部位发炎肿胀起来，心灵就会被挤出有限的自由空间（这种观点是一种有形论，认为一旦器具被某种东西占满了，别的东西就不可能再塞进去）。须知，理智的本性（intelligible nature）既不是住在身体的空无一物的空间里面，也不会因身体肿胀被排挤出去。整

---

① 《诗篇》7：10。

个身体的构造宛如一架乐器，如果乐器失灵了（它可能太旧而破损了，可能掉下去碰坏了，可能生锈、腐烂，发不出声音，不能用了），演奏家就无法表演他们的技能，无论其技法多么娴熟，也无法使用这样的乐器。同样，心灵也要使用完整的乐器，根据它的理智活动和本性触及各个部分，那些正常的部位就产生出适当的效果，而失灵的部位就对它的弹奏无动于衷，不起作用，没有效果。因为心灵自然是与处于正常状态的东西配合、相近，而与失常的事物格格不入。

9. 我看，这里有一种更接近本性的观点，我们可以从中学到某些更精致的理论。因为万物中至美而至善者就是神性本身，万物莫不趋向于这种美且善者，因而我们说，心灵作为至美者的像也必定是美且善的，只要它尽可能保持与原型相像；但它若偏离原型，那就要失去原有的美。我们曾说，心灵以其原型之美为装饰，它就如同一面镜子，反映神的形像，所以我们认为，它所支配的本性之与心灵也处于同样的关系中，这本性也以心灵所赐的美为装饰，可以说，是镜子的镜子，并且人里面被沉思的本性的质料因是受它支配和支撑的。

10. 因此，只要各部分保持联络，真正的美就按比例与整个系列贯串相通，高级本性把低级本性都美化了。要是这种有益的联络出现任何中断，或者高级本性倒过来跟从低级本性，那么这个与自然分离的质料就显出奇怪的特点（因为质料本身是没有形式也没有结构的），进而它的这种没有形状的特性将其借心灵而得装饰的本性之美也给毁灭了。质料的丑陋性借助本性渗透到心灵，于是，那按神的形像塑造出来的形像就不显现神的形像。心灵既将善的观念像镜子一样翻转到后面去，其反射善的光线就消失了，最后只能接受混沌的质料印记。

11. 由此就导致罪恶的产生，随着对美善之物的脱离，邪恶即便出现。我们知道，凡与首善（the First Good）紧密相连的，都是美善的；凡脱离这种关系和样式的，就必缺乏美善。这样，根据我们前面所说的，那真善者只有一个，而心灵本身也具备成为美善的能力，因为它是美善者的像；那由心灵支撑的本性也有同样的能力，因为它是这像的像。由此表明，我们的质料部分若是受本性支配，就有组织而得确立，相反若是脱离那扶持它支撑它的本性，并且与美善脱离关系，就会分崩离析。

12. 当然这样的情形是不可能出现的，除非本性完全颠倒，毫无倾向美善的念头，只渴慕丑恶的东西。世上唯有质料是没有自身的形式的，所以凡与质料相同的，必定也像质料一样没有形式，也没有美。

13. 不过，我们所讨论的这些问题是附带性的，是我们在思考正题时提出来的。我们所探讨的正题是，理智能力（intellectual faculty）究竟是寄居于我们身体的某一部位，还是平均分配在各个部位？那些主张心灵占据身体的某一部位的人，为确立自己的这种观点就提出这样的证据说，脑膜不正常者其理性就不能自由活动。对此，我们的讨论表明，人的本性是各部分的复合，每一部分都有其天然的功能，如果某一部分失常，不再保持自然状态，那灵魂也便相应地失去效力。正是在这样的思路中，我们在讨论中插入了刚才所述的观点，由此我们知道，在人的复合本性中，心灵是由神所管治的，而它则管治我们的质料性生命。当然质料性生命必须保持其自然状态，倘若它背离自然，自然也就脱离心灵所推动的活动。

14. 现在我们还是回到正题上去。在那些未被某种情欲所染而背离自然状态的人身上，心灵发挥着自己的力量，在健康状况良好的人体上稳当而立；相反，在那些不接受心灵活动的人身上，它便只好无能为力了。我们在这些问题上所持的观点还可以有另外的论证，只要对我们的讨论已经疲倦了的听众不感厌烦，我们愿意尽我们所能对这些问题再赘述几句。

十三　关于睡眠、呵欠和梦的一个解释。

1. 我们身体的生命是质料性的，变动不居的，总是在运动中前进，它既具有这方面的能力，就从不停止运动。犹如一条河流，自发流淌着，河床总是满溢的，但每一部分并不总是蓄有同样的水，而是前赴后继；同样，我们生命中的质料部分也如此不断地在运动、流溢中向对立面变化，所以，它绝不可能不变化，恰恰是无法停止下来，必须不停地运动、改变；倘若停止变动，就必然停止存在。

2. 比如，继充满之后的是虚空，反过来，虚空之后随之而来的则是充满的过程。睡眠使醒着时的紧张得到松弛，醒来之后就不再松弛，重新紧张起来。对立的双方谁也不永久停留，总是相互让路，此去彼来。大自然就是通过事物的互相置换来自我更新，由此及彼，反之亦然，无有间断。因为活物总是在施展自己的各种作用，这就导致过分紧张，部分出现断裂、分离，而身体若持续静止不动，其结构就会消解和松懈。所以，活物在适当的时候以适当的方式相互接触乃是自然的一种持久力，通过不断地向对立面转化，使它处在一种状态时都只是暂时地脱离另一种状态。因此它看到身体清醒时处于紧张状态，就设计出睡眠使紧张得到缓解，让感觉器官暂时停止活动，松开它们的缰绳，就像比赛之后让马脱离马车。

3. 而且，适时的休息对身体结构来说是必不可少的，好使营养通过身体的各种管道渗透到全身各处，不因紧张而妨碍通行。正如雾气如果饱含了水分，一旦阳光给它加热到一定程度，就要上升，同样，当我们体内的营养受到自然热气的加温，也会产生类似的结果。须知，气天生就有向上的倾向，渴望高处的东西，所以就上升到了脑部。然后呼出，分散到感觉器官的管道，由此，感官自然变得迟缓，暂时让位于这些气。当某种铅制的工具（我的意思是指像铅一样沉重的东西）迫使眼睑遮盖上眼睛，眼睛就合上了；这些气也使听觉变得迟钝，就好像有一扇门把听觉器官关上了，使它停止其天然活动。身体的感官既已休息，完全停止其天然的活动，这样的状况就是睡眠，如此，消化器官就可以自然地借这些气体把营养输送到各个管道。

4. 出于这个原因，如果感觉器官应该关闭了，但由于忙碌没有适时睡眠，那么充满了气体的神经系统就必然自发地伸展，于是，那原本因气体而密度增加的部分又因这种伸展过程而变得稀薄，正如人用力拧衣服把水挤出来一样。咽喉周围的各部位都稍呈环形，那里的神经组织也特别丰富，所以必须从那气体密集的部位呼出气体。因为环形的部位不可能直接分离，唯有通过在它周围的轮廓肿胀起来才行。因为这样的原因，通过控制打呵欠时的气息，下巴向下收敛，以便给小舌留出一道空隙。所有内脏部位都被设计为一种环形，这样，早先滞留在相邻部位的浓密烟气随着呼出的气排放出来。即使入睡了，只要那些气体还有些痕迹留在所谓的未消化、未呼出的部位，类似的情况也在发生。

5. 因此，人的心灵清楚地证明了它与人的自然的关联，它本身也在其健康清醒的时候与自然一起运作、一起活动，但一旦进入睡眠状态就保持不动，除非有人认为，梦里的幻象也是心灵在睡眠中发出的一种运动。但我们认为，唯有理智发出的有意识的健全的行为才是心灵的活动，至于发生在我们睡梦中的荒诞无意义的事，我们认为是心灵活动的某些表象偶然地印刻在灵魂里缺乏理性的部分。灵魂既因睡眠而不再与感官联系，必然也在心灵活动的范围之外。心灵与人的结合正是通过感觉器官发生的，因而，当感官休息的时候，理智也必然需要安静。我们知道，做梦的人常常好像处在荒唐而绝不可能的环境中，这一点就是证明，如果睡梦中的灵魂也是由理性和理智引导的，就不可能出现此种情形。

6. 然而，在我看来，当灵魂休息的时候，就它的更加优秀的官能（我指的是心灵和感知觉的活动）来说，唯有它的营养部分是在睡眠中活动的，那些在我们清醒时所发生的事，由感官和理性作用所获得的东西，有些影子和回音借灵魂中那一能够记忆的部分留在灵魂里，我得说，这些是偶然印下来的，有些记忆还保留在灵魂的这一部分里。

7. 于是，人就被这些东西蒙骗了，没有由此通过思考去认识呈现在他们面前的事物，而是留恋在混乱而模糊的妄言中间。但我们看到，在人的身体活动中，当各个部分按照自然赋予它的能力各自活动时，四肢虽然没有运动，但也对那运动的部分产生通感。在灵魂里也是如此，就算某一部分静止，另一部分运动，整体总是与部分有通感。无论如何，自然的统一体是不可能分开的，尽管它所包含的一种机能因其积极的活动而占统治地位。当人清醒忙碌时，心灵占支配地位，感官辅助它，但规范身体的机能并没有与它们分离（因为心灵为身体提供食物之需，感官接受所提供的东西，而身体的营养能力按其自身的需要吸收所提供的东西），到了入睡的时候，这些在我们里面占统治地位的能力以某种方式被倒转，缺乏理性的东西倒成了主宰，富有理性的不再活动，只是并没有完全消失。当营养力在睡眠期间忙于消化，使我们整个人体都致力于此种活动时，感觉能力既没有完全脱离它（因为凡经自然相连的，就不可能分离），它的活动也不能恢复，因为睡眠期间感官不活动，感觉能力就不可能活跃。按照同样的推论（心灵也与灵魂中的感觉部分联结），我们可以说，感官活动，心灵与它一同活动；感官静止，心灵与它一同静止。

8. 如果火上堆满干草，但没有空气鼓动火苗，那么它必然既不能把放在它周围的东西焚烧起来，也不会完全熄灭；它没有升起火焰，但产生烟透过草堆升向天空。只要它能得到一点空气，这烟就会转化成火。同样道理，睡眠时候心灵被休眠的感觉隐藏起来，既不能通过它们进射出来，也没有完全消失，可以说，这是一种缓慢燃烧式的活动，它虽然能达到一定程度的活动，却不能继续前进。

9. 再看一个例子。当音乐家用琴拨触动松弛的琴弦时，不可能发出有节奏的音律（因为没有拉紧的东西发不出声音），就算他的手不停地娴熟地移动，琴拨准确地按在音符所在的位置，仍然没有任何音乐，唯有随着他的拨动引起琴弦震动而发出的一阵模糊的嗡嗡声。同样，在睡眠的时候，感觉器官处于松弛状态，如果身体这乐器因饱足或沉重而完全松懈，艺术家也会完全停止活动；或者如果感觉器官没有完全接受它的艺术活动，艺术家的活动就会变得懒散而虚弱。

10. 因此之故，记忆是混乱的，而预见虽然因隔着重重幕纱令人疑惑，但在关于我们理性追求的影子里得到反映，并常常向我们指明将来要发生之事的迹象。心灵因其精妙的本性具有某种优势，能够透过粗浅的外表看到事物的本相。但是它不可能用直接的方式表明自己的意思，所以，关于身边之事的信息应该是清楚明白的，但关于将来的宣告则是模糊可疑的，那些解释诸如此类事情的人称之为"谜"。

11. 所以，男仆为法老的杯子贴上花束，面包师看起来提着他的篮子。这都是帮助他们在睡眠时从事那些各自白天所忙碌的事。因为他们日常工作的影子印刻在他们灵魂的有预知能力的部分里，使他们一时有了预言将来发生之事的能力。

12. 若说但以理（Daniel）、约瑟（Joseph）以及其他像他们一样的人，他们没有任何概念上的模糊性，乃完全是神的大能教导他们知道将来的事。这与目前所讲的话题无关，因为谁也不会将此归于梦的力量，否则就会得出这样的结论：他认为那些清醒时发生的神的显像也不过是自然使然，自发产生的，而不是神奇的异象。须知，每个人都是由自己的心灵引导的，但有极少数人确实配与神相交。所以，尽管睡眠中的幻想必然对所有人都以相同的方式出现，但有些人，当然不是所有人，通过做梦获得某种更为神圣的显像。至于其他人，即使关于某事的预言因梦而真的应验了，那也是在我们所论到的意义上发生的。

13. 再说，如果埃及王和叙利亚王在神的引导下知道将来之事，那借他们体现出来的安排就是另外的事了。因为圣徒①隐蔽的智慧是必然要为人知晓的，免得他们终其一生无益于国家。须知，如果当时那些预言者和巫术师不是都不能胜任解梦的任务，那但以理怎能以其解梦能力而为人知晓呢？如果约瑟不是由于能够解梦而引起人的注意，从而仍然

---

① "圣徒"即约瑟和但以理，因为他们能解梦，所以为执政者认可，使其能够有益于国家。

关在牢里，那埃及怎么可能得到保守呢？因此我们必须把这些例子看作是例外，而不是把它们归入到通常的梦的范畴。

14. 因为通常的梦的预见是所有人都有的，以不同的模式和形式在我们的幻想中出现。或者如我们上文所说的，在灵魂的记忆部分留有日常活动的痕迹，或者如常常发生的那样，由于身体这样那样的状态而构成了梦境，比如，口渴的人梦见身处泉水之中，饥饿的人坐在宴席旁边，血气方刚的年轻人受困于情欲。

15. 我在照料一个患癫疯的亲戚时，还知道了睡眠时产生幻境的另一个原因。这个亲戚看到人们为使他恢复力量给他吃很多食物，就大为恼怒，尖叫不止，不断抱怨周围的人用粪便填塞他的肠胃，把污物放在他的身上。当他的身体马上就要出汗时，他又抱怨身边的人准备了水要在他躺下的时候把他浇湿。他就这样一直叫喊，最后这些抱怨终于显示出了其意义所在。因为一霎时一阵大汗浸透了他的全身，肛肠一阵排气也表明了肠胃里的沉重。当他的正当理性因疾病变得愚钝，他的本性也因通感受到身体状态的影响——不是没有感受到哪里出了毛病，而是由于疾病所引起的烦乱使它不能清晰地表达它的痛楚——如果灵魂里的理智本原困顿休息，不是因为疾病，而是因为自然睡眠，这种情形也很可能会在梦里出现，通过水来表现出汗，借用食物、肠胃的沉重引起痛楚。

16. 那些高明的医生也持这样的观点，即根据不同的抱怨，患者的梦里出现不同的异象，比如，那些肠胃功能差的人的异象是这样的，那些脑膜受伤的患者的异象是那样的，那些发烧病人的异象又是另外的；多胆汁的病人与多黏液汁的病人有不同的梦境，同样，多血症患者与排泄疾病患者也会做不同的梦。由此我们可以看到，灵魂里的营养和生长能力因混合而包含某种理智成分，在某种意义上，这种理智成分与身体的具体状态相似，根据所患的疾病在它的梦境中得到调整。

17. 而且，大多数人的梦都与他们的性格一致。勇敢者的梦是一种，懦弱者的梦是另一种；放荡者做这样的梦，节制者做那样的梦；自主的人和贪婪的人必有不同的梦。所有这些梦都不是出于理智，而是由灵魂里缺乏理性的部分形成的，尽管在梦里，但其情其境却与各人在日常生活中习以为常的那些事相似。

十四　心灵不是住在身体里的一个部分；由此也是身体活动与灵魂活动的一个区别。

1. 我们已经远远偏离了主题，目的乃是为了证明心灵不是受制于身体的某一部分，但与全身的每个部分平均接触，根据受其影响的那一部分的本性发动它的活动。然而，在有些情况下，心灵也会屈从于身体的变动，从而可以说成为了它们的奴隶。因为身体在产生痛苦感觉或引发对快乐的欲求上占据上风，所以可以说，它是最初的提供者，使我们产生食欲，或者广而言之，产生对某种快乐之事的欲求；心接受了这样的一种欲求冲动之后，就把自己的智力供给身体，使它以适当的方式获得所欲求的对象。事实上，这样的情形并不常见，但在那些带有奴性的人身上却司空见惯，因为他们使理性受制于自己的本能欲望，向感官享乐奴颜婢膝，任由它们与其心灵联合。但是这种情形在较完全的人身上是断不会出现的，因为在他们，心灵是领导者，它依据理性而非情欲选择前进之路，同时它们的本性就跟在领导者后面向前行进。

2. 我们前面的讨论已经表明，我们的生命能力有三种，一种是毫无知觉地接受营养，一种是有知有觉地接受营养，但没有理性活动，还有一种就是理性的、全备的，且包含其他全部能力。这三种能力中理智能力最有优势。但是，绝不可因此以为在人的复合本性中有三个灵魂相互衔接，每个灵魂又有各自的范围，从而以为人性是由几个灵魂积聚而成的东西。真正而完全的灵魂当然只有一个，就是理智的、非质料的，它借助感官之中介与我们的质料性混合。凡属质料性的，都要变化更换，倘具有生命力，就必生长发育，若相反，离弃生命力，就必渐渐不动直至灭亡。

3. 因此，没有质料实体就没有感知觉，没有理智能力，同样不可能产生感知觉的活动。

十五　无论是实际上还是名义上，灵魂其实就是理性灵魂，而其他的只是笼统称之；这也表明，心灵的力量贯穿全身，与各个部分妥善接触。

1. 宇宙造物中有些东西具有营养力，有些除了营养力之外还有感知觉能力的支配，前者没有感知觉，后者缺乏理智本性。有人若是因此就认为灵魂也有几种想法，那些人的推想必定不是依照这几种能力各自的定义来的。一切存在之物中我们所想到的每一物，只要它真正是其所是，就必有其适当的名称。如果该物没有其应有的属性，那便是有名无实了。举例说，假如有人拿真的面包给我们看，那么我们就说他此举名至实归；但他若拿石制面包给我们，无论它的形状、大小、颜色如何与真的面包相似，甚至各方面都与原型一模一样，终究没有可食之属性，因而我们说，这石头虽有"面包"之名，却是一种误称，不是它当得之名。同样，凡有某物之名却完全没有某物之实的，都是出于对术语的误用所至。

2. 灵魂发现唯有在智性与理性中才有其完全的形式，因而，凡不具备智性和理性却也有"灵魂"之名的，都不是真正的灵魂，只是与"灵魂"这名称相关的某种生命力而已。正因如此，为万物立法的神也赐给人动物性——因动物性离植物生命不是太远——使人除了植物还有动物可用，他说："你们可食各样肉，如同食菜蔬一样。"[①] 因为有感觉能力之物与没有感觉能力唯有营养生长力之物相比，所谓的优势只是微乎其微。属肉的人当由此得教训，不可拿自己的理智与感觉现象紧密结

---

① 参《创世记》9：3。

合，而应专注于灵性上的优势，因为真正的灵魂只存在于灵性益处上，至于感觉能力那是人与动物共有的能力。

3. 不过，我们的讨论又偏题了。因为我们所要思考的主题原不是人的属性中心灵比他的质料器官更富尊严，而是心灵并非囿于人体的某一部位，乃是均等地存在并贯通于全身，既不包围他物，也不为他物所包围。包围、被包围这些词专门适用于罐、桶或者其他容器，但身心的结合却是一种难以言喻、不可思议的关联，心灵既不是在身体"里面"（因为无形者不可能包裹在形体里面），也不是在外包围身体（因为无形者不可能蕴含任何东西），心灵靠近身体乃是以某种难以名状、无可理会的方式进来与它接触，可以说，心灵既在身体里面，又包围着它，既非根植于身内，也不是被身体包裹着，此种情状实非我们所能表达和想象，我们所能说能想的唯有这样一点，当身体正常健康时，心灵也就生气勃勃；一旦身体遭受什么不幸，理智也就随之停止活动了。

十六　对神所说的"我们要照着我们的形像与样式造人"的思考；进而检查何为形像之定义，易受伤害、必死的人缘何与护佑而不受伤害的神相似；原型既无男女之分，为何形像却有两性之别。

1. 现在我们要接着思考神所说的话："我们要照着我们的形像，按着我们的样式造人。"有些异教作家把人性与这个世界相提并论，说人就是一个小世界，其构成成分与宇宙世界相同。他们以为这是在抬高人性，其实却是把高贵的人贬得极其卑微，简直就是全无价值了。他们给人冠以一个听起来美妙无比的名称，原是想要颂扬人性的，却忘了这样做，无异于以蚊子鼠类之属性来美化人，因为蚊子鼠类也是由这四种元素构成的。在一切存在的生命物中，我们都可以或多或少地看到这些元素，没有它们，任何有感觉能力的东西都不可能存在。由此说来，宣扬人是世界的表象和样式，如天之轮转而过，如地之变幻起落，如天地之间的万物，随天地之逝而逝，这种虚夸之说何以能见出人之伟大？

2. 那么根据教会的教义来说，人的伟大性究竟在哪里呢？不在于与受造的世界相同，而在于他是造主之本性的形像。

3. 你可能会说，那么这形像的定义是什么？无形的怎么与有形的相似，短暂的怎么与永恒的相似？易变的怎么与不变的相似？易受伤害、易朽坏的怎么与不受伤害、不朽坏的相似？常与恶同在伴随其生长的怎么与全然没有恶的相似？显然，原型与按原型所造的像之间实有很大的不同。形像唯有保持与原型相似才能恰当地称为形像，假若它走了样，与原物不同，就不再是原物的形像，而是另外的东西了。

4. 那么，人这种必死的、易受伤害的、寿命不长的存在，究竟什么是那不死的、纯洁的、永生本性的形像呢？这个问题的真正答案也许唯有那"真理"本身才知道。但是我们要通过各种假设和推论，尽我们所能追溯真理，力求对这个问题有所理解。经上说，人是按神的形像造的，这话并不是撒谎；可怜苦恼的人与护佑而不受伤害的生命相似也不是假话。若有人拿我们的本性与神相比，那么为保持形像这个词的含义的一致性，以下两种情形必居其一：要么神性是易受伤害的，要么人性是不受伤害的。然而事实上，神性是不受伤害的，而我们人性是无法避免不受伤害，这样说来，我们究竟凭什么理由说神所说的是实话，即人确实是按着神的形像造的？

5. 我们必须再把《圣经》翻阅一下，看看经上所写的话，或许能找出关于这个问题的一些指引来。经上说："我们要照着我们的形像造人"，之后为说明"我们造人"的目的，它补充说："神就造人；照着神的形像造人，造男造女。"① 我们在前面已经说过，这话是为纠正那不敬神的异端说的，好叫我们知道这独生的神是按神的形像造的人，我们绝不可把父的神性与子的神性分别对待，因为《圣经》对创造人的主和人按其形像受造的主以同一个名称称呼之，即神。

---

① 《创世记》1：26。

6. 不过，我们姑且放下这点不论，先来探讨面前的这个问题：尽管神在享福，人在受苦，但《圣经》仍然说神人"相似"，这究竟怎么解释呢？

7. 我们必须仔细检查这句话；只要我们这样做，就会发现那"按形像"造的人是一回事，而如今处在苦难中的人又是另一回事。经上说："神造人是按着自己的形像造的。"① 这个"按形像"造出来的人造好之后，创造工作就结束了。后来《圣经》重提造人之事，说："神造他们乃造男造女。"我想，人人都该知道，自此人就与其原型分离了，因为如使徒所说："在基督耶稣里并不分男女。"② 不过，此话表明人有男女之分。

8. 因而人的受造具有两重含义，一是指人按神的形像受造，二是指神造人有男女之分。《圣经》在记载上的安排就隐约表达了这样的意思，它先是说："神造人是按着神自己的形像造的"，然后紧接着补充说："乃是照着他的形像造男造女。"③ 男女之分这样的事与我们对神的观念是格格不入的。

9. 我想，《圣经》借这些话向我们传达了一个伟大而崇高的教义。这教义是这样的：神圣无形的本性与兽类无理性的生命，这是彼此不分立的两个极端，而人性是处于这两者之间的中介。因为人性是复合的，从中可以看到这两种本性的成分，即一方面有神性、理智和理性成分，这种本性是没有男女之别的；另一方面也有非理性成分，即我们身体的形状和结构，它是有男女之分的。在一切属人的生命中都必然可以看到这两种成分。不过，理智成分具有优先地位，这一点我们可以从关于造人的记载顺序中得知，此外我们还知道，与非理性本性的相通与联结是为人的繁殖提供一个条件。因为经上先说："神照着神的形像造人"

---

① 《创世记》1：27。
② 参《加拉太书》3：28。
③ 《创世记》1：27。

（如使徒所说的，这话表明所造的人是无男女之分的），然后加上一句说："乃是造男造女"①，指出人的独特属性。

10. 那么我们究竟从中学到什么呢？如果我将比较武断的论证加之于当前的话题，希望不要有人见怪。神的本性乃是我们所能想象的一切之善，或者毋宁说是超乎我们所能想象或理解的一切之善的。他创造人，不为别的目的，只是因为他是善的。神既是善的，并以此作为他创造人的理由，那么他当然不会造一种不全的样式来表现他的至善之大能，只赐给我们一部分神性，而舍不得把完整的形像给予我们；而是要造出完全的样式来体现他完全的善，所以，他从无中造出人，又把一切美好的礼物完备地供应给人。这美好的礼物实在不胜枚举，不可能一一列出。因而《圣经》就用一个综合性的语词来简明扼要地表达，它说人是按着"神的形像"造的。这就等于说神所造的人性分有一切善。因为神是完备的善，而人是他的形像，那么这形像必与原型一样也充满完备的善。

11. 由此可见，我们人身上是存在着一切优秀的原则，一切美德和智慧，以及我们所能想象的一切高级的东西，而这一切中最突出的一点乃是我们不受制于必然性，也不受缚于任何自然力，我们是自由自决的。因为善是一种自愿的作为，不屈从于任何控制力，正因如此，出于威胁强迫的事就不可能是善的。

12. 这形像既然带有原型的一切美德，它若不在某一点上与原型相分别，而与原型全然一模一样，那它就不复是形像，而显然就是原型本身了。那么神与按神的形像造的人之间究竟有什么区别呢？我们发现这样一个事实，前者是非受造的，而后者则是受造的。由这一种属性上的区别带来了一连串别的不同属性。如，我们都明确承认，那非受造者是永恒不变、始终如一的，而受造者只要

---

① 《创世记》1：27。

存在就无一刻不变，因为它从非存在到存在这个过程就是根据神的旨意的一种变化和运动。

13. 福音书将钱币上的印像称为"恺撒（Caesar）之像"①，但是我们知道，这个根据恺撒造出来的像只是在外观上相像，质料上却全然不同。我们所讨论的经文也是这样，当我们思考神性与人性的属性特点时，确实存在相似之处，但在它们的背后却看到两者的不同，即一个是非受造的，一个是受造的。

14. 前者始终如一，但受造而成的后者则是经变化才开始存在的，所以与变有一种密不可分的关系。因此之故，那如先知所说的"事未成之先已预知的主"② 洞悉，或者毋宁说借他的预见事先就知道，人在一种自由自主的状态中，其意志活动会有何种倾向；他既看到了将来要发生的事，就为自己的形像设计了男女之分。这种性别与神的原型毫无关系，如我们已经说过的，其较接近次等的理性存在者。

15. 诚然，这样设计的原因唯有那些见证真理、教导神的道的人才能知道，但我们要尽我们所能，通过推测和比拟来想象真理，所以我们不是把我们心中的念头当作权威发表，而是在我们友善的听众面前作为一种理论推测提出来。

16. 那么我们对这些问题是怎么理解的呢？《圣经》说到"神创造人"，它既然没有指明具体的人，就是指全人类。你会说，这受造的人不是取名叫亚当，如下文的历史记载所表明的吗？但是赐给人的这个名字不是专名，而是通名。神既用这样的通名来称我们人类，我们就可得出这样的一种看法，在神的预见和大能里，这第一个人里面已经包含了整个人类。理所当然的，神不会认为他所造的东西是不确定的，每一种存在物都应当有造主借自己的智慧所规定的度和量。

---

① 参《马太福音》22：20—21。
② 《苏珊娜传》42 节。

17. 正如每个人都有自己的限度，其身体的大小就是他作为一个单独存在物的度量，同样，我想，万物之神借他先见之大能把全部人类都包括在一人的身体之中，所以经文教导我们说："神造人照着神的形像造他。"须知，这形像不是属于我们人性的一部分，这恩典也不存在于人的哪种品性之中，可见这种大能是平等地遍及整个人类的。你看，所有人里面都有同样的心灵，这就是一个证明。因为所有的人都有理解力和思考力以及其他神赐给他按自己的形像所造的人的能力。在创世之时第一个受造的人，与一切事成之后将要出现的人，都是一样的，都同样印有神的形像。

18. 因此之故，整个人类就以一个人来代表，也就是说，对神的大能来说，没有过去和未来，就是我们所期待的事物，也因全能的维持力而与现存事物一样可理解。所以可以说，我们的整个人类，从第一人到最末一人，都是自有永有之神的一个形像，至于男女之分，我想，这是神最后添加上去的。原因如下所述。

十七　我们要怎样答复那些提出这样问题的人："生殖既是罪恶之后的事，那么倘若人类的始祖没有犯罪，灵魂会怎样形成呢?"

1. 不过，在考察这一点之前，我们最好还是先探讨一下我们的对手所提出来的问题。他们说，《圣经》没有记载罪恶发生之前有什么生育、分娩或生殖欲望这样的事，及至人犯了罪，被逐出乐园，女人受分娩之咒罚，亚当才与自己的妻子同房，过夫妻生活，于是便出现了生殖一事。他们说，既然乐园里面并不存在婚姻生活，没有分娩、生育，由此可以推出一个必然结论，若不是不朽的恩典堕落为必死性，世间就不可能有许许多多的灵魂了；婚姻使我们传宗接代，延续香火，保存人类种族。这样说来，在某种意义上，罪恶进入世界倒是与人类有益的；因为人类若不是因为惧怕死亡，本能地繁衍后代，就可能至今还保持最初造成的样子，只有一对伉俪。

2. 这里与前面一样，真正的答案，不论它是什么，唯有那些像保罗（Paul）一样洞悉乐园奥秘的人才能清楚地知道。但我们也试图作如下回答。从前撒都该人（Sadducees）反对复活的教义，为说明自己的观点，他们提到一件事，有一个妇人结过多次婚，先后嫁给七个兄弟做妻子，他们据此质问这妇人复活后该做谁的妻子；我们的主对他们的回答不仅足以教训撒都该人，也向后来的人们揭示了关于复活的奥秘。他说："从死里复活的人，也不娶，也不嫁，又不能再死，和天使一样，因为复活的人，即为神的儿子。"① 也就是说，复活所应许我们的，没有别的，就是使堕落的人恢复其原初的状态。我们所寻求的恩典无非就是归回到最初的生活，带那被逐出乐园的人重新回到乐园里去。既然恢复原状的人的生活就是如同天使一般的生活，那么显然，犯罪之前的生活原本就是一种天使一般的生活，因而，我们若能恢复原先的生活状态，就可与天使相匹了。不过，按保罗的话所述，天使是没有嫁娶的，但他们的队伍仍是数不胜数，但以理宣称他在异象中看到的就是这样的。同样，人若不是由于犯了罪，状态由好变成坏，失去了与天使同等的地位，那我们也不必通过婚姻得以繁殖。无论天使是以什么方式增添数目的（非人所能言说、所能想象，只能推测必定存在），这种方式也应该对"比天使微小一点"② 的人有效，使人类增加到造主所规定的限度为止。

3. 假如有人觉得人不必结婚就能生儿育女的观点不可思议，我们就要反过来问他，天使究竟是以什么方式存在的？他们不是数也数不清吗？天使虽然在本质上是一，但在数量上却无数。有人若问，人类若没有婚姻那会怎样延续？那我们可以回答："就像没有婚姻的天使一样生活"，这样的回答必然是适当的。因为人的复活就是要恢复到天使那样的状态，这说明人在犯罪之前原本与天使没什么两样。

---

① 《路加福音》20：35—36。
② 《诗篇》8：6。

4. 至此我们已经澄清了这些问题，可以回到上一节所提出的问题：神按自己的形像造人之后，为何还要把这造物设计为有男女之分。在我看来，我们刚刚得出的初步推论有助于这个问题的解答。因为那创造万物并随己愿按神的形像造了人的主，并没有等着看灵魂的数量一个一个地增加，直到满了其应有的数目，而是凭其先见之明一下子就看到人类的整体和满数，并赋予它与天使同等高贵的命运，他凭自己全能的先见早就知道人类不能保守向善的正道，必要脱离天使的生活，为了使人类的数量不至因其堕落不能像天使一样增添加多而减少——我想，就是因为这样的原因——他便设计了那种适合于我们堕落到罪里去的人性的增加之法，在人类中培植了非理性的动物传种繁殖至今的方式，而不再是天使那种高贵的方式。

5. 在我看来，伟大的大卫也是出于对人类悲惨处境的怜悯，痛不自胜，叹道："人居尊贵中而不自知"（所谓"尊贵"就是指与天使同等)，"与那愚蠢的畜类相比，没有两样"。其实，人真的已经变成像畜类一样了，因他偏爱质料性的东西，其本性中包含了现在这种短暂的生殖方式。

十八　我们的非理性情欲源于与无理性兽类的同宗关系。

1. 我认为我们的一切情欲都是从这个源头发出，就如同从一口泉里喷出滔滔流水，淹过人的生命。我说这话并非毫无根据，人与兽类都表现出同样的情欲，这一点就是证据。我们的肉身容易产生情欲，但不可将这一点的根源归于那按照神的样式造出来的人性。兽类的生命形式先于人出现在世上，而人由于上文所述的原因，采纳了部分兽性（我指的是生殖方式)，于是他也就沾染兽类的其他一些属性了。人有愤怒之情，有求欢好色之欲，岂能说这是卓越之神性的样式？同样，人之胆怯、鲁莽、贪心、吝啬，以及诸如此类的品性，都与神的形像大相径庭。

2. 可见，人的这些属性是从兽类得来的。只是兽类拥有这些属性是为了自我保护之用，而转到人的生命中就变成了情欲。须知，食肉动物就是靠雷霆之怒保护自身的，大量繁殖的动物是靠交配维持生存的；胆怯使弱者得到保全；威猛的野兽也要警醒，生怕一不小心就被捕猎；躯体庞大的动物贪食无厌；不能满足本能之快乐对于它们来说是一件痛苦之事。所有这些以及其他诸如此类的情感都是由于人采取了动物的生殖方式而成为人体构造的一部分。

3. 请允许我把人的形像与某种令人惊异的雕像相比。我们可以看到，雕塑家为了激发观众的惊异之心，在一个头上雕出两个不同的面孔来。同样，在我看来，人也有两种相反之物的样式：一方面，他的心灵是按神的美塑造出来的，赋有神性；另一方面，又与兽类有相同的属性。不过，人的理性往往受到兽性的感染，使较善的成分与较恶的成分同流合污，趋向并受制于非理性部分。无论何时，只要人的心灵能力（mental energy）受制于这些情感，迫使他的理性屈从于情欲，人身上就必然发生某种转变，其美善之像变成了非理性之像，他的整个本性因此全然改变，因为可以说，他的理性培植了情欲的温床，并使它们渐渐增多起来。理性一旦与情欲为虎作伥，就必然产生源源不断的邪恶。

4. 由此看来，人之贪求享乐源于人性与非理性兽性的同宗关系，并因人的犯罪而愈益强烈，终成为众多罪恶之渊薮，而这种贪求就是在非理性动物中也未尝有之。诚然，我们发怒与兽类的冲动相似，但人的愤怒与思想有关，因而便有恶意、嫉妒、欺诈、阴谋、伪善，凡此种种都是心灵作恶的结果。如果情欲没有得到思想的协助，怒火只能维护片刻，就像一个水泡一样方生方灭，并不会经久不衰。因此，猪的贪食引发了人的贪财，从马的高傲产生了人的骄傲自大。凡此种种无理性之兽类所有的本能因人心的不当使用，都变成了邪恶。

5. 反之，如果理性统辖这些情欲，则每一种情欲都会变成一种美德。愤怒产生勇气，惊恐产生谨慎，畏惧产生顺服，憎恨产生对恶的反感，爱的力量产生对真正美善之物的渴求；我们品性中的傲气使我们的思想超越情欲，不受卑劣之物的束缚。那位伟大的使徒甚至赞颂这种精神上的自高，要求我们常常"思念上面的事"①。所以，我们认为，凡此种种情欲，只要为崇高的心灵所高举，就具有神的形像之美。

6. 但冲动的力量更强大，因为罪的倾向既重又向下三见，所以我们灵魂中的统治本原更可能被非理性之重力往下拖，而不是相反，即沉重、属地的成分得到崇高的理智的提升。于是乎，围绕着我们的痛苦常常使我们忘却神的恩赐，任肉体的情欲像丑陋的面具一样遮住神优美的形像。

7. 有些人看到这样的情形，就认为人身上根本没有神的样式（form），从某种意义上说，这种想法是情有可原的。但我们仍可以在那些行为端正的人身上看到神的形像。若说受制于情欲的属肉之人使我们难以相信人是有神的美作装饰的，那么具有高尚美德、纯洁无瑕的人必然会使你相信人性中也有美好的一面。

8. 比如（举例可以使我们的论证更清晰明白），有个臭名昭著的恶人——可以假设他是某个耶哥尼雅（Jechoniah）或者别的想得起来的恶人——其罪恶的污秽已经使人性中的美丧失殆尽；但在摩西以及像摩西一样的人身上，神的形像仍然纯洁如初。可见，只要这形像之美未被淹没，人是神的形像这话就是完全可信的。

9. 然而，有人或许会因为我们人像兽类一样要靠食物来维持生命而感到羞耻，并由此认为人不配称为神的形像。然则他可以指望来生我们可以不必进食，如使徒所说："神的国，不在乎吃喝。"② 主也宣称："人活着，不是单靠食物，乃是靠神口里所出的一切话。"③ 此外，复活应许我们与天使一样生活，而天使是根本不需要食物的，那么我们完全

---

① 《歌罗西书》3：2。

② 《罗马书》14：17。

③ 《马太福音》4：4。

有理由相信，人将来既要像天使一样生活，也必脱离进食的需要。

十九　致那些说"我们所寻求能享有的美事不外乎饮食，因为经上记载人最初住在乐园里时也靠此为生"的人。

1. 或许有人会说，既然看起来我们原先是以食为生，而来生则不必再进食，那人复活后就不会恢复到原先的生活样式。然而，我听了《圣经》的话之后，就知道食物不只是指质料性的食物，快乐也不只是肉体上的快乐，还有另一种食物可以与质料性食物作一定模拟，这种食物唯有灵魂才享有。智慧吩咐凡饥饿的人都来"吃我的饼"①，主对那些渴求这食物的有福之人说："人若渴了，可到我这里来喝。"② 伟大的以赛亚告诫那些能够聆听他的卓越言论的人说："你们当畅饮欢乐。"③ 此外，还有先知威吓那些该遭天谴的人，说他们必受到饥饿的惩罚。但这里的"饥饿"不是指缺饼少水，而是指听不到主的话："人饥饿非因无饼，干渴非因无水，乃因不听主的话。"④

2. 这样，我们应当认为，伊甸园里的果子是值得神种植的（伊甸的意思就是"喜乐"），人是借此得滋养这一点也无可疑惑，从乐园里的生活方式来看，我们也绝不可以为这种滋养是短暂易逝的。神说："园中所有树上的果子，你可以随意当作食物。"⑤

3. 人在肚子饿的时候，谁会给他乐园里的树，就是这段经文里所说的赐给人享有的包含一切美善的"所有的树"？在这句全称又超然的经文里，每一种善都是与其自身一致的，而全部善也是统一的。谁会阻止我品尝这棵混杂又可疑的树呢？凡眼光敏锐的人都能清楚地看到，什

---

① 《箴言》9：5。

② 《约翰福音》7：27。

③ 参《以赛亚书》12：3。

④ 《阿摩司书》8：11。

⑤ 《创世记》2：16。

么是那"所有"的树——它的果子是生命，什么是那混杂的树——它的结局是死亡。神既慷慨地让人享有"所有"的树，也必以某种理由和预见防止人贪求那些可疑的树。

4. 关于这经文的解释，我以为不妨认伟大的大卫和智慧的所罗门为我的老师。他们两人都把神的恩典所赐的喜乐理解为一件事，那就是真善，事实上也就是"所有"的善。大卫说："你要以主为乐。"① 所罗门则称智慧本身（也就是主）为"生命树"②。

5. 由此看来，这经文里所说的供给按神的样式造的人作食物的"所有"树，就是生命之树。与这生命之树相对而立的还有另一棵树，树上的果子就是分辨善恶的知识。那棵树结果子并不是一个善果一个恶果地结，而是同一个果子里包含着善恶两种不同性质。这样的果子生命之王是禁止人吃的，但蛇却诱惑他，使他为走向死亡敞开了大门。他信了蛇的劝诱，因为那果子的外表甚是好看，悦人耳目，令人垂涎。

二十　乐园里的生活是怎样的，禁树又是什么？

1. 那么，那将善恶知识混合为一，且以感官之乐为粉饰的东西是什么呢？我想，我若以"知识"的意义作为推论的出发点，不至于太过离题。这里《圣经》说的"知识"我以为不是指"科学"；根据《圣经》的用法，我发现"知识"与"分辨"之间是有一定区别的：如使徒所说，要娴熟地"分辨"善恶，则非有十分健全的"心穷习练得通达"③ 不可，也因这样的原因，他吩咐我们"凡事察验"④，又说属灵的人才有"分辨力"⑤。知识则不然，它并不总是指技能和对事物

---

① 《诗篇》37：4。
② 《箴言》3：18。
③ 参《希伯来书》5：14。
④ 《帖撒罗尼迦前书》5：21。
⑤ 参《哥林多前书》2：15。

的洞悉，而是指对适宜之物的倾向——如，"主认识谁是他的人"①，再如他对摩西说："我尤其认识你。"② 然而，对那些作恶而被定罪的人，洞悉一切的神却说："我从来不认识你们。"③

2. 所以，那结出这种混合知识之果子的树，属于被禁事物之列；而这种包含了善恶两性的果子正是蛇极力举荐的。也许正因如此，恶并不赤裸裸地暴露自己，显出它自身的本相来——它若不以某种美丽的颜色粉饰自己，诱使那被它欺骗的人对它垂涎三尺，它就不可能得逞——而如今，恶的本性混杂了别的东西，使它的毁灭性像陷阱一样深藏在里面，显现出迷惑人的金玉之色来。这种金玉之色在那些贪财的人看来是好的，但"贪财是万恶之根"④。这些被这诱饵弄得神魂颠倒的人，若不是把享乐看成是美事而欣然接受，怎会陷入这臭恶的污泥中呢？别的罪恶也同样将其毁灭力隐藏起来，乍一看上去似乎是可取的，使不警醒的人为其蒙骗，热烈追逐它，反而把善弃之一旁。

3. 因为大多数人都会认为善就在于满足感官，何况真正的善与表面的善都同用一个名称，因此人把恶当作善来追求，《圣经》称之为"关于善恶的知识"，这里的"知识"，如我们上文所说的，表示一种混合的意向。《圣经》没有说这禁树上的果子是绝对恶的（因为它有善的外表），也没有说是全然善的（因为恶潜伏其内），而说是两种性质混合而成的善恶之果，并说凡触摸它品尝它的人都要死。这几乎就是在大声宣称这样的教义：真正的善，其本性是单纯而合一的，与一切表里不一、与恶为伍的东西格格不入；而恶则色彩斑斓，装饰华美，初时被敬为此物，经验之后却发现原来它是彼物。关于它的知识（即借经验接受它）就是死亡与毁灭的开始和根源。

---

① 《提摩太后书》2：21。
② 《出埃及记》33：12。
③ 《马太福音》7：23。
④ 《提摩太前书》6：10。

4. 蛇正是因为看到这一点，所以就把罪的恶果指出来，但他不是将其本性明明白白指出来（因为人是不会被明显的恶蒙骗的），而是让女人看见其美丽的外表，并用符咒叫人尝它的味道而生快感，巧妙地使她相信所言非虚。《圣经》说："于是女人见那棵树的果子好作食物，也悦人眼目，且是可使人明白，就摘下果子来吃了。"① 而这一吃就使她成了人类死亡之母。这就是那具有双重性质的果子，经文清楚地说明了这树被称为"能知善恶"的树是指什么意思，因为它就像用蜜配制的毒物之恶性，看起来悦目，吃起来甜美，但人摸了它、吃了它就必死，可见，它实为万恶之首。一旦恶之毒性危害人的生命，那具有神之形像的高贵的人，就成为先知所说的"如同泡影"② 一般了。

5. 这样说来，神之形像就是我们属性中优秀的部分，而我们生活中的一切痛苦与悲惨都与神的样式相去甚远。

二十一　希望来世有复活，不仅因为《圣经》如此断言，更因为事情必定如此。

1. 然而，恶的势力并没有强大到凌驾于善的权能之上，我们人性的愚拙又岂能比神的智慧更大更长久。变化不定的事物断不可能比始终如一并固守在善里的事物更坚固、更持久，而绝对确定的一点是，神意是始终不变的，人性则变化不定，甚至也不稳定地存在恶中。

2. 那总在运动变化的事物，若是朝着善前进，就绝不会停止其迈向目标的步伐，因为这条路是没有穷尽的，所追求的目标是没有界限的，所以它不可能在某个时候抓住了目标，从而不再行进了。反之，它若是朝着相反的方向走，那么当它走完恶的道路，到了恶的尽头时，会

---

① 《创世记》3：5—6（七十子译本）。
② 《诗篇》144：4（七十子译本）。

怎样呢？由于它是永恒运动的，其冲动的本性不可能停顿下来，所以当它走完罪恶之路时，就必然转向善。因为恶不是无限的，而有其必然的界限，所以到了恶的尽头，善就接踵而至。由此，如我们所说的，永恒变动的人性最终又转回到善的道路上，由于经历了先前的磨难，有了前车之鉴，就学会了谨慎小心，免得重蹈覆辙。

3. 由于恶的本性受制于必然的界限，所以，我们最终还是要回到善的道路上来。正如天文学家所告诉我们的，整个宇宙充满着光，黑暗乃是地球插入期间投影造成的，这黑暗遮住了太阳光，成一个圆锥形，躲在圆形的地球后面。太阳要比地球大许多倍，它就用自己的光线把地球团团包围，在圆锥顶端把光线重新合起来。同样，如果（假设有这样的情形）某人有能力越出阴影区域之外，就必然会发现自己就处于绝无黑暗的光明之中。既然如此，我想，我们也应当明白，我们一旦越过了恶的界限，就要重新转向光明，因为善的本性相比与恶的界限来说，是洋洋不可胜数的。

4. 因而，乐园必得恢复，那棵树必得恢复，它事实上就是生命之树；形像的恩典和统治的尊贵必得恢复。在我看来，我们所盼望的，不是神交给人作维持生活所用的那些东西，而是另一个国，难以言喻的奥秘之一。

二十二　答复下面的问题："复活既是一件极佳美的事，为何至今仍未实现，只能寄希望于渺茫的将来？"

1. 现在我们集中注意讨论下一个问题。或许有人对我们所盼望的甜美之地思之心切，但愿生出双翼，急驰而去，所以认为我们不能更为迅速地处身于那超出人的感觉和知识的美境，对有绵延的时间横亘在他面前，使他无法达到所求的目标感到大为不满。这样的人就像孩子，因为自己所喜欢的东西一时不能到手就懊恼起来。须知，万事万物都受理性和智慧支配，我们绝不可以为事物之所以如此是毫无理由，没有其内在智慧的。

2. 于是，你就会问，为什么这么痛苦的生活不立即转变为我们所渴望的生活，反而要让这种沉重而劳形的生活持续，一直等到万事万物都终结了的预定时间，才肯把人的生命从捆绑中解放出来，使它无拘无束、自由自在，恢复没有痛苦的幸福生活？

3. 我们不知道自己的回答是否接近真理，唯有真理本身才可能清楚地知道；但无论如何，我们要尽自己所能回复如下。我要再次提起我们在讨论一开始就引用的经文——神说："我们要照着我们的形像，按着我们的样式造人。神就照着自己的形像造人。"① 这样，我们在普遍人性中所看到的神的形像，那时就已经告一段落了，但亚当还没有造出来呢。精通希伯来文的人说，从词源上看，亚当就是指从土里造出来的东西。使徒深谙自己的母语，即以色列语，也把人称为"属土的"②，宛如将亚当这个名字翻成了希腊语。

4. 人是按神的形像造的，也就是说，人的普遍本性与神相似，不是某一部分，而是整个人性是全能之神的智慧所造。神掌握万事万物的界限，如《圣经》所说的："地的四极在他的手中"③，"万物未成之前就知道一切"④，把它们都包括在自己的知识里面，他早已看见人类必要变成一个大数。但他又知道我们受造的人性中有趋恶的偏向，知道它自甘堕落，脱离与天使的同等地位之后，必与低等造物为伍，因此之故，他在自己的形像里面掺和了一种非理性的成分（因为在神圣而护佑的本性中并无男女之分），也就是说，使人具有非理性构造的特性，可以繁殖。但神赐给人类生养的能力不是根据我们受造时的高贵品质；因为神在按自己的形像造人时并没有给他生殖繁衍的力量，其后当神将

---

① 《创世记》1：26—27。
② 《哥林多前书》15：47。
③ 《诗篇》90：4。
④ 《苏姗娜传》42 节。

人分为男女两性时，才说："要生养众多，遍满地面。"① 这种生殖与神性无关，属于非理性成分，因为历史记载表明，神第一次说这话是对非理性造物说的。我们可以确定地说，如果神在将人性分为男女之前就已经说这样的话，把生殖能力赐给人，那么我们就没有必要采取这种兽类的生殖方式了。

5. 神借助自己的预见能力早就知道人类必然要通过这种兽类的生殖方式繁衍生息。神按一定的次序和规则治理万物——因为我们人性中有向下的倾向（神看将来的事与看现在的事是一样的，事未成就已经看见），这就使人类必须要有这种生殖方式——因而，也预知时间与人的受造是共同延伸的，到了一定的时间，就出现预先定好数目的人，一旦人类不再以这种方式繁殖，时间就当立刻停止流动变化。等到人类繁殖到完全的时候，时间也应当随着这种完全而停止。到那时，万物都将恢复初态，人性也随着世界更新（World-Reformation）脱离其朽坏性和属土性，而成为不受伤害的永恒之人。

6. 在我看来，圣使徒也谈到了这一点，他在致哥林多人的书信里说过，时间要突然停顿，现在运动变化的事物要回到永恒不变的状态。他说："我如今把一件奥秘的事告诉你们，我们不是都要睡觉，乃是都要改变，就在一霎时，眨眼之间，号筒末次吹响的时候。"② 我想，使徒是教导我们，当人性到了所预定的界限，再无增添人口的必要时，现存的事物要在一霎间发生变化，把没有部分或没有延伸的时间界限称为"一霎时"、"眨眼之间"。人到了时间的边界（万事万物都到了各自的极限，由此可知这是最后的极点），就无须等到死了之后才获得这种定期发生的变化，只要那惊醒死者的复活号筒一响，那些还留存于世的人就像那些经历了复活的人一样发生变化，立时就成为不朽坏的。如是，肉身的分量

---

① 《创世记》1：28。
② 《哥林多前书》15：51—52。

不再显得沉重，其重力也不会使人坠落到地上，反而借着空气高高升起——因为使徒对我们说："我们将要被提到云里，在空中与主相遇。这样，我们就要和主永远同在。"①

7. 因此我们要等待时间，这时间必与人的发展共同延伸。要知道，如使徒所说的，就是亚伯拉罕和先祖们想见这应许的好事，拼命寻求天上的国，也只能耐心等候，盼望神的恩典。照着保罗的话说："因为神给我们预备了更美的事，叫他们若不与我们同得，就不能完全。"② 如使徒所见证的，他们存着信心，忍耐等候，只从"远处"望见，"且欢喜迎接"③ 那所应许的，确信自己能享有所盼望的事，因为他们认为那应许他们的是可信的④。先祖们尚且如此，我们岂不更应如此？因为我们多数人都没有理由比他们有更好的盼望。就连先知的心也因这种热望而昏晕，并在《诗篇》中承认这种炽热之爱，他说他"羡慕渴想主的院宇"⑤，只要能住在主的殿宇里，就是被降到最卑微的地位，也比在此生恶人的帐棚里占据最高位更伟大、更令人向往。他也宁愿耐心等待，认为那儿的幸福生活就算极为短暂也强于别处的千载万代。他说："在你的院宇住一日，胜似在别处住千日。"⑥ 但他并没有对神关于现存事物的必然安排有什么怨言，还认为人就是抱有对这些好事的盼望也足以幸福一辈子了。因而他在《诗篇》的末了说："万军之主啊，倚靠你的人便为有福！"⑦

8. 所以，我们不可仅因所盼望的事物迟迟没有到来就心灰意冷，而要保持勤勉，不要放弃盼望的目标。就好比说，你对某个幼稚不经事

① 《帖撒罗尼迦前书》4：17。
② 《希伯来书》11：40。
③ 《希伯来书》11：13。
④ 《希伯来书》11：11。
⑤ 《诗篇》84：2。
⑥ 《诗篇》84：10。
⑦ 《诗篇》84：12。

的人预言说："在夏季将有收获；到了丰收的时候，店铺将载满货物，餐桌将满有食物。"如果此人是个愚拙的傻瓜，就只会催促收获的时候快点到来，而不去尽心尽力地播种、培植庄稼。其实，无论你希望与否，收获的时节必定在所定的时间到来。但人尽管在平时已经作好充分准备，等到丰收的时候，仍可能显得毫无准备，从而对收成视而不见。既然如此，我想，神既清楚地向万民宣告变化的时候必要到来，我们就不必为那个时候究竟何时到来的问题而烦恼（因他曾说："父所定的时候、日期，不是你们可以知道的。"[①]）也不用费神去计算，否则必会使心中对复活的盼望渐渐衰退；而应对所望之事满有信心，使这信心成为可依靠的支柱，并通过好的交谈来求得将来的恩典。

二十三　凡承认世界有起始的，也必承认世界有终了。

1. 如果有人看见这个世界目前的运行是有时间阶段，并按一定的规律进行的，就说这些运动的事物不可能按预言的那样突然停顿下来，那么这人显然也不会相信起初的天地是神所造的。凡承认运动有起始的，也必相信它有终了；凡不承认有终了的，自然也不会承认有起始。但是使徒说："我们因着信，就知道世界是藉神的道而造成的，这样，所看见的并不是从显然之物造出来的。"[②] 对于神所预言的现存之物必将停顿的话也必须抱同样的信心。

2. 不过，关于"为何"的问题是我们力所不能及的，最好不要提出来。我们上面提到，我们正是"因着信"承认所看见的事物是从尚未显然之物造出来，对于力不能及的，一笔带过，不加研究。然而，我们的理性在许多事上显出难题来，使我们对所信的事也大大怀疑起来。

3. 因为就是在我们相信的事上，善辩的人也会通过看起来很有道

---

① 《使徒行传》1：7。

② 参《希伯来书》11：3。

理的推论动摇我们的信心，使我们认为《圣经》里关于质料的创造的话（即一切现存事物都是源于神的创造）不应信以为真。那些坚持与《圣经》对立的观点的人认为，物质与神一样都是永存的，为支持这样的理论，他们提出如下的论证。既然神在本性上是单一的，非质料的，没有数量、大小、结合，全然不受形体的限制；而质料则被认为是有广延的，可用尺寸来度量，必为我们的感觉所感知，通过颜色、形状、大小、轻重、软硬，以及其他属性为我们所认识，所有这些都是神性所没有的——既如此，从非质料产生质料，从无广延之物产生有广延之物，其所用的方法究竟是什么？如果我们相信这些事物是源于神性而存在的，那么它们必先以某种奥妙不可知的方式存在于神里面；如果质料原本就在他里面存在，那么包含质料于自身的神怎么可能是非质料的呢？所有其他质料性的区分标记也莫不如此。倘若数量存在于神里面，那神怎能是毫无数量呢？倘若复合性存在于他里面，怎能说他是单一的，没有部分也没有组合呢？于是，这种论证迫使我们思考要么神是质料性的，因为质料的存在源自于他；否则，若要避免这样的结论，就必须认为质料是他从外面引进来，以创造宇宙的。

4. 这样说来，倘若质料是在神之外的，那么可以肯定，必有某种东西与神并列，就永恒性来说，必与非生的神相同。所以这种论证提出了两种永恒而非生的存在者，它们彼此共存，一个是神，他的作用如同工匠，另一个是质料，它接受工匠的手艺。如果有人迫于这种论证的压力，而以为万物之造主有一种物质基础，那摩尼教徒（Manichaen）必会发现自己的特殊理论有了怎样的一个支持，因为摩尼教徒也认为有一种永恒的质料存在，以此来对抗善性存在（Good Being）。然而，我们确定无疑地相信万物无不出于神，我们听到《圣经》就是这样说的；至于它们如何存在于神里面，这是我们的理性所不能解答的问题，所以我们不想去深究，只是相信宇宙万物都在神的大能的掌握之内——既可以使原本不存在的事物存在，也可以随己所愿把各种性质注入事物之中。

5. 因为我们认为大能的神意就是使事物存在的充足理由，使它们从无变成有，同样，我们也要相信神的这种大能必使世界更新。此外，我们或许可以巧妙地运用语言，说服那些在质料问题上提出轻率意见的人，叫他们不要心存幻想，以为可以把我们驳斥得哑口无言。

二十四 驳斥那些说质料与上帝同样永恒的人。

1. 其实，在质料问题上的这种观点，即认为质料出于那智性的、非质料的神，这并没有什么不合理的地方。我们会发现，一切质料都是由某些性质组成的，倘若某物被除去这些性质，它就绝不可能为思想所把握。而且，在思想观念中，每一种性质都可以与实体分离，当然，这种分离是智性上的，而非形体上的。举例来说，我们看到一个动物，一棵树，或者其他什么物体，就会在思想上认识实体的许多事情，而关于其中每一件事的观念都显然是与我们所思考的对象不同：关于颜色的观念是一回事，关于重量的观念是另一回事；同样，关于数量的观念是一回事，关于性质的触觉："软绵绵"、"两尺长"，以及我们说过的其他属性，在观念里彼此不关联，也与物体本身无关。每一种属性都依其自身的存在获得关于其自身的解释性定义，与实体中的其他任何性质全无共通性。

2. 这样说来，颜色是概念把握的东西，坚硬也是概念把握的东西，数量以及其他诸如此类的性质都是。如果将所有这些东西都从实体中除去，那么关于物体的整个观念也就荡然无存了。既然没有这些东西，物体就要瓦解，那么我们似乎可以认为，只要这些东西聚合起来，岂不就可以产生物体了吗？因为物体若没有颜色、形状、硬度、广延、重量以及其他属性，就不称其为一物体；同时，这些属性中的每一种，其本身都并非就是物体，而是物体之外的东西。反过来说，一旦这些特定的属性聚合起来，就能构成质料性存在。既然关于这些属性的认知是属理智之事，而神性也是属理智的，那我们就可以合乎情理地认为，这些促成物体产生的属智性事物是从非质料的神性获得其存在的，一方面是属理智的神性产生这些属理智的属性，另一方面是这些属性相互会合产生物体。

3. 当然，这种讨论只是题外的话。我们必须回到信心上来，借助这信心我们承认宇宙自无而有，并听从《圣经》的教训，毫不怀疑宇宙必将转变成另外的状态。

二十五　如何使那些不信的人也相信《圣经》教导复活的话。

1. 或许有人因看到物体是可分解的，又根据自己的能力去论断神，于是就指出复活是断不可能的事，认为那些现在运动不息的事物不可能变成静止不动，那些现今僵死不动的事物也不可能重新活动起来。

2. 要是这样的人相信宣告复活者的话是可信的，就当把它看作证明复活之真理的最初最大的证据。我们对复活的信心源于其他预言的应验。《圣经》里记载了各种各样的预言，我们可以一一检查它们的真伪，由此来考察复活理论。如果我们发现在别人事情上的预言没有说对，最终也没有真正应验，那么关于复活的理论也难免是虚妄之论。但如果所有其他预言都有经验证明是真实可靠的，那么据此认为关于复活的预言也是真实的，这应该是符合逻辑的。那么我们就来追述一两个预言，将结果与所预言的话加以比较，以便知道复活理论究竟有无可信之处。

3. 谁不知道古代的以色列民族多么强盛，敢于出兵攻打天下一切强国；耶路撒冷城中的宫殿、城墙、城楼、庙宇是多么威严壮观！甚至主的门徒也认为这是值得敬仰的文物，如福音书所记载的，他们在叹赏之余，请主也驻足观看，说："这是何等的建筑，何等的殿宇！"① 但

---

① 参《马可福音》13：1。

是，主却对那些留恋眼前美景的人指出，将来这地要变成荒芜之地，一切美境都要烟消云散，不久之后，他们所看到的一切都将荡然无存。另外，在他受难的时候，有妇人跟随他，为对他的不公正判决而悲伤——因为她们不能洞悉神对所发生之事的预先安排——但他劝告她们不要因他将要蒙受的苦难而号啕大哭，因为这事并不值得她们伤心流泪；他说，这城将来要被敌人包围，城里的人苦不堪言，恨不得当初没有生下来，那才是有福，到那时她们才真正应当恸哭流涕了。进而他又预言了母亲吞食孩子的可怕之事，他说，到了那个时候，人们必以不生育的妇女为有福的①。试问如今，那些宫殿何在？庙宇何在？城墙、城楼何在？以色列人的权势何在？他们岂不是散居在世界各地了吗？国家既已沦亡，殿宇岂能不灰飞烟灭呢？

4. 在我看来，主预言这样的事并不是为了这些事件本身——否则，预言将来要发生的事究竟对听者有什么大的益处呢？即使他们事先对要发生的事一无所知，但一旦事情临到，他们自然也会凭经验知晓——这是为了通过这种预言使他们对更重要的事存着信心，因为以前的事应验了，就可以成为以后的事的见证。

5. 好比说，有一个农夫讲述种子的潜力，听者若是对农事毫无经验，就不会相信他，在这种情况下，为证明他所说的话，只要把斗里的一颗种子的潜能显示给听者看，就足以证明其他种子也有同样的潜能。一个人只要看见从斗里的大麦或小麦或其他谷物中随意取一粒种在田里，破土吐穗，就会举一反三，对其他种子的潜力不再持怀疑态度。同样，在我看来，只要承认其他预言的真实性，就足以证明复活的奥秘也是可信的。

6. 而且，我们认为有真实的复活，并不是从空言而是从事实得知的。主知道复活是一种伟大而难以置信的奇迹，所以开始时先行一些小

---

① 参《路加福音》23：27—29。

奇迹来彰显他的奇异大能，使我们的信心渐渐积累起来，以便接受更大的奇迹。

7. 好比母亲养育孩子，当孩子还是婴儿时，要以足够的耐心用乳汁来喂哺他；当他长大有了牙齿，母亲就给他面包吃，但面包又不能太硬，孩子不能咬也咬不动，否则他稚嫩未经磨炼的牙龈肉就会被粗食擦伤，于是母亲用自己的牙齿把面包弄软，使它正好适合、方便孩子的咀嚼。孩子在母亲的喂哺下渐渐长大，吸收能力也随之增加，从专吃软食到可以吃较硬一点的营养品了。人心也像某个未长大的孩子，软弱无力，所以主先用各种神迹奇事来喂哺、抚育它，首先借用一种令人绝望的疾病作为显示复活之大能的前奏，这一前奏，就其所成就的事来看，当然也是大奇迹，但不是属于世人无法相信的事。例如，西门（Simon）的岳母得了严重的热病，主就"斥责热病"，把这大恶给喝退了，使那人人都以为必死的妇人竟站起来，"服侍"① 那些在场的人。

8. 然后，主稍稍加大了奇迹的能力。有一个大臣的儿子躺卧在床，奄奄一息（据历史记载，此人快要死了，他的父亲对耶稣喊着说："先生，求你趁着我的孩子还没有死就下去。"②），他又使这个被认为必死的人复活了。这次所成就的奇迹显示出更大的能力来，因为他根本没有走到那人跟前去，而是从远处发出命令，就使那人复活了。

9. 接下来主又提升了奇迹的高度。有一次他出发到会堂主管的女儿那里去，途中主动停留下来，在大庭广众之下把流血不止、很可能已死去的妇人神奇地治好。其时，那人的灵魂已经离开身体，一些悲恸难忍的人不禁失声痛哭，主便发出命令，使她复活，好像刚从睡梦中醒来一般。主这样做，就是要把软弱的人引导到一条道上，使它循序渐进地接受更大的事。

---

① 《路加福音》4：39。
② 《约翰福音》4：49。

10. 除了这些神迹之外，主还行了更神奇更大能的事，为使人相信复活铺平道路。据《圣经》记载，犹太地（Judea）有一个拿因城（Nain），城中有一寡妇，膝下唯有一子，这儿子已不是孩童，已成年，记载中称其为"少年人"。这个故事用笔极少，短短一句话就勾勒出了凄绝之景。《圣经》说，那死者的母亲"是个寡妇"。经文如此简练地把她所遭受的痛苦描绘出来，可以想象她简直就是肝肠寸断了。我们可以分析这话所包含的信息：这妇人既是寡妇，就不可能再生儿育女来弥补失子之痛；她原本就这么一个儿子，所以不可能指望别人，只能全力指望他，而今她的全部依托已离她而去。人皆有恻隐之心，完全可以体会出这里所表达的哀痛之情有多大。她十月怀胎所生的就他一个，她用奶汁喂哺的就他一个；唯有他使她食之甘味，唯有看他游戏、工作、学习、娱乐、出场列队、运动竞技、参加年轻人的聚会，才使她感到快慰，使家里充满光明；在母亲眼里，他是最可爱最宝贵的。何况，他已到了可成家的年纪，他就是她家族的传宗接代者，使她的香火得以为继者，是她后半辈子的依靠。此外，故事还描述了他的容貌细节，再次触动伤痛之心。称他为"少年"的人说，他是退了美色的花，说他的脸上才生毫毛，还未长出浓密的胡须，但双颊依然显出美丽的红晕。你想想，他的母亲会为他悲恸到什么程度呢？她的心岂不是如同有火在焚烧？她可能宁愿把躺在面前的尸体抱在怀里，尽情痛哭，任由哀恸延续下去，免得他被匆匆埋葬。故事并未就此结束，经上说："耶稣看见那寡妇，就怜悯她，于是进前按着棺，抬的人就站住了。"他对死者说："少年人，我吩咐你起来。""然后就把这个活人交给他母亲。"[①] 请注意，这人显然已死多时，只是还没有埋葬而已。所以，这次尽管主发出的命令是一样的，所成就的奇迹却是更大的。

11. 主所行的神迹越来越高超非凡，已经越来越接近人所怀疑的

复活之奇迹了。主的一个同伴和朋友病了［病人的名字叫拉撒路（Lazarus）］。主因离他太远，不能去看望他，深以为憾。因为没有了"生命"（Life）在旁边，死神就有了机会利用疾病发挥自己的威力，成就他的工作。主在加利利（Galilee）把拉撒路所遇到的祸事告知门徒们，并说他准备出发去把倒下的拉撒路拉起来。但是门徒们却极为担心，因为当时犹太人痛恨主耶稣，所以他们认为回到犹太地，置身于那些想方设法要杀他的人中间，未免太艰难太危险了。所以他们拖拖拉拉、迟迟缓缓地离开加利利。不过他们到底听从了主的命令，终于回去了。于是主把他们引到伯大尼（Bethany），开始把普遍复活的第一步奥秘显示给他们看。那时，拉撒路死去已有四日，一切为死者而设的仪式都已举行，尸体都已埋进了坟墓，甚至很可能已经开始发胀、腐烂和分解，因为尸体在湿泥里发了霉，自然是要腐烂的。腐烂的尸体不可避免地成为臭不可闻的东西，令人不免对之退避三舍。然而，更神奇的奇迹出现了，这可说是对人所怀疑的普遍复活的一个有力证明。因为这次奇迹不是使重病者恢复健康，不是使奄奄一息的人脱离死神，也不是使刚死的孩子复活，也不是使行将埋葬的少年走出棺材，而是使一个老者之腐烂而发胀的尸体，一个分解而臭气熏天以致死者的家属也劝主不要走近坟墓的尸体，因一声呼喊而恢复了生命。这就证实了复活的宣告是真实可信的，也就是说，我们从这特殊的经验中得知，普遍的复活是可指望的。如使徒所说，在宇宙的重生之时，"主必亲自从天降临，有呼叫的声音和天使长的声音"[1]，并号筒的吹响，使死者复活得不朽。拉撒路的情形也是这样，他在坟墓里，主的命令一发出，他便摆脱了死神，好似睡了一觉而已；他作为尸体时那种腐烂状态也一并除去，完整而鲜活地从坟墓里跳出来，跳出来时甚至不觉得手脚为寿衣的束缚所羁绊。

---

[1] 《帖撒罗尼迦前书》4：16。

12. 难道这些事还太小不足以使人产生对死者复活的信心吗？你们是不是认为应该有另外的证据才能使你们在这个问题上作出论断呢？事实上，当主代表人类对他自己说："你们必引这俗语向我说：'医生，你医治自己吧。'"① 我认为主对他们论到迦百农（Capernaum）并不是没有目的的。因为他已经在别人身上行了很多复活的奇迹，以训练人的信心，他也必然要在自己的人性上行同样的奇迹，以证实自己所说的话。你们看见了他行在别人身上的事——那些奄奄一息的人，那个刚刚死去的孩子，那个即将埋葬的少年，那个臭气熏天的腐烂尸体，凡此种种，都因主的一声令下恢复了生命。你们是不是想要让那些因受伤流血致死的人也复活？赐生命的大能岂会变得微弱，无法赐给他们恩典？请看看这个人吧：他的双手被钉子刺穿，他的肋旁被长矛洞穿。你们可以用指头摸摸那钉痕，把手伸进那被矛刺穿的窟窿②，只要看看外面的伤痕有多宽，就知道里面的伤口有多深，你们的手可以伸进去多深。那伤口能容进一只手，可见那铁矛刺进去有多深。既然这个人已经复活了，我们就完全可以像使徒一样惊呼："怎么你们中间有人说没有死人复活的事呢？"③

13. 主所说的每一个预言都有事实表明是真实的，所以，我们并不是单凭他的话信以为真，而是从他使那些人死里复活的事实得知所应许的事原是真的。既如此，那些不相信的人还有什么可说的？那些因"哲学和空疏的妄言"④ 而背弃我们的单纯信仰的人，我们岂能不与其分道扬镳？我们要坚守所认信的纯洁真理，从先知的话简单了解恩典的方式。先知说："你收回他们的气，他们就死亡归于尘土。你发出你的灵，他们

① 《路加福音》4：23。
② 参《约翰福音》20：27。
③ 《哥林多前书》14：12。
④ 《歌罗西书》2：8。

便受造。你使地面更换为新。"① 接着他又说，主喜欢自己所造的，罪人已经从地上灭亡了。因为罪本身已经不复存在，还会有谁被称为罪人呢？

二十六　复活并非不可能之事。

1. 然而，由于人的理性能力的软弱，就有人用一己之限度来论断神的大能，妄称凡我们的能力不能及的，在神也必是不可能的。他们指出，古人的尸体早已无存，那些火化的人也只剩下一堆灰烬。此外，他们还提出食肉动物的例子，说大鱼可以把受难水手吃进自己肚里，但它又反过来成为人的食物；人吃了它，经过消化吸收，成为自己的血肉。他们举了许多诸如此类的与神的伟大和权威不相称的琐事，企图推翻复活的教义，似乎神真的不能使人以同样的方式恢复自己的原态。

2. 但我们可以用几句话就驳倒他们长篇大论组成的荒谬逻辑。我们承认，物体确实要分解为组成它的各个元素，非但土要照着神的话复归于土，气和水也要复归于同类元素，构成人体的各个成分也要复归于大自然。虽然人体分解之后，或进了隼鹰之口，或成了野兽之食，或被大鱼咀嚼，或在火中化为烟灰，无论你说人死后变为什么，他总是还存留在这个世界里的。而这世界，灵启的声音告诉我们说，完全掌握在神的手中。如果说你对自己手里的东西不会不清楚，那难道你认为神的知识比不上你的能力，对他自己范围内的细微东西发现不了？

二十七　当人的身体分解归入宇宙的元素之后，每个人都可从共同的源头复得自己的身体。

1. 你也许会认为，既然我们里面的气已经复归于气，热、湿、土也与其各自的元素混合，那么要从宇宙诸多元素的共同源泉里找回属于自己的身体，岂不是一件非常困难的事。

---

① 《诗篇》104：29—30（七十子译本）。

2. 但是从人的例子里你难道不能推断出，就是这样的事也没有超出神圣权能的范围？你一定在某个居民区看到过这样的情景：把一群同类牲畜从各个不同地方聚集到一起，然后又让它们各归其主，由于它们认识主人的家，身上又有主人作的记号，所以很快就重新回到各自的主人身边。只要你能想出类似于这样的办法来，必不会离正道太远。须知，灵魂往往依恋、渴念那曾与它同在一起的肉体。由于灵魂与肉体是相互融合的，灵魂就在不知不觉中产生一种亲密感和认知力，就好像是自然印刻在它里面的记号，有了这样的记号，即使与别的灵魂混合，也不会彼此混淆，各自特有的记号使它们相互区别。既然灵魂能把它自己以及专门属于它的东西重新吸引到自己身上，那么试问，当同类事物受难以言喻的自然引力的吸引，各归其所的时候，有什么东西能阻止神的大能把各种元素重新会合起来？须知，神做这事不费吹灰之力。因为就算人体分解了，灵魂里却仍然留着关于我们人性的某些记号，这从地狱里的对话①可见一斑。拉撒路和某个不知名的财主的尸体都已经埋进了坟墓，但他们的灵魂仍多少带有肉体的记号，可以认出这是拉撒路，那是财主。

3. 因此，我们完全可以相信，每个人都必然能从那共同的源泉找回自己复活的身体，那些认真检查我们人性的人对此更是深信不疑。因为我们的人性并不是完全变动不居、流动不息——要知道全无定性的东西必是绝不能被认知的——依照更为准确的说法，我们人性中某种成分是稳定不变的，其他成分则经受一种变更过程。一方面，肉体有生长与萎缩之变化，就像衣服，要随着岁时而不断变换。另一方面，不管肉身怎样变化，形式始终保持不变，当初天然印上的记号是怎样就怎样，任肉体怎样变化，这记号永远依存。

4. 不过，有一种情形我们必须排除在外，那就是由于疾病引起的

---

① 参《路加福音》16：24—31。

形像的变化。疾病会损害人的形相，就如戴上了一副奇怪的面具，但只要一句话①，就可除去这副面具，就如叙利亚乃缦（Naaman），或者福音书里记载的那些人，虽然疾病把他们的形相遮蔽了，但一旦恢复健康，便又重显出形相原有的记号。

5. 我们的灵魂乃是神的样式，因而不是流动变化、日新月异之物，但这种稳定不变的元素与我们的身体结合，构成联盟。各种不同的结合产生各种不同的形相（这种结合不外乎就是各种元素的混合，所谓各元素就是创造宇宙所必需的基础性的东西，也是人体构成所必需的），但形相必然存在于灵魂，就如图章打出来的印，凡被那图章打过印的，灵魂不可能认不出来，到了世界更新的时候，它要把所有打上形相之印的事物都接回到自己里面。可以肯定，凡一开始就打上了形相之印记的事物都会一一对应起来，因此，专门属于个人的东西完全可能从共同的源泉复归于各人。

6. 据说，把水银从容器里倒出来，倒在一个布满灰尘的斜面上，水银就形成一个一个小球，四散在地上，无论遇到什么物体，都不会与之混合。但只要把这些四散的水银收集到一处，只要没有什么东西干扰，它就会自动流集相合为一。我想，对人的复合性也可作这样的理解。只要神的大能允许，各个部分都要自动地与其所属之物结合起来，没有任何东西可以阻止，由此，经过更新的人就向着神复活了。

7. 另外，再看看从地下长出来的植物。我们看不出自然花了多大力气才使麦子、稻子或其他谷类的种子长出茎、抽出穗来，从共同的源泉给每个种子输送适当的营养，这是自然而然进行的事，何须劳神费力。这样说来，只要有一个公共的源泉供给所有植物吸取水分，每一种植物就会按需汲取，供自己生长所用。如果从这种子的例子来看复活的理论，可以说，复活的人的各个部分相互之间恰好有一种吸引力，那么

---

① 这话就是先知的话或救主的话，如所引用的例子表明的。

这理论又有什么奇怪之处呢？

8. 我们从各个方面可以看出，复活所传讲的不外乎就是我们凭经验知道的那些事实。

9. 不过，我们还没有谈到关于我们自身的最显著的一点。这一点就是我们最初的诞生。谁不知道自然界的奇迹：母亲的胎腹所接受的是什么，所产生的又是什么呢？你岂不知道那种在胎腹里要变成人形的原本是简单纯一之物，然而它所形成的身体之复杂丰富，试问哪种语言能说得清楚？如果人不知道这样的事在自然界是极寻常而普遍的，那谁会相信可能发生的这样的事——那微不足道的东西竟然孕育着如此伟大的成果？我说的伟大，不只是指肉体的构成，更是指比之更神奇的东西，也就是灵魂本身，以及我们在灵魂里面看到的各种属性。

二十八　致那些说先有灵魂后有身体，或者说先有身体后有灵魂的人；驳斥关于灵魂轮回的谬说。

1. 我们现在要讨论教会里引发的关于灵魂与身体之关系的问题，或许这并不偏离我们当前的正题。从前那些研究"本原"问题的人认为，应该说灵魂是有前世的，像人一样生活在一个属于它们自己的社群里，它们中间还有善恶标准，固守着善的灵魂始终不经历与肉体的结合，但它如果背弃与善的联合，就要堕落到这种低级生命中，从而进到肉体里来。另一方面，有人根据摩西所叙述的造人的顺序，说从时间上看，先有肉体，后有灵魂，因为神首先用地上的尘土造出人，然后向他吹一口气，使他成为活人①。由此，他们争辩说，肉体比灵魂更高贵，先造的比那后来吹进去的更高贵。他们说，灵魂是为肉体而造的，好使肉体有呼吸，能活动。凡为别的东西而造的，当然要比先造之物卑下，

---

① 参《创世记》2：7。

如福音书所说的："生命胜于饮食，身体胜于衣裳"①，因为后者是为前者而设的，不是灵魂为饮食而设，我们的身体为衣裳而设，而是相反，前者早已存在，后者为满足前者的需要而设。

2. 这两种理论所透出的教义是可批判的，所以这两种理论——一种认为灵魂有一种特殊状态的非常前生，一种认为它们是在肉体之后造出来的——所包含的每一个细节都必须彻底考察。只是要充分研究探讨两种理论，把其中所包含的全部错谬一一揭示出来，这恐怕要费很多口舌和大量时间，所以，我们还是尽可能简洁地审查一下上文所提到的意见，然后回到我们的正题上来。

3. 坚持前一理论的那些人，主张先有灵魂，然后才有灵魂与肉体的结合，在我看来，这种理论没有完全清除异教所提出的灵魂轮回的愚蠢论调，我们只要仔细考察，就会发现他们的理论必然陷入这样的谬论之中。他们说，他们的一位智者曾告诉他们，他初生原是一个男人，后来取了一个女人的身体，再而与雀鸟齐飞，继而像草木一样生长，最后得着某种水生动物的生命形式。这位智者所描述的亲身经历，在我看来，并非完全没有道理，因为这种理论所谓的一个灵魂可以经历多种变化的说法实在与青蛙或乌鸦的叫声，与鱼类的愚拙或树木的无知无觉正好吻合。

4. 其所以如此荒谬，原因就在于假定灵魂有前生。从这种理论的这样一条第一原则出发，必然引出第二个相关的阶段，最后得出这种令人吃惊的结论来。如果灵魂因某种罪行脱离了高尚状态，着染了形体生命，转而成了一个人（他们是这么说的），如果肉体里的生命与那永恒而无形的生命相比，可以说更容易为情欲左右，那么我们可以很自然地推论说，灵魂转入这样一种包含更多犯罪机会的生命里，就是被置于一个罪恶更满盈、情欲更放肆的地方（须知，人类灵魂中的情欲与非理性动物的情欲是一样的）。它既与此地密切相关，就自然要堕落为兽性

---

① 《马太福音》4：25。

了。一旦它开始踏上罪恶之路，就不可能停止迈向邪恶目标的步伐，甚至陷入一种非理性状态。因为一旦停止向恶，就意味着有了向善的动机，而在非理性造物中是不存在善的。这样说来，灵魂必然越变越坏，越向前越堕落，越堕落越发现偏离了自己原有的本性。有感知觉的造物低于理性的造物，灵魂倒从有感知觉堕落到连感知觉都没有了。

5. 到这里为止，他们的理论虽说确实越出了真理的界限，从其过程来看，从一个谬论推导到另一个谬论，倒也合乎一定的逻辑顺序。但从此以后，他们的言论便成了前后矛盾的故事。因为照此严格推论，必引出灵魂完全灭亡的结论。灵魂一旦从高尚的状态堕落，就不可能再从罪恶路上停止下来，反倒因为与情欲的密切关系而从理性的降为非理性的；既降为非理性，就必再降为无感知觉的植物，而无感知觉也就与无机物差不多了，最后由无机物降为非存在。这样一步一步推论，他们不是要使灵魂归入虚无了吗？这样说来，灵魂是不可能再复归到美好状态，但是他们却仍然要使这灵魂由草木再变回到人。由此，他们证明了草木的生命比无形的属灵状态更可贵。

6. 我们已经表明，灵魂的堕落过程很可能是越坠越下。我们知道，比无感知觉低的就是无机物，他们这种理论的原则最终就是使灵魂到达这种无机物状态。但是他们必不会承认这一点，所以他们要么把灵魂排除在无感知觉性之外，或者如果他们要把灵魂带回到人的生命中来，就必须宣称（如上文所说的）树木的生命比灵魂的原初状态更可贵。也就是说，如果灵魂向下堕落是从它的原初状态开始，那么回归则从草木状态开始。

7. 他们主张灵魂在与肉体结合之前有其自身的生活，只是因为罪使它们坠入肉身，与其捆绑，这种理论显然既没有源头，也没有结局。至于那些认为灵魂是后于肉体受造的人，其荒谬性已在上文揭示①。

_____

① 见下一章的讨论。

8. 这样，我们就把这两种理论一并驳斥了。不过我想我们应该在这两种理论之间寻求符合真理的理论。我们绝不会犯异教徒的错误，以为灵魂原本围绕宇宙旋转，但因某种恶行不堪重负，无法再跟随天体的运动速度，于是就堕落到地上来。

二十九　确立关于灵魂和身体的生成原因完全同一的理论。

1. 同样，我们的理论也不会首先认为人就像是一种泥土结构，然后说灵魂就是为了它而进入现世的。因为如若那样，理智本性就会显得一点也不比泥土结构高贵。事实上，人是一个整体，是由灵魂和肉体构成的存在，所以我们应当设想，人一开始就是作为统一体而存在的，是两部分共同的，绝不可能出现一部分先于他自己，另一部分后于他自己的情形，也就是说，在时间上先有肉体，再有灵魂附加在后，这种假设是不成立的。我们必须认为，人性的所有完美性都预先存在于神预见的大能里面（依照我们稍前的讨论所确立的理论），对此，有先知的作品见证说，神"在一切未成之前就已经知道它们"[1]。由此可见，神在创造人的时候，不是把一种成分放在另一种成分之前，不是灵魂先于肉体，也不是相反，否则，人若被分为不同时间的两个部分，就要与他自身争战了。

2. 根据先知的教训，我们知道人性具有双重性，是由可见的人和隐蔽的人构成的。如果一者先产生，另一者随后出现，就必显得那造我们的神的权能多少是有点不完全的，因为它不能一下子担负起整个任务，而要把这项工作分成两部分，忙完一部分的创造之后，再去从事另一部分的创造。

3. 我们说过，麦粒或其他谷粒里已经潜在地包含了植物的整个样式——叶、茎、节、枝、穗。我们在描述它的本性时不会说这些东西有

———

① 《苏珊娜传》42 节。

哪个是先在的，或者先于其他几个形成，而是说种子里所蕴藏的力量是按照一定的自然次序表现出来的，并没有另外的东西注入它里面去。同样，我们认为人的种子里也包含着人性的潜质，这种潜质一开始就与种子一同存在了，然后按照一种自然顺序展开、显示，逐步走向其本性的完全状态，在这个过程中，无须利用任何外在因素作为其趋向完全的阶沿石，它完全是按照既定的过程自发地发展到完全状态。所以，无论是说灵魂先于肉体，还是说肉体的存在没有灵魂的相伴，都是不恰当的。事实上，两者具有同一个开端，从属天的观点看，这个开端的根基原本立在神最初的旨意里，从属地的观点看，由于生殖，这个开端就进入了这个世界。

4. 那为孕育身体而植入的东西，在它还没有获得形像之前，我们不可能看清楚它的肢体。同样，灵魂在还没有开始活动之前，我们也无法认识它的属性。我们都相信，这样植入的东西后来形成四肢和内脏，不是靠来自于虚无的什么力量，而是靠包蕴在它自身里面的力量，这种内在力量使它表现出巨大的能量。同样，就灵魂来说，我们也可以作这样的推论，即使它没有借任何可见的活动形式为我们所认知，无论如何它总是在那儿。须知，将来的人的样式也在那儿，只是潜伏着，没有展现出来，因为任何事物都要按照必然顺序发展，时候未到，它不可能显示出来。所以，灵魂尽管无形状，看不见，但它就在那儿，并通过它自己特有的自然活动表现出来，因为它是随着肉体的生长同步前进的。

5. 孕育的潜能当然不是出于僵死的肉体，而是出于有生机有活力的肉体，由此，我们可以合理地断定，那从有生命的身体里流溢出来的作为生命起因的东西本身不可能是死的，没有生命的。没有生气的肉体肯定是死的，而之所以出现死的情形，正是因为灵魂离它而去了。那么是否会有人因此而主张脱离先于拥有？也就是说，认为僵死的无生气状态先于灵魂存在？如果有人想寻找更清楚的证据表明那成为生命之开端的东西，在这个问题上还可以从其他记号获得一种观点，说明有生气的东西不同于僵死的东西。就人来说，我们认为有体温、各器官在运作、各肢体可活动的，就是有生命的；如果身体冰冷，四肢不动，那就是僵死了。

6. 所以，我们看见那个东西有热气、在运作，就由此推出它是有生命的。但就它的形体部分来说，我们不说它就是肉体，就是骨头、头发，以及所有我们在人体上所看到的东西，而是说它潜在的是它们，只是没有表现出来。同样，就属于灵魂的部分来说，理性、欲望、愤怒以及所有灵魂的力量都是看不见的，然而我们坚持认为，它们存在其中，并且灵魂的能量还以类似于身体形成和完善的方式增长。

7. 人一旦完全长成，就有一种特殊的灵魂活动，同样，人在形成之初就在自身中表现出灵魂在借助被植入的物质为自己预备适当居所时的合作性，这是符合他的存在所需的，使他感到舒适快意。我们认为，灵魂不可能接纳一座陌生的房子，正如蜡像不可能与不一致的图版相吻合。

8. 我们知道，身体是从非常微小的种子发育到完全状态的，同样，灵魂的活动也随着接受者的发育不断增强活跃。在它最初形成的时候，唯有生长力和营养力，就好像埋在地下的根似的。因为接受者的本性有限，不可能接受更多的东西。后来植物长出了地面，伸出枝条，接受光照，展现出感知觉能力。最后，它生长到了顶峰，完全成熟了，于是就有了理性能力，就如同结出了果子，但是它的精气并不是一下子就全部绽现出来，而是随着身体这器皿的完全而小心翼翼地增长，接受者的能力有多大，它就能结出多丰硕的果子。

9. 然而，如果你想追溯灵魂在身体里的作用，那么如摩西所说的："你们要谨慎"①，你们必会像读一本书一样，看到灵魂的整个工作史。人性本身比任何叙述都能更清晰地展示出灵魂在身体里的各种职能，无论是一般性的职能，还是在具体行为上的作用。

---

① 《申命记》4：23。

10. 我认为，我们的本性既能清晰地表现出来，就没有必要详尽描述了，否则岂不多余，似乎我们是在解释某种隐晦难懂的奇事。谁需要别人教导关于他本性的事？只要看看自己的身体就知道了。人只要想想自己的生活方式，了解身体在每一种生命运动中是多么密切相关，就会知道由于那刚刚开始存在的身体的最初形式，灵魂的生长力位于什么地方。由此那些注意到物质的人也清楚，从有生命的身体中分离出来为生产出生命而被植入的东西本质上不是死的、没有生命的东西。

11. 我们还会把果核、根系种在地里，这些东西本身看上去好像是没有生命的，其实并未丧失自然蕴藏在它们里面的生命力；这种力量确实藏而不露，但肯定具有活力，是它们原型的财产。包围着它们的泥土并没有从虚无，从它自身注入这种力量（因为就是枯木也会抽枝），它只是使它们里面固有的东西显露出来，用它的温润来滋养这种东西，使植物生根、发芽、抽枝长叶。若不是其自身所包含的自然生长力，就不可能从周围的环境汲取相应的、适当的营养，从而长成一根草、一棵树、一枝谷穗，或者其他植株。

三十　从一个医学的观点简单思考我们身体的构造。

1. 至于我们的身体究竟是由什么构成，每个人都可以根据他自己的视觉、知觉知道。人只要深入研究，就可以准确地了解一切。其实那些精通这些问题的人已经著书立说予以解答了。这些作者中，有些人是通过把我们的每个器官进行解剖而了解人体的，有些人还思考并解释身体上各个器官为何如此存在的原因。所以，由此得出的关于人体的知识对学生来说已经足够。不过，若是有人进一步希望教会能在这些问题上对他有所教诲，免得他去求助于教外人的解释（因为如主所说的，属灵的羊往往不会听从生人的声音①），那我们就也对这些问题作简单的

---

① 参《约翰福音》10：5。

说明。

2. 关于我们的身体,我们注意到三件事,我们的各个器官都是因为这三件事而构造出来的。第一样是活命,一些器官是为生命得以存续而造的;第二样是好的生活,一些器官是为活得好一点而造出来的;第三样是生殖,就是为传宗接代之用的生殖器官。我们身上维持生命、没有它们就不可能有人类生命的器官,我们认为有三种,即大脑、心脏和肝脏。另外,大自然出于慷慨,又赐给人额外的恩福,使他们能享受生活,这就是感觉器官。感觉器官并不是构成我们活命的必要元素,因为即便有人在这方面残缺不全,也可以照样活着。但是没有感觉活动,要尽情享受生活的乐趣就绝不可能了。第三个目标是着眼于将来的,也就是生命的延续。除了这些之外,还有其他器官,它们同心合作,以各自独特的方式摄取适当的养分,维持身体的活力,保证生命的存续,比如胃和肺就是这样的,后者通过呼吸使心火旺盛,前者吸收营养以供内脏之需。

3. 所以,人体虽然是由各部分构成的,但我们必须谨记,我们的生命功能不是某个器官单独支撑的,大自然不但使各个不同的器官成为我们生存的不同中介,而且使每个器官都成为整个身体所必不可少的部分。正如大自然为保证生命的安全和美好创造了数不胜数的事物,使它们各不相同,分门别类。

4. 然而,我想我们首先应当简单地讨论一下构成我们生命的最初的事物是怎样形成的。至于整个人体的质料,就是各个器官的共同根基,我想最好先把它放在一边。因为关于一般性的自然质料的讨论对我们关于各部分的思考不会有什么帮助。

5. 我们大家都承认,我们所认为的构成宇宙的所有元素,我们自己身上也有,有冷热,有干湿,所以我们必须一一讨论它们。

6. 我们看到,决定生命的力量有三个,第一个是热力,用热产生通常的温暖,第二个是湿力,以其湿气使那受了热的部分保持湿润。这样，人体在两种性质相反的力量的势均力敌的作用之下得以保持平等，处于中间状态（使湿元素不至于过热而变得干燥，使热元素不致被过分的潮湿淹没，失去力量）。第三个力量则用它自身提供的纽带把相互分离的器官联结起来，使它们保持一定的和谐和协作状态，并输给它们自动、自决的力量，如果没有这种力量，器官就会变得松懈、僵死，毫无动力。

7. 或者在讨论这些问题之前，我们最好描述一下大自然在构造人体过程中所表现出的高超技巧。因为坚硬的东西是没有感觉活动的（比如，我们自己的骨头就是这样的，地上的植物也是，我们诚然认为植物是一种生命形式，因为它们吸收营养，自我生长，然而它们本质上是硬的，这就决定了它们不可能有感知觉），因此可以说，某种像蜡一样的东西必然要供给感觉活动，使凡敲打它们的事物都留下一定的印记，既不会因过湿而混乱（因为印记不会留在湿气里），也不会因过硬而产生阻力（因为刚硬的东西不会从印象中得到任何记号），而是处于软硬之间的中间状态，这样人体就不会缺乏感觉活动能力，这是自然界所有能力中最美好的一种。

8. 人体若只是柔软易曲的质料，而没有坚硬部分的协助，那么必然就会像软体动物那样，既没有活动，也没有连接，所以自然就把骨头的硬性合进身体，把它们彼此紧密联络起来，通过肌腱连成各自的关节，再在它们周围植入能感受、感知的肌肉，这就使这结构的表面多少坚硬一点，从而也会比它没有这种坚硬性时具有更大的弹性。

9. 当身体静止不动的时候，整个重量就由这些骨头来支撑，就像房柱支撑整幢房子一样。大自然并不是把一块完整的骨头植入身体结构，若是那样，人就会无法动弹，不可能活动，就会像树一样固定地立在一个地方，既没有前后迈动的双腿移动步伐，也没有灵活的双手提供生活的便利。幸好如今我们看到，它先是借着通透全身神经的决定之灵（determining spirit）把运动的动力和能力植入身体，然后使这个器皿既能行走，又能工作。由此就产生了手的功能，千变万化，多种多样，想干什么就能干什么。由此又产生了颈项的转动，头部的伸曲，下巴的动作，眼睑的分合，好像有机械装置在起作用，只要某些神经一松一紧，就能产生思想和其他关节的活动。延伸到这些器官的力量展现出一种独立的动力，在大自然的安排下与它的意志之灵一起在每一器官上运作。但这一切的根源和神经运动的原则，则存在于分布在大脑周围的神经组织里。

10. 我们想，既然运动的能量存在于这里，那么我们就不必花更多的时间去探求这样的力量究竟位于哪个生命器官里的问题。不过，大脑对生命具有一种独特的作用，这一点可以从相反的情形中清楚地看出来。如果脑部周围的组织受到伤害或遇到障碍，随之而来的就是死亡，因为它不能忍受伤害，就是一刻也不行。就如地基不坚固了，整幢房子也就随之坍塌了。既然这一器官的伤害必然导致整个生命的毁灭，那就可以认为它包含着生命之因。

11. 另外，那些已经死去的人身上，一旦植入人体中的心脏停止跳动，那尸体就渐渐变冷，由此我们认识到，生命之因还在于心脏。因为我们必须承认，生命的征候就是心脏的跳动，心脏不跳了，死神即刻就至。心脏既有这样的力量，我们就认为它就是源头和本原，从它长出许多分支，就像管道一样，分支又长出小的分支，盘根错节，使整个身体都渗透温暖火热的灵气。

12. 自然必须为心脏提供一定的滋养——因为火没有外界提供的专门食料是不可能自我维持的——因而，遍布全身的血管（血的源头在肝脏）就与温热之精气相伴相随，免得两者彼此分离而感染疾病，导致人体结构的毁灭。但愿这能使那些超越适度界限的人得到教训，从大自然的设计中得知，贪婪乃是包藏毁灭的一种疾病。

13. 我们知道，唯有神是无所缺乏的，人的贫乏需要外界的帮助才能维持它自身的生计，因而大自然除了赐给我们所说的构成整个身体的三种力量之外，还从虚无产生质料，通过不同的进路把适用于那些力量的东西输进去。

14. 对于血液之源即肝脏，它提供食物。这样一次又一次不断输入的东西使血液之泉能够从肝脏流出来，就像山上的雪以其自己的湿润保持低地泉源的满盈，迫使它自己的水分深深地渗入下面的山脉（血脉）里。

15. 心脏里的气是由相邻的器官，也就是肺提供的。肺通过从它延伸出来直通到口腔的管道从虚无吸收气息，它是空气的接受器。心脏因为位于肺部（它本身也像永动的火那样不停地运动着）的中央，有点像铁匠铺里的风箱一样从相邻的空气汲取自己的所需，通过扩张使自己的凹处充满空气；另一方面，它煽动自己火样的元素，通过相连的管道把气呼出去。它一直这样运动着，一刻不停，通过扩张把外面的空气吸入凹处，然后又通过压缩把空气从自己的凹处注入管道。

16. 在我看来，我们之所以能自发地呼吸，原因就在这里。因为心灵往往专注于与别人的讨论，或者身体放松入睡，心灵完全静默，但呼吸并没有停止，尽管此时没有意志参与合作，呼吸依旧。所以我想，既然心脏位于两肺中间，它的背部与两肺相连，通过自己的扩张和收缩推动肺运动，那么吸进呼出空气是由肺产生的。因为肺轻而大，在气管底部敞开所有的凹处，一旦收缩或受到压迫，就必然在压力下把留在它们凹处的空气都推出去；一旦扩张、打开，就把空气吸入到凹处。

17. 这种自发呼吸的原因就在于：火元素是不可能保持静止不动的，因为运动乃是热的特性。我们认为热力应该存在于心脏，这个器官不停运动引起肺部不停地吸进又呼出空气。当火元素受到非正常的扩张，那些激动不安的人的气息就变得比较急促，似乎心脏力图通过比较急促的①呼吸来平息注入这里面的火焰。

---

① 或者"比较新鲜的"，事实上，心脏是寻找比较新鲜而凉爽的空气，这样加速呼吸就是为了能获得这样的空气。

18. 然而我们的人性是贫乏的，需要从各方面获得供应以维持自己的生计，它自身中不仅缺乏空气，也没有激发热的气息，必须从虚无吸收气息以保存生命，它所找到的满足身体的不同需要的营养就是从外输入的。所以，它通过饮食来满足身体的需要，在身体里植入一定的能力以适应它不同的需要，同时把多余的东西排除在外，就这个目的来说，心脏的火对人性的帮助委实不小。

19. 根据我们上文的阐释，心脏是生命器官中最重要的一个，它通过自己的热气把各个器官都激动起来，我们的造物主使它具有能在各个方面发挥其效力的作用，使它的每一部分都对整个机体的构成产生益处。因此，在后面，它进入肺部，通过不停搏动，把肺拉到自己身边，扩张管道吸进空气，又压缩空气产生呼气；在前面，它与胃的上端相连，使胃变热，活动起来，以响应它自己的活动；它激动胃，不是让它吸取空气，而是接受适当的食物。气管口与食道口彼此相近，纵向并行延伸，上端终结在同一个界限上，所以它们的口是相邻的，两条信道一起终止在同一个口上，食物就从这口进入通过食道产生作用，而气息则从这口进入通过气管产生作用。

20. 不过，在里面，管道并没有始终保持这种密切相连性，因为心脏夹在两者的底部，使一个具有呼吸能力，另一个作消化吸收养分之用。须知，火元素必然要寻找质料用作燃烧，这种必然性就体现在对养分的吸收上，它越是用火使周围的器官通体温暖，就越是要吸收能滋养热力的东西。这种动力我们就称为食欲。

21. 就算是容纳食物的器官获得了足够多的东西，火的活动也不会停止。它产生出一种消化食物的活动，就如在铸造厂里一样，把固体物分解、消融，再从一个漏斗里（可以这么说）喷出来，输送到邻近的管道。然后把粗糙的部分与精华的部分分开，把精华部分通过一定的信道输到肝脏，而把精粗部分挤到较宽敞的肠道，在九曲回肠里翻来转去，之后就在肠内稍歇停留。如若不然，肠道若是笔直伸展，食物就会很容易被排泄出去，使得动物一下子又产生食欲；而人既与非理性的动物相似，也就可能永远不能摆脱这种活动。

22. 然而，如我们所见，虽然肝器官离心脏比较远（我想，因为心脏是生命的本原或根，倘若另一个同样的本原与它相邻，就很可能会对它产生妨碍），但它特别需要热的协作，以便把液体转化成血液，为了使这一系统不致因远离那生热质料所在的地方而受到伤害，有一个强壮的管道（那些熟悉这些器官的人称之为动脉管）从心脏接受热气，再把热气传到肝脏，使它的开口位于液体入口处的旁边；肝脏得了热量之后，就把湿的物质加热，与某种类似于火的液体混合，使血染上它所产生的颜色，显为红色。

23. 由肝脏又伸出两条一样的信道，每一条都像管子一样包围着自己的容量，把空气和血液分散（当液体物质伴随着热的物质的运动，并因之变轻，就可能有自由信道）到全身的各个部位，在每一部位又分出无数的支管。一旦这两大生命本原结合在一起（一个把热量分散到全身，一个为身体的各个部位提供水分），可以说，就从它们所处理的质料中对生命组织的至高力量产生一种强制性的作用。

24. 一般认为，这种至高的力量存在于大脑和脑膜里，关节的每个活动，肌肉的每次收缩，各个肢体所产生的自发作用，都是源自大脑，使我们这属地的身体就像是某个机械装置一样灵活、机动。最精良的热力与最精细的液体通过各自的力量混合、连接起来，以其湿气滋养维护大脑，因而反过来，从大脑散发出的质料被提炼到最纯粹的状态：大脑周围的脑膜，这脑膜从上到下就像一根管子，伸展到节节相连的脊椎，其本身连同它所包含的脑髓与脊椎的底部相连接，它自身就像一个马车夫，把动力和能力给予每一个骨关节、每一块肌肉，供身体的各个部位活动或休息之用。

25. 因此，在我看来，头部已经得到一种比较安全的保护。它有周围的骨头作屏障，又有颈椎骨作支撑，脊椎的突节和那些椎骨多种多样的交错，形成了牢固的支柱，使头部免于任何伤害，借助于周围的防护林安然无恙。

26. 同样，对心脏我们也可以作这样的设想，它本身就像由最牢固屏障围筑起来的安全堡垒，周围是结实的骨头围墙，后面是脊椎，两边有肩胛骨巩固，腋下两侧包裹着肋骨，使处于中间的器官很难受损；前面有胸骨和锁骨作屏障，由此可见，它的方方面面都有警卫，使它避免外来的危险之源。

27. 我们来看看农业上的情形。我们不妨假设一个园子，里面种有大量各种各样的树木，以及地上长出来的各类植物，由此来思考形状、质量和各不相同的个性。当雨从天上落下来，或者洪水从河道里泻下来，导致河下方的这块地浸润在水汽之中。地上的植物虽然处在同一个园子里，都得到水分的滋养，供给每一个植物水分的权能也是同一个，但是得到滋养的植物各有各的个性，这使得它们把水分转化为不同的质料。同一种物质在苦艾变成苦味，在毒芹变为致命的毒汁，在不同的植物变成不同性质的东西，在藏红花是热的，在凤仙花是冷的，在罂粟花则是不冷不热；在月桂树和黄连木成为香的，在无花果和梨就成为甜的，渗透到葡萄树上就成为葡萄和葡萄酒；还成为苹果的汁，玫瑰的红，百合的粉，紫罗兰的蓝，风信子的紫，我们在地上所看到的一切，都源于同一种水分，却变成在形状和性质方面如此各不相同的东西。大自然或者毋宁说大自然的主在我们人体的有机土壤中所行的奇迹同样如此。骨骼、软骨、静脉、动脉、神经、韧带、肌肉、皮肤、脂肪、头发、体腺、指甲、眼睛、鼻子、耳朵——所有这一切，还有数不清的其他部位，虽然彼此的特性各不相同，却按照各自的本性从同一种营养物中得到滋养，也就是说，无论营养物与哪个部位接近，仍依照那个部位的特性改变自己，以适应它，并与之联合。比如它若在眼睛附近，就与视力部分混合，根据眼睛周围的膜的不同在这一部位中作适当分布。如果它流到听觉部位，就与视觉器官的性质混合，如果流到嘴唇上，就与嘴唇相联合。它在骨头里变成硬的，在骨髓里变成软的；它使肌腱绷紧，使表皮伸展，还渗透到指甲，又变得精细以适合头发的生长：如果它所散出的相应的物质通过弯曲的管道，就产生卷曲或波浪形的头发，如果形成头发的散发物所经过的管道是直的，就长出直而硬的头发。

28. 我们深入讨论了大自然的作品，力图描述出我们的特定器官是从什么物质以及如何形成的，这些器官我是指用于活命的器官，提供美好生活的器官，以及按我们最初的分类包括在这两者中间的其他器官。不过，这样的讨论已经离题万里了。

29. 我们的正题是要表明，我们人体的构成的最重要原因既不是无身体的灵魂，也不是无灵魂的身体；它首先是从诸多有机的生命体中作为一个有机生命物产生出来的，我们的人性取了它并珍爱它，如同乳婴珍爱他自身所拥有的源泉一样，然后它在身体和灵魂两方面都开始生长，并在各自部分显示出这种生长。因为它随即就通过这种巧妙而科学的形成过程显示出了交织于其中的灵魂的能力，一开始还显得有点模糊，但后来随着作品的日益完善，它的光芒就日益辉煌起来。

30. 我们可以看看石雕家的例子。艺术家的目标是要在石头上刻出某种活物的形像，他心里有了这样的目标，首先就从石料中取一块石头出来，然后把多余部分凿去，根据他最先勾勒的蓝图一点点刻出目标中的肖像，这样，就算是一个外行人来看，也可以从他所看见的作品中推测出他的艺术目标。随着他继续加工，作品越来越接近他心目中的对象，最后石头上出现了完全的形像，他就大功告成了。不久前还是一块混沌的石头，现在已是一头狮子，或者一个人，或者艺术家所创作的任何其他东西，这不是把材料变成形像，而是把形像雕刻到材料上去。如果关于灵魂的情形，有人也作这样的设想，那他并不算太过分。我们说，这创造大自然万物的主，从相同质料中取出一部分造成人，并按己愿塑出人的形像。须知，石雕作品是随着工作的进展渐见成效的，刚开始时还模糊不清，看不出是什么形像，但作品完成之后，形像也就栩栩如生了。同样，在塑造灵魂的器皿过程中，灵魂的样式也体现在基质里，器皿还没造好，灵魂也是不完全的，器皿一旦造好了，灵魂也就完全了。事实上，倘若我们的人性不曾受到邪恶的玷污，它就可能一开始就是完的。而如今我们的人性在生育上屈从于情欲，与动物同类，这就使得神的形像不能一开始就在我们的灵魂中显露出来，人只有通过某种方式和顺序，通过灵魂里那些物质性的属性渐趋完善，所以，人更接近动物。

31. 伟大的使徒也教导我们这样的教义，他在给哥林多人的书信里说："我作孩子的时候，话语像孩子，心思像孩子，意念像孩子；既成了人，就把孩子的事丢弃了。"① 并不是说长大成人之后的灵魂不同于我们所知道的孩子时候的灵魂，我们身上产生了成人的理智之后，孩子的理智就消退了；而是说同一个灵魂在孩子身上处于不完全状态，在成人身上是完全的。

32. 我们说，那些生长的事物是活的，谁也不会否认凡有生命、能运动的东西都是生命物。同时，我们不能说这样的生命分有完全的灵魂——因为尽管植物里面有某种生命力，但它没有获得感知觉活动。另外，虽然兽类里面存在更大的生命力，但这种力量同样是不完全的，因为它自身中不包含理性和理智的恩典。

33. 如此，我们认为真正而完全的灵魂是人的灵魂，这可以从各种作用中看出来。至于其他有生命的东西我们称之为生命物，只是一种对语言的习惯性的误用，因为在这些东西中，灵魂是不完全的，只具有灵魂的某一部分作用。从摩西关于人的起源的充满奥秘的描述中我们知道，当人使自己变得与这感性的世界一样时，灵魂也只能发挥部分作用。因而，保罗劝告那些能够听见他的人要固守着完全，还指明了可以什么方式达到那样的目标。他要求他们必须"脱去旧人"，穿上那"渐

---

① 《哥林多前书》13：11。

渐更新，正如造他的主的形像"① 的新人。

34. 但愿我们都能归回到那神圣的恩典中去，神起初造人的时候就是在这样的恩典中造的，因为他说："我们要照着我们的形像，按着我们的样式造人。"愿荣耀和大能归与神，直到永永远远。阿们。

①《歌罗西书》3：9—10。

论灵魂和复活

内容提要

每当遇到丧亲之时，心灵总想通过推论对人死后灵魂是否存在的问题寻找确定的答案。

首先，如果灵魂没有永生，那是它唯一的优势，就不可能有美德。

但这只是一个道德上的论证。这个问题还需要理性和科学的讨论。

若说灵魂的本性如同真实事物的本性一样是质料的，那会遇到怎样的异议呢？

如果承认这个观点是真理，那就必然承认无神论也是真理；而无神论，只要看看支配世界的井然秩序就可以予以驳斥。换言之，神的灵性是无法否认的，而这就证明属灵的或非质料的存在是可能的；因而，灵魂就是这样的存在。

那么神与灵魂是否是一回事呢？

当然不是一回事。但人"本身是一个小小的世界"；我们同样可以从这个微观世界推论出非质料的灵魂是真实存在的，就如同从世界的表象可以推断出神的存在是真实的一样。

于是，为了便于以下的讨论清晰明确，就给灵魂下了一个定义。它是"一种受造的，有生命的理智存在物"，只要为它提供器官，就有感性知觉官能。因为看的是心灵，而不是眼睛；比如对月亮的盈亏的理解就是靠心灵而不是眼睛。关于身体这架"机械装置"自身能产生所有思想的观点，用水装置的例子就可以予以驳斥。如果思想真的是质料的属性，那么这样的装置应当能够自发地自我构造，但事实上它们反而直接证明了人里面有一种看不见的思维能力。巧妙设计的作品包含着心灵的活动；事物有可感知和不可感知之分。

那么，不可感知的东西是什么呢？

如果它没有任何可感的性质——那么它在哪里呢？

回答：关于神也可以问同样的问题（而神的存在是不容否定的）。

那么心灵与神是否同一呢？

并非完全同一，在其实体性存在中，就其与质料分离来说，灵魂"类似于"神；但这种相似不是同一；它之于神如同形像之于原型。

因为灵魂是"单一而非复合的"，身体分解之后仍然存活，并继续伴随着分解了的各个原子，似乎管理着它的财产，直到复活之时，到那时，它就要将自己包裹在各个原子重新组成的身体里。

灵魂被定义为"理智存在"。但愤怒和欲望也不是属于身体的属性。那么是否有两个或三个灵魂？回答：愤怒和欲望不属于灵魂的本质，而只是存在于它的不同状态中；它们原本不是我们固有的部分，我们可以并且必须从自身中剔除它们，只要它们还标志我们与兽类造物的联合，就要把它们转化为向善的工具。只要它们服务于其他目标，就是心胸里的稗子。

心灵在哪里"伴随着它的原子"？——阴世并不是一个具体的地点；它只是意指不可见的地方；《圣经》里论到地底下的那些段落要按比喻的意义来理解，不过，对信奉相反解释的信徒，也不必与之争论。

但是灵魂如何能知道曾经构成熟悉之样式如今已经分散的那些原子呢？这可以用两个例子（不是类比）来回答。画家的技能可以把各种颜色混合成一种单一色彩，如果（通过某种奇迹）那种现实的色彩可以重新分解为原来的各种颜色，这种力量照样可以一一认出它们来，也能随意把它们重新组合起来。一个泥制的杯子与其他泥制器具一块碎成片片，杯子的主人仍能在一大堆碎片中认出哪些是杯子的碎片（根据它们的形状），就算它们再次成为原来的泥巴，也能认得出来。同样，灵魂也能在众多原子中认出自己的原子，即使每种原子返回到宇宙中各自最初的源头，也照样如此。

不过这与财主和拉撒路的寓言有什么相似之处呢？

两人的身体都在坟墓里，所以所谓的两人其实是在属灵意义上的人。但灵魂不仅能够认得、接受整个身体的原子，还认得各人的肢体，比如舌头。关于财主的叙述意指属血肉之事留在他灵魂里的印象。

如果我们在来世必然毫无情感，那怎么会有美德，怎么会有对神的爱呢？我们看到，愤怒有助于美德，而欲望有益于爱神。

我们要像神一样，使我们能常常沉思他里面的美。而神处在自我沉思当中，没有任何欲望、盼望，也没有遗憾和记忆。结果子的时候就是永恒，所以他的爱是完全的，不需要任何情感。所以它必与我们同在。神把"属于他的"带到这种无情无欲的恩福状态；在这过程中也形成充满情欲的灵魂的痛苦。因而规定罪人要在永恒里遭受严重而长期的痛苦，不是因为神恨他们，也不只是为了惩罚他们；而是"因为凡属于神的，必尽一切努力、花一切代价为他保守"。各人所要承受的痛苦之程度必然与各人所犯恶的程度成正比。

因而神必然"在万物之上，为万物之主"；然而爱者的形式必将由原先同样的原子编织而成，当然是编入到一种更精致的结构中去。

于是就触及了复活的教义。基督教的复活与异教哲学中的复活在一点上是相同的，即都承认灵魂重新从宇宙的某些原子中获得外壳。但对后者的两种形式有一些命中要害的驳斥，这两种形式是：纯粹而单一的轮回，柏拉图的灵魂轮回。

第一个——（1）抹杀了无机界或植物界与属灵界的区别。

（2）使吃喝成为一种罪。

两者——（3）混淆道德选择。

（4）使天成为邪恶的摇篮，地成为美德的摇篮。

（5）违背他们所认可的真理，即天上没有任何变化。

（6）认为每一种出生都是恶的，因而或者是无神论的，或者是摩尼教（Manichean）的。

（7）使生命充满偶然事件。

（8）否认事实具有道德属性。

神是我们的生命——包括身体和灵魂——的原因。

但是灵魂是"何时"并"如何"进入存在的呢？

关于"如何"的问题我们永远无法知道。有一些理由反对在神里面或者在神外面为受造之物寻找质料，但我们可以认为整个造物界就是神的实现了的思想。

"何时"的问题可以确定。上文已经指出为何不赞同灵魂先于身体存在的观点。但灵魂是生命必不可少的，而且胚胎就是活的生命。

因而灵魂不是身体之后产生的。也就是说，身体和灵魂是一起产生的。

至于灵魂的数目，人本身是神还未完成的一个思想，如这些后继状态所表明的。一旦这个思想完成了，"人的进化"就会停止，不会再有出生；而没有出生，也就没有死亡。

在驳斥反对《圣经》里的复活教义的观点之前，先引用包含这一教义的经文，尤其是《诗篇》六十八篇 27 节（七十子译本）。

然后陈述了各种各样反对复活、反对洁净以及审判的观点，尤其是：

一个人（就身体意义上说）在不同的阶段并不是完全同一的，甚至今天和明天都是两个不同的人。那么他的哪个阶段要复活、受苦（如果有必要），并且审判？

通过对复活下的一个定义就把所有这些异议都驳斥了，这个定义就是"人回复到他原初的状态"。就此而言，没有老人和婴儿之分，"皮衣"（coats of skins）也被弃之一旁。

当洁净的过程完成之后，灵魂中优秀的属性就显现出来——不朽、生命、尊严、荣耀、强大，总而言之，作为神的形像的人性所拥有的一切东西。

正　　文

伟大的圣徒之一巴西尔已经离世到神那里去了，整个教会都为他的逝世而无比哀伤。不过他的姐妹——那位老师（the Teacher）还活着，所以我去拜访她①，希望与她同诉失去兄弟的伤痛之情。这个悲伤的消息实在令我心碎，我希望找到与我具有同样感受的人，与我同泣同悲。然而当我们见面的时候，老师的情景更使我悲痛欲绝，因为她也卧床不起，生命垂危了。不过，她就像一位技术高超的驾驭者，先让我尽情地倾诉悲伤，然后才开口说话，力图以此控制我的情绪，以其理性这柄梳子梳理我混乱的灵魂。她引用使徒关于务必不可"为入睡的人哀伤"的话来安慰我，因为唯有"毫无盼望的人"才会如此。但我依然怀着痛苦不堪的心问——

人类怎可能这样行呢？须知，人对死具有一种本能的、根深蒂固的厌恶！不忍看到停尸床，看到垂死的人更是唯恐避之不及。甚至约束我们的法律也把死罪列为最严重的罪行，把死刑定为最大的惩罚。就是一个素不相识的人，我们也不忍眼睁睁看他死去而无动于衷，更不要说看着亲戚朋友停止呼吸，岂能不恸哭哀伤？我们看到人类的整个历史都在致力于这样的一个目标，即我们怎样才能生存下去。事实上，正是出于

---

① 格列高利本人在他关于圣玛克丽娜（S. Macrina）生平里告诉我们说，他是在安提阿公会（Council of Antioch）之后去看望她的。（这次公会于公元 379 年召开，巴西尔也死于这年，因而这一对话很可能写于公元 380 年。）

这样的目的，我们造出房子居住，免得我们的身体受寒冷或炎热的袭击。发明农业是为了什么？不就是为了给我们提供生活必需品吗？事实上，关于我们怎样才能生存下去的思考源于对死亡的恐惧。医药为何备受人的尊崇？因为人们认为它就是通过一定方式与死神的斗争。我们为什么要穿紧身胸衣，为什么有长长的盾牌、护胫、盔甲，以及种种防御兵器，为什么要筑诸如围墙这样的防御工事，要用带铁闩的大门？不就是因为我们怕死吗？这样说来，我们对死的惧怕乃是与生俱来的，那么一个幸存下来的如何轻易能做到看着朋友死去而毫不动容呢？

老师说：死本身不过是不可避免的必然之事，你何必对此产生特别的痛苦呢？不值得驳斥不加思考的人通常所说的这种话。

什么？我回答她说，我们刚刚还看到他活生生地说着话，突然就气息全无、僵硬不动了，身上的每一个器官都毫无知觉，眼不能见，耳不能听，所有感官都不再运作；就算你用火烧他，用钢夹他，甚至把剑刺入他身体，或者把身体扔给野兽作食，或者把身体埋入地下，对所有这些威胁死者都一概无动于衷，看到这样的情景，我们还没有理由哀痛？既然这种变化在所有这些方面都可看到，而且生命力——不论它是什么——一瞬间就消失无踪影，就像刚刚还在燃烧的灯火突然熄灭，既没有停留在灯芯上，也没有转移到别的地方，而是完全消失了——面对这样的变化，我们又没有明确的理由可依凭，怎能不叫我们产生情绪呢？我们"听见"灵离去了，我们"看见"壳留下来，但是关于那已经离去的，我们一无所知，既不知道它的本性，也不知道它去向何方。无论是土、气、水，还是其他任何原子，都不能表明这种离身体而去的力量是否驻留在其自身里面，而这种力量的离去，使留下的仅是一具尸体而已，不久就腐烂分解。

见我将这个题目扩展开来，老师用手向我示意，说：显然，你心里所惊异所困扰的不是灵魂与身体一同分解而不能永恒存在。

因为我的满腔悲伤还没有使我恢复理性的判断能力，所以我未经三思就极为放胆地回答。我说：事实上，在我看来，神所命令的话语只是迫使我们相信灵魂是永活的，但并没有提供任何理由使我们欣然接受这样的信念。我们内心接受这种强力所加的观点，显然是被迫的，而不是出于自发自愿的动机。因此我们对死者的哀伤更是愁肠百转，我们实在不知道这种生命力其本身究竟是什么，存于何处，如何存在；说穿了，它究竟是否以某种方式存在于某个处所。这种关于真实状态的不确定性使双方的观点都势均力敌，许多人接受这种观点，也有许多人接受另一种观点。事实上，有一部分希腊哲学家，并且绝不是默默无闻的哲学家，就持我上文所说的这种观点。

她叫喊起来：务必远离那异教的无聊谬论！炮制谎言的人造出虚妄理论只是为了损害真理。请特别注意，关于灵魂的这样一种看法无异于摒弃美德，只追求瞬间的享乐，不可能指望永生，因为永生乃是美德才有的优势。

我问道：请问我们怎样才能坚定不移地相信灵魂是持久的？我也知道，我们若不坚定不移地相信这一确立在我们中间的信念，人类生活就会丧失生命所赋予的最美好的装饰，也就是美德。确实有些人把此生看作是其存在的界限，并不指望来生的恩福，那么美德该怎样说服这样的人呢？

老师回答说：我们必须找到一个起点才能开始关于这个问题的讨论。如果你愿意，就让你负责为对方的观点辩护，因为我发现你心里还是有点倾向于接受这种信念的。这样，我们要先陈述相反的信念，然后才能寻求真理。

她既提出这样的要求，我虽然对她的怀疑表示抗议，因为我如此真诚地提出异议，首先把反对意见摆到桌面上来，只是希望能找到充分的理由接受关于灵魂的信念，但我还是说——

持反对意见的人岂不会这样说：身体是复合的，所以必然分解为组成它的各个原子。一旦身体里的各原子停止联合，由于同类相吸的必然倾向，各个原子自然移向自己的同类。于是，我们身上的热就要与热联合，土质要与固体联合，其他原子也——与其同类原子联合。那么，灵魂到时会在哪里呢？如果有人断定它就在那些原子里面，那他就必须承认灵魂是与它们一致的，因为不同性质的事物之间不可能出现这种融合。如果是这样，就得承认灵魂必然是一种混合之物，事实上是由截然相反的性质混合而成的。既是混合的，就不是单一的，而是复合的；既是复合的，就必然要分解；分解就是复合体的毁灭，可毁灭的东西就不是不朽坏的，否则，肉体也可以称之为不朽坏的，尽管它本身必然要分解为各组成原子。另一方面，如果灵魂不是这些原子，而是另外的东西，那么我们的理性是否能为它设想一个处所？须知，由于它与众不同的性质，不可能存在于那些原子中，并且这世上也没有与它那相反特性一致的地方可供它存留。而一物若是找不到任何可停留之处，就只能不存在。

老师听了我的这些话，轻轻地点点头，然后说：斯多亚派（Stoics）和伊壁鸠鲁主义者（Epicureans）在雅典为回答使徒所收集的就是这些或诸如此类的反对意见。我听说伊壁鸠鲁的理论正是朝这个方向发展的。在他看来，万物的构成是一个偶然而机械的事件，丝毫没有神意参与渗透；而人作为其中的一部分，在他看来就像是一个水泡，其存续时间就是包裹之物容纳生气的时间，因为可以说，我们的身体只是一张膜包围着一口气，一旦膜膨胀破裂，禁锢在里面的本质也就灰飞烟灭了。他认为，有形的事物是有限的；他把我们的感知觉看作是我们领会事物的唯一途径；他完全关闭了他的心眼，无法看见非质料的理智世界里的任何存在，就如同一个人住在小木屋里，四围的墙壁和屋顶挡住了外面的视线，根本不能瞥见天空的种种奇观。确实，宇宙间的万事万物，凡可看为感官之对象的，就是一面地上的墙，在狭隘的灵魂与预备作它们沉思之对象的理智世界之间构筑一道屏障。这样的灵魂只能看见土、水、火，至于这些原子源于何处，又被什么东西所包围，狭隘的灵魂是不可能看见的。我们看到一件衣服，就能想到穿衣服的人，看到船只就想到造船木工，看到建筑就想到建筑师的手。然而，这些渺小的灵魂看着这个世界，却看不见这世上的一切东西所显明的神。由此，他们提出聪明而巧妙的灵魂消亡论——身体没有了原子，原子离开了身体，而灵魂不可能独立自存（如果它不是这些原子中的一个，也不是驻留在某个原子里面）。如果这些反对者认为，鉴于灵魂与诸原子不同类，人死后它就无处可在，那么他们必然首先提出了属肉的生活是缺乏灵魂的，因为身体本身不过就是那些原子的组合而已。因而他们必不能说，灵魂也存在于身体里，独立地赋予这复合体以生命。如果死后灵魂不可能存在，尽管各原子仍是存在的，那么我得说，我们的生命最终也只能是死亡。但如果他们现在没有使灵魂在身体里的存在成为一个可疑的问题，那么当身体分解为各原子时他们怎能主张灵魂消亡论呢？其次，他们必须以同样的厚颜无耻反对神存在于这大自然之内。因为他们怎么能说那属理智的、不朽坏的无形之神可以分解为湿软的原子，或者分解为干热的原子，从而生成维持宇宙的存在，虽然与它所渗透的东西不同类，却仍然能够渗透它们。因而，他们只能把支撑世界的神从他们的体系中排除出去。

我说：正是在这一点上，我们的对手不可能不心存疑惑；也就是说，是否万事万物皆依赖于神，为神所包围，或者说，究竟是否有超越于物理世界之上的神性存在。

她大声说：对这样的疑惑倒不如保持缄默更为适当，不必屈尊去回答这种愚蠢而邪恶的命题。因为有一条神圣戒律，就是禁止我们答复傻瓜的愚蠢问题。凡说没有神的人，如先知所宣称的，必是傻瓜无疑。不过我们还是要说话的，所以我向你强调一种论证，不是我的，也不是任何人的（因为无论是谁说的，都会显得无足轻重），而是整个造物界通过它的各种奇迹向众人的眼睛展现出的一种论证，这种论证以一种巧妙而精彩的表达方式直达心里。造物界明明白白地表明了造物主，因为这诸天——如先知所说的——就以其无法言说的话语显明了神的荣耀。我们看到整个宇宙和谐一致，奇异的天空如此，奇异的大地也如此；彼此完全相反的原子合在一起，共同组成一个难以言喻的统一体，向着一个共同的目标，每一种原子都发挥其独特的力量，以维持整体；不可融合、彼此排斥的事物并没有因为各自的特性而各奔东西，复合起来也远不会导致毁灭；那些天生就向下飘动的原子，比如太阳的热，以光线的形式下降，而有重量的物体通过在空气里稀释而上升，于是，水逆着本性上升，通过空气升到上层；炽热的火大量渗入地下，甚至深渊里也是热乎乎的；雨的湿润渗入泥土，借着其本性发出各种各样的胚芽，使凡接受它的影响的植物都获得一定的生命力；极地的转动速度何其快，其间的轨道如何反向移动，产生日食、相合、行星的一定间隔。我们用敏锐的心眼看见这一切，看到这样的景观；我们也不会不知道有一种神圣的权能精巧而高明地起着作用，自我显明在这个现实的世界之中，渗透在每一部分，把各部分与整体联结起来，通过部分来成就整体，以一种单一的支配一切的力量把宇宙包围在内，使它自给自足，独立自存，永不停止运动，也永不改变位置。

我问：请问相信神的存在这种信念如何证明人的灵魂存在？可以肯定，神与灵魂不是同一回事，所以不能说相信了一个，就必然要相信另一个。

她回答：智慧者曾说过，人本身就是一个小小的世界，他身上包含着构成宇宙的全部原子。倘若这种说法是对的（看起来确实是这样的），那么我们也许就不需要别的辅助物就可以确定我们关于灵魂的观点是真理。我们的灵魂观是这样的，灵魂是存在的，具有自身稀罕而独特的本性，它的整个结构独立于身体。我们关于这个外在世界的确切知识源于我们的感觉活动，而这些感觉活动本身又引导我们领会关于事实和思想的超感觉的世界，我们的眼睛因而变成那宇宙中可见的伟大智慧的诠释者，并在自身中指向包围着它的存在（Being）。正因如此，当我们朝向我们的内在世界时，也有充分的理由从可知者推导出未知者。那里的未知者不是感觉所能把握的，因为它是沉思的对象，不是视觉的对象。

我反驳说：诚然，从这个和谐的物理世界的各种巧妙而精彩的设计完全可能推导出一个超越宇宙之外的智慧的存在，但是，关于灵魂，人若也从已知者去追溯未知者，那他能从身体所给出的指示中得到什么知识呢？

这位贞女回答说：非常肯定的是，对那些希望跟从智慧的箴言并认识自己的人来说，灵魂本身就是一位称职的导师。我的意思是说，它是一种非质料的、属灵的事物，以一种与自己的独特本性相一致的方式运作、移动，并通过身体的器官把这些独特的情绪表现出来。这种身体结构虽然始终保持同一，甚至那些已经死去（当然是刚刚死去的）的人的尸体也是同样的结构，但是由于没有了灵魂的力量，它再不能运动，也无任何行为。唯有当器官里有感知觉的时候，身体才能运动；并且不仅如此，当精神力量借感知觉把自身的动机和动力随心所欲地渗透到所有感觉器官里，身体才能真正活动起来。

那么，灵魂是什么呢？我问。也许会有某种方式可以描绘它的本性，也好叫我们对这个题目有个大概的了解。

老师说：不同的作者都试图用不同的方式给它下定义，每一个定义都带有作者个人的倾向性。不过以下这种界定是我们的看法。灵魂是一种受造的本质，活的，属理智的，从自身把生命力和感知力传递给有结构但暂时的身体——只要这自然结构不分解，就聚集在一起。

她说这话时指指坐在一边观察她的状态的医生，又说：有一个证据可以证明我所说的东西就在我们身边。请问，这个人是怎样通过把脉，通过这种触觉来聆听大自然的声音——大自然大声叫着他，把她特有的痛苦告诉他——得知身体里的疾病其实就是一种炎症，病因出在这个或那个内脏，有多少程度的发烧？他又为何只要看看患者的状态，观察身体的排泄物，通过眼睛就得知病情的其他方面信息？肤色状况——有点苍白、蜡黄，眼神因病痛不自觉地流露出哀伤之色，这些都是体内状态的反映。耳朵也会给出同样的信息，听听短促的呼吸声和与之相伴的呻吟声，就可以断定疾病的性质。有人还会说，若是专家，就是嗅觉也能检查出疾病的种类，注意到特定性质的气息里隐藏着要害部位的痛苦疾病。倘若没有一定的理智力量呈现在各个感觉器官里，这样的事岂是可能的？我们的手若没有思想指导它去感觉、理解对象，凭它自身能告诉我们什么信息呢？耳朵、眼睛、鼻子，其他任何器官，若是与心灵分离，仅凭自身怎能协助解决问题呢？据记载，有一种教外文化曾说过，是心灵在看，心灵在听①，此话实在不错。另外，你若不认为这话是对的，那你必须告诉我，当你受了老师的教诲以后再看太阳，为什么能断定它的大小并不就是许多人看来的那样，而认为它要比整个地球大好多倍。你之所以充满自信地如此断言，不就是因为你已经通过推理从现象达到了真相，知道它是怎样的一种运动，相距多少时间和空间，以及产生日食的种种原因？当你看到月盈月亏，你知道眼睛所能见的天体现象背后有真实的原因，知道月球自身是没有光的，它在最接近地球的轨道上围绕地球转动，它是被来自太阳的光线照亮的；它就像一面镜子，自己不发光，太阳光照在它光滑的表面，反射出明亮的光芒。人看到这样的现象，若不考察其原因，就会以为这光是月亮自身发出的。要证明事实并非如此可以看以下这一点。当它完全朝向太阳的时候，在我们看来，它的整个圆盘都是光亮的；但是，当它在较窄小的空间里迅速穿越自己的旋转轨道时，太阳还没有走完一圈，它已经走完了十二圈多。这就表明实质上它并不总是有光的，因为它朝向太阳的位置在它快速转动中不可能保持不变。虽然它的这个位置使其朝向我们的一面变得光亮照人，但

---

① 大意如此的扬抑格诗句出自喜剧家埃比迦姆（Epicharmus）。

随着它的转动，我们所能看到的这面必然有一部分被阴影笼罩，唯有转向太阳的部分才能得到它丰盈的光线。事实上，从那不再能看到太阳的部分到仍然能看到的部分，光亮一直在渐渐隐没，直到它正好穿过太阳的直径，使它的后面部分也接受光线。由于它自身是完全没有光线和光辉的，所以转向我们的这一面就完全看不见，同时另一面则光芒满盈。这就是完全的月亏。然后，它在转动中又经过太阳，穿越太阳的光线，于是刚刚还是黑暗的一面开始露出一线光亮，光线从全亮的一面渐渐转移到刚刚还全黑的一面。你看，眼睛教给你多少知识；但是若没有心灵借眼睛观察、把感觉所获得的材料作为向导，透过表面深入看不见的本质，眼睛自身根本不可能产生这种洞见。我们无须再补充几何法如何一步一步地引导我们从可见的形像走向视线之外的真理，还有其他数不胜数的例子，都能证明理解乃是深植于我们本性中的理智的作为，这种作为是通过我们的感觉器官的运作发挥出来的。

我问：假如——不妨认为各种物质之间存在着巨大差异，尽管所有可见的原子都有一种共同的物质性（比如拿运动来说，并不是所有的运动都是一样的，有的运动向上，有的运动向下。形式、性质等都是如此）——有人说，这些原子还以同样的方式并入并属于某种力量，这种力量通过各原子自身的一种纯自然的作用影响这些理智的洞见和运作（比如，我们常常看到机械师就能发挥这样的作用，在他们手里，物质按照艺术规则结合，效仿大自然，不仅在形像上唯妙唯肖，在动作上也与原物无二，这样，机械装置的发音部位可以模仿发出像人一样的声音，但我们并没有在它身上发现有什么精神力量来认知具体的形状、性质、声音和运动）。我是说，假如我们认定，所有这一切都是我们自然身体这架机器产生的，并没有混合某种特殊的思想实质，完全是我们身上诸原子固有的一种机动力量独立完成这些运作的——事实上，不是由于别的什么，只是由于一种冲动，使我们去认识呈现在眼前的对象。若此，岂不可以证明那属理智的、感觉不到的存在，即你所说的灵魂是全然不存在的吗？

她回答：你的例子以及由此作出的推论虽然属于对立观点，但都可以成为我们的补充材料，并且对巩固真理必有不小的贡献。

是吗？此话怎讲？

因为你看，这样理解、操作、处理无灵魂的质料，使得储存在机器里面的技艺几乎成为这种质料的灵魂，无论它以什么方式模仿运动、形状、声音等，都转而证明人里面确乎有某种东西，使他天生就能够在自身里面通过思考、创造官能产生这样的思想，在理论上备好这样的技艺，通过手工付诸实践，在质料上展现出心灵的作品。比如，他首先借助于思想看到，要产生声音必须有一定的风；然后，为了在机器里产生风，他预先进行推理，仔细观察各原子的本性，从而确定世界上不存在真空，所谓的真空只是相对于稠密空气的稀薄空气而已，因为空气作为一种独立的维持生命的原子是充满丰盈的。说罐是"空的"，只是语言上的误用引起的，因为即使它没有液体，在有经验的人看来，也仍然是满的。要证明这一点，只要把罐放入水池里，这时罐并不马上进水，而是先在水面上冒气泡，因为罐里有空气，使它圆形的周边漂浮起来。最后，水压迫使它沉到水底，到了水底，就通过罐嘴吸水。整个过程表明，即使还没有进水之前它也不是空的，因为可以看到罐嘴处两种原子之间正在进行一场争战，水在自己的重力下要进入罐里，于是流进；另一方面，罐里的气因水沿着罐嘴冲进来受到压缩，于是就朝相反方向奔涌，这样，强大的气流就制住了水流，于是就发出汩汩的声音，泛起串串水泡来。人观察到这一现象，就根据两种原子的特点设计出一种引导空气的方法，作用于他们的机械装置。他们用某种坚硬的材料造出一种空腔，不让里面的空气向任何方向逃逸；然后通过这空腔的口子把水引入里面，需要多少就引入多少。另外，他们还在另一头留个出气口，让空气进入预先备好的管子。空气流入管子的时候，由于受到水的强大压迫，变成一股猛烈的气流，这种现象表现在管乐器上，就奏出一个音符。这样可观察到的情形不是清楚地表明人里面存在某种理智，某种不同于可见之物的东西吗？由于它自身具有一种不可见的思维本性，它首先通过内在的创造准备好这样的装置，然后，当它们发育成熟之后，就使它们显明出来，展现在从属的质料里面。如果可以把这样的奇迹归于原子本身的构造，如我们的反对者的理论所主张的，那么我们应该让这些机械装置自己自发地建构；青铜不必等艺术家来把它塑造成某个人的形像，可以凭一种天生的力量就成为某种铜像；空气也不必要求有管子才能发出音符，只要凭其自身随意的流动就可以自动地发出声音；水的喷射也不会像现在这样是经人工压力迫使它朝规定的方向运动，相反，水会自动升到装置里面，找到那个方向作为自然渠道。倘若所有这些结果都不是原子的力量自发产生的，而是相反，每一种原子的使用都是精巧设计有意安排的，而且设计就是心灵的一种运动和活动，那么按照反对意见的思路所推导出来的结果不正好向我们表明，心灵并非可感知之物吗？

我说：我同意可感知之物不同于不可感知之物。但在这样的阐述中，我没有看到对我们的问题作出了什么解答。在我看来，我们可以认为那不可感知之物是什么这一点仍然不甚明了。你的论证所表明的不过就是它不是质料性的东西，但我仍然不知道该怎么称呼它才适当。我特别想要知道的是它究竟是什么，而不是它不是什么。

她回答：其实我们正是用这样的方式获得许多事物的大量信息的，因为当我们说某物"不是什么什么"的时候，就是在间接地解释该物的性质。比如，当我们说一个人"不奸猾"时，就是说他是一个好人；当我们说一个人"没有男子气"时，就是指他是一个胆怯的人。有许多事物都可以用这样的方式来表述，也就是说，我们可以用否定不好的属性来表示好的属性，反之亦然。所以，如果我们也用这样的方式来思考现在所讨论的问题，必能对它获得适当的认识。这个问题就是：我们认为心灵的本质究竟是什么？既然提问者对该物的存在问题已经没有疑惑——因为它向我们展现的种种活动已经充分证明了——只想知道它是什么，那么他必已经从我们的叙述中对它有了一定的了解。我们说，它不是我们的感觉所感知的东西，不是颜色，不是形式，不是硬度，不是重量，不是数量，不是立方体，不是点，不是任何可感知的质料。也就是说，要设想确实存在某种超越这一切的东西。

这里我打断她说：如果你把所有这些都排除出去，我不知道你还怎么可能避免不把你所寻找的东西连同它们一起取消。目前我无法相信，除了这些之外，认识活动还能依靠什么。因为任何时候，我们用挑剔的理智考察世上事物时，就我们伸手触及所要寻找的事物来说，我们不可避免地要用到上述这些东西，就像瞎子要摸着墙才能找到门。我们必须求助于颜色、形式、数量，或者你所列举的其他东西。既然说到这事物不是它们中的任何一个，那我们软弱的心灵只能使我们认为它根本就不存在。

她义愤地打断我的话说：这样的谬论岂不令人羞愧！这种狭隘而卑下的世界观使我们得出一种精妙的结论。如果凡感觉不能认知的，就被逐出存在的范围，那么也必认为那主宰万物、包含一切的大能是不存在的。人一旦得知神的本性是非质料的，不可见的，就必然根据这样的前提把神看作是绝对不存在的。另外，既然神没有这些特点也不影响他的存在，那么人的心灵为何就因为一个个排除这些质料属性就被挤出存在范围之外呢？

我驳斥道：这样说来，我们这样讨论只是以一种悖论替换另一种悖论。我们的理性必会得出这样的结论，既然神与人心都是不能设想的，只能通过排除一切感觉材料的方式来描述，那么两者是一致的。

她回答道：不是这样说的。这样说也亵渎了神。事实上，如《圣经》告诉你的，只能说两者"相似"。因为那按着神的"形像造的"，必然在各方面都与造它的原型相似。其相似之处在于：属理智的，非质料的，与任何重量概念无关，不能用任何尺度来度量。但就其自身的独特性而言，两者仍是各不相同的。事实上，一者若与另一者完全一致，那它就不只是一个像了；须知，若说那非受造的原型是大 A，那么受造的形像就是小 a。正如一面小小的镜子，当它正面向光时，往往能看见整个太阳的形状，但它并不能反映出太阳真实的大小，只能在它小小的范围内映现太阳。同样，神的那些难以言喻的性质也是这样映照在我们狭隘有限的人性范围之内。因而，我们的理性跟随这些映像的指导，必能清除一切有形的性质，领会心灵的本质；它也必不会把这种纯粹而无限的存在降低到可毁灭的渺小事实的层次上，它必认为心灵的本质唯有思想才能把握，因为它是唯有沉思才能把握的存在的"形像"。但它必不会说，这形像与原型是一样的。由于宇宙间处处显示出一种充满神圣奥秘的智慧，所以我们对神及其贯通宇宙整体维系其存续的神圣权能毫不怀疑（尽管如果你要求对神下个定义，就会发现神完全独立于造物界的任何一种事物，无论是感觉对象还是思维对象，而后者都有自然特性）。同样，灵魂作为一种实体（substance）（不论我们认为这种实体是什么）独立自存并没有奇怪之处，尽管世界的物质原子不适用于界定它的存在，但这丝毫不妨碍它的真实存在。就我们人体来说，因为是由这些原子混合构成的，所以如上文所说的，灵魂的单一性和不可见性与身体的粗糙性之间不存在任何沟通。但尽管如此，毫无疑问，身体里面存在着灵魂的生命力，这种力量是借一种人的理性所不能领会的法则发挥影响的。即使到了那些构成身体的原子又重新分解为原来状态的时候，生命力的纽带也不会消失。只要身体的结构仍然存在，每个部分就都附有灵魂，它是同等地渗透在每个组成部分里。但我们不能因为灵魂与固体混合就说它是硬的，同样，尽管它把生命传送到每个部位，但不能说它是湿的、冷的，或者干的、热的。当结构分解，各原子复归各自原状之后，谁也不能否认，那曾借某种不可言说的法则一次性地随着身体的发育而成熟的单一、非复合的本质，仍然可能继续存留在那些原本混合在一起的原子旁边，而不是与曾经的联合体分离。因为我们不能这样推论：因为复合物分解了，所以非复合物也必随之一同分解。

我反驳说：谁也不会否认那些原子可以分分合合，也都承认这种分合构成了身体的分解和形成。但我们必须考虑到以下这一点。这些原子之间存在着巨大的间距，它们彼此各不相同，无论是所处的位置，还是性质特点，都大相径庭。诚然，当这些原子一起聚集到该对象身上，完全可以合理地说，那属理智的不可度量的本质也即我们所说的灵魂，必与如此联合起来的身体紧密相连。但是一旦这些原子各奔东西，回到各自本性驱使去的地方，灵魂的器皿由此四分五裂，那么灵魂又会变成什么呢？就拿水手来说，如果他的船毁了，破成碎片，散落在水面上，那他不可能同时浮在所有的碎片上（他只能抓住就近的一块碎片，让其余的漂走）。同样，灵魂从其本性来说是不可能随着各原子一起分解的，所以如果它发现难以与身体共存，就只能抓住其中的某一部分。如果我们接受这样的观点，那么为保持一致性，我们绝不可因它与某一原子同在而认为它是不朽的，也不能因为它没有与许多原子一起就认为它是必朽灭的。

她回答：属理智、非度量之物是既不收缩，也不扩散的（收缩和扩散是身体专有的属性）。但由于它是一种无形无体的东西，无论组成身体的各原子如何收缩、扩散，都一如既往地与身体同在，既不会因压缩（各原子合起来就产生压缩）而变得狭小，也不会在各原子游离回到各自的同类中而被它们抛弃，不论我们所看到的各种原子之间的距离有多遥远。比如，漂浮、轻盈的原子与沉重固态原子区别何其大，热与冷，湿与干这些截然相反的原子区别何其大，然而，它仍然可以毫不费力地呈现在各个原子之中，对立面的混合并不能使它分裂。从位置上说，这些原子各具性质，可以说彼此相距甚远，但是一种非度量的本性可以轻而易举地依附在彼此分离的物质上面，就是现在，心灵也可以同时沉思我们上面的诸天，并将它审视的目光伸展到地平线之外，它的思考力绝不会因相距遥远而分散。所以，无论身体的各原子是合成一体，还是分散解体，没有什么东西能妨碍灵魂存在于它们之中。正如在金银混合物中可以看到一种融合在金属中的井然有序的力量，即使后来一者融化，与另一者分离，这种有序法则仍然保留在两者中间，也就是说，虽然混合物被分解了，但这种秩序并没有随之分离（因为你不可能使不可分者分成部分）；同样，灵魂这种属理智的本质体现在各原子的集合体中，即使它们分散了，也不因此分解，始终与它们同在，并不依照原子的数量把自己分成多个部分。唯有占据空间的质料世界才会出现这种分解，而属理智、非度量的灵魂是不依赖于空间环境的。因此，灵魂存在于它所激活的现实原子之中，没有什么力量能把它与它们的联合撕开。这样说来，还有什么理由担忧可见的被换成了不可见的，为什么你的心里产生了这种对死的恨恶？

对此，我诉诸她先前给灵魂所下的定义。我说，在我看来，她的定义并没有非常明确地指出灵魂的可观察到的种种力量。这定义说灵魂是一种属理智的本质，它借感官活动把一种生命力传送给身体。须知，灵魂并不只是在我们科学的、推测的理智里这样活动，并不只在那个领域产生结果，或者利用感官只为了这样的工作。相反，我们在人性中看到许多由欲望和愤怒产生的情绪，它们都是作为我们人的属性存于我们身上；并且我们还看到它们的显现进一步表明许多极微妙的差异。比如，有许多状态是受欲望制约的，还有许多状态是由愤怒产生的，但它们没有一个是属于身体的；凡不属于身体的就显然是属理智的；而根据我们的定义，灵魂是属理智的东西。这样说来，当我们这样推论的时候，必然得出以下两者之一的结论：要么愤怒和欲望都是我们里面的第二种灵魂，这样，灵魂就不是一个，而是多个了；要么我们里面的思考能力不能算作一种灵魂（如果灵魂不能是复数），尽管理智成分均等地依附于每一部分，并使它们都印有灵魂的记号，否则就会使它们每一个都从灵魂的特定属性中排除出去。这两种结论都是荒谬的。

她回答道：你提出这个问题是完全有道理的，在此之前我们已经在其他许多地方讨论过这个问题，即我们该怎样看待我们的欲望力和愤怒力。它们是否与灵魂同质，从灵魂一开始形成之际就内在于她的自身里面，或者是别的东西，是后来在我们身上产生的？事实上，尽管大家都承认这些力量必然存在于灵魂里，但我们的观察至今还未发现我们究竟该怎样看待它们才能对它们产生某种固定的信念。大多数人对这个问题的看法仍然摇摆不定，这些看法有多少种，错误也有多少种。至于我们自己，如果外邦人的哲学——就是系统地讨论这些问题的哲学——真的提出了充分的论证，那么我们若还要在那些推论之外添加关于灵魂的讨论，自然是多余的，不必要的。然而，后者在灵魂问题上得出的结论是随心所欲的，我们没有权利这样做，我是说没有权利随心所欲地论断。我们把《圣经》作为一切信条的法则和尺度，我们必须睁大眼睛，只赞同那些与《圣经》作品的意向一致的观点。因而，我们必须忽视柏拉图（Plato）的马车、拉车的马匹（不同于马车的力量）以及车夫，哲学家把这些东西拿来比喻灵魂；我们也必须忽视继柏拉图之后的那位哲学家①所说的一切，他通过技艺规则②来推演可能性，还勤勉地考察了现在放在我们面前的这个问题，根据这两条原则宣称灵魂是必死的③；我们必须忽视他们之前之后的一切哲学，不论是散文体，还是诗

---

① 指亚里士多德（Aristotle）。——中译者注

② 即三段论。

③ 亚里士多德确实完全根据三段论推演的可能性来界定灵魂："物理的、有潜在生命力的有机体的第一个隐德来希（entelechy）。"隐德来希不只是潜能，而是"发展了的力量"，能够显现出来。人的灵魂包含着其他生命形式的所有机能，因而是一个微型宇宙。灵魂的其他部分与身体不可分，因而是可灭的，但心灵/努斯（nous）存在于身体之先，作为某种神圣而不朽的东西进入身体。不过，他区分了接受心灵/努斯的形式与给予心灵/努斯的形式，认为本质上的永恒只属于后者。他与柏拉图（认为"整个灵魂都是不朽的"）之间的分歧的秘密在于，柏拉图认为灵魂始终处于运动之中，而亚里士多德否认灵魂里有任何运动。灵魂根本不可能被推动，因而它自身也不可能运动。

体；我们必须以《圣经》作为我们推论的指南，《圣经》定下了一条公理，灵魂的优点无一不是神性的特点。《圣经》既宣告灵魂是神的样式，就是指出了凡与神相异的都是灵魂之外的。那些偏离原型的性质里面不可能存留相同性。这样说来，我们所讨论的这类东西没有一点包含在关于神性的概念里面，所以我们可以合理地推测，这样的东西也不是与灵魂同质的。如果根据辩证法则和能够得出、推翻结论的科学来建立我们的理论，那就必然涉及一类我们必须避免的讨论，在显明真理上，那种讨论实在是软弱而令人质疑的。其实，每个人都清楚，微妙的辩证法拥有一种既可能推翻真理也可能识别谬误的力量；所以，如果真理的发展伴随着这样一种技艺，那我们甚至要开始怀疑真理本身了，并且认为它的这种机敏性正是试图使我们的判断发生偏离，颠覆真理。另外，如果有人接受非推演形式的纯粹的讨论，我们必尽我们所能跟随《圣经》传统来研究、论说这些问题。那么，我们主张什么呢？我们说，事实上，作为理性动物的人能够理解、认知，这是那些在我们信仰之外的人所确认的，倘若把愤怒、欲望以及诸如此类的情绪看作是与我们人性同质的，那么这种界定就不是对我们人性的描绘。无论如何，我们不可用一种通用而非特有的属性来界定人性。因为欲望和愤怒既存在于理性动物中，也存在于非理性动物中，所以用这种一般的性质不可能恰当地标示出人特有的性质。在界定一个事物时，怎么能把多余的、该排除出去的东西看作是它的组成部分，从而使定义成为错谬呢？每一种定义都是指向该对象的特有属性，凡不属于这种特性的，都被看作与所要求的定义无关而搁置一边。毫无疑问，愤怒和欲望这些官能是一切理性的人和兽类共有的，凡共有的就不同于那专有的；由此我们绝对不可把这些官能包括在专指人性特有的那些能力里面。正如我们可以在人身上看到感知觉能力、营养力和生长力，但并不因此动摇我们对灵魂所下的定义（因为灵魂里有性质 A 并不妨碍它有性质 B），同样，当我们在人性里看到愤怒、欲望这些情绪时，不能因此直接质疑这个定义，似乎它没有完全说明人的本性。

我问老师：那么，我们究竟该怎样思考这个问题呢？我还是不明白我们可以如何恰当地否定事实上存在于我们身上的官能。

她回答：你知道，理性与它们之间有一场争战，一场使灵魂摆脱它们的争战；并且有些人已经在这场争战中取得了胜利。我们知道，摩西（Mose）就是这样的人，他在愤怒和欲望上都得胜了。历史证明了这一点，他比所有人都温顺（温顺就表明不会发火，心灵里全然没有嫉恨），我们所看到的大多数人热烈欲求的东西，他也毫无所欲。倘若这些官能是合乎自然的，属于人的本质的组成部分，那么情形就不可能是这样的。因为人若完全脱离自己的自然，他就根本不可能在存在（Existence）之中。既然摩西在存在中又没有处在这些状态中，那么只能推出这些状态是自然之外的东西，不是自然本身。如果一方面，那是人之存在的真正本质，另一方面，排除这些状态又是我们力所能及的，从而排除它们不仅无害，甚至有益于人，那么显然，这些条件必然属于外在因素，是影响力，而不是本质。因为本质就是使其所是（that thing only which it is）的唯一之物。至于愤怒，多数人认为它是心脏周围的血液的沸腾，另一些人认为是以痛报痛的一种欲念，我们把它看作是想伤害冒犯我们的人的一种冲动。但无论是哪一种描述，都与关于灵魂的定义不相吻合。再者，如果我们必须定义欲望本身是什么，我们就会说它是对缺乏之物的寻求，或者对享受之物的渴望，或者因不拥有激动心脏之物而产生的痛苦，或者关于某种没有机会享受的愉悦的状态。诸如此类的描述都是指欲望，但它们与灵魂的定义毫无关联。所以其他在我们看来与灵魂有一定关联的其他东西也莫不如此，我指的是那些彼此对立的东西，就像胆怯与勇敢，快乐与痛苦，敬畏与蔑视，如此等等。看起来它们似乎都与欲望原则或愤怒原则相似，但它们有独立的定义以标示出它们自己独特的本性。拿勇敢和蔑视来说，两者展示了某种暴躁易怒的状态；而源于胆怯和敬畏的气质则表示这种冲动的减少和弱化。同样，痛苦源于怒火和欲望。因为愤怒而无能为力，即不能以其人之道还治其人之身，就转而变成痛苦。得不到所欲求的对象，缺乏把心脏激动起来的东西，就在心里产生这种郁闷状态。而且，痛苦的反面，我是说快乐的感觉也像痛苦一样，把自己分为愤怒和欲望，因为快乐是这两者的主要原因。我得说，所有这些情况都与灵魂有一定关系，但它们都不是灵魂①，只是灵魂的思想部分长出来的肉瘤，可以看作是它的部分，因为它们毕竟依附在它身上，但绝不是灵魂的真正本质。

我反驳贞女道：但我们看不出这些情况对培养美德有什么帮助。但以理的欲望是他的荣耀，斐尼阿（Phineas）②的愤怒为神所悦纳。我们还得知，敬畏是智慧的开端，又从保罗晓得，得救是"像神一样忧愁"的目标。福音要求我们鄙视危险，"不怕任何奇异之事"正是对勇敢的一种描述，而勇敢则被智慧列入美好之事的行列。《圣经》由此表明，这样的情形不可视为软弱；软弱不可能被如此应用，把美德付诸行动。

老师回答道：我想，造成这个问题上的混乱得由我自己来负责。因为我没有把它尽可能表达清楚，我应该在我们的思考中引入一种推论顺序。现在，我们要尽可能设置出这样一种顺序，好叫我们的论述按着逻辑顺序展开，免得出现这样的矛盾之处。我们认为，灵魂里推测、批判、审视世界的能力是它本性中独特的属性，因而灵魂在自身里保守着神圣恩典的形像；因为按我们的理性的推断，神性本身，不论它的最内在本质是什么，就是显明在这些东西上——普遍的监督和对善恶的谨严分辨。但是灵魂里所有那些处在边界上的成分，从其特有的本性来看，都有或善或恶的倾向（它们最终是向善还是向恶要看如何使用它们），比如，愤怒、畏惧，以及其他诸如此类的灵魂情绪，除去这些东西我们

---

① 玛克丽娜的意思，如她在下文所表明的，并不是说情欲与灵魂是完全分离的。

② 疑应为腓尼哈（Phinehas）。——中译者注

就不可能研究人性，所有这些东西我们都认为是从无中产生的，因为在人的原型之美中并不存在这样的性质。但愿以下的话只是作为一种（在诠释中）的练习提出来，我希望不致受到爱挑剔的读者的讥笑。《圣经》告诉我们，神是依照一种循序渐进的过程创造人的。宇宙的根基立好之后，如历史所记载的，人并没有即刻就在地上出现；在造人之前神先造了野兽，又在野兽之前先造了草木。因而《圣经》表明，生命力是照着一种等级与质料世界混合的。首先，它融入无感知觉的事物中，然后进展到有感知觉的世界，最后上升到属理智、有理性的人。所以，凡存在的必然要么是有形的，要么是属灵的，前者又分为有机体和无机体。有机体就是拥有生命的；凡有生命力的，有些有感知觉，有些没有感知觉。就有感知觉的事物来说，有些是有理性的，有些则是没有理性的。既然这种有感知觉的生命不可能离开接受它的质料载体而存在，而理智生命若不寄生于感知觉就不可能得到体现，因此之故，按经上所述，人是最后才造成的，因为他要把每一种生命形式都吸收到自己身上，既包含植物的生命形式，也包括动物的生命形式。人从植物生命中获得营养和生长力，就是在植物里也可以看到这样的过程，根部汲取养分，然后抽枝长叶，结出果实。他又从动物获取感知觉结构。但是他的思维和理性能力是不能言传的，是我们人性独有的恩赐，是自动思考的。然而，正如这种本性对质料性事物具有一种本能的欲求——这种本能表现在我们人身上，我们就称之为食欲——（我们也承认这与植物的生命形式有关，因为我们可以在植物身上看到这种需要，就像许多冲动自然发出，使它们汲取同类养分，发出苞芽），同样，一切动物的独特情形都混合着灵魂的理智部分。

她继续说道：愤怒就属于这种情形，畏惧也属于这种情形，我们身上其他所有的对抗性活动都属于这种情形，唯有理性和思维能力除外。如我们上文所说的，我们的整个生命中唯有这种能力带有神性的印记。但是，根据我们刚刚说过的观点，由于这种理性能力不可能不借感知觉而存在于身体的生命之中，并且由于感知觉早已存在于兽类造物之中，由此可以说，我们的灵魂已经接触那些与它紧密相连的事物。这些就是存在于我们里面、我们称为"情欲"的现象。造物主把情欲分配给人性完全没有什么坏的目的（因为如果在这些如此深刻地根植于我们人性里的东西中存在行恶的必然性，那么造物主不就成了邪恶之主了吗?），而是根据我们自由意志对它们的不同使用，使这些灵魂里的情绪成为美德或邪恶的工具。它们就像是铁，全由工匠的意图来定它们的形状，他心里预构了怎样的形像和观念，它就接受怎样的塑造，或成为刀剑，或成为农具。假如我们的理性——我们人性中最精华的部分——支配着这些引入的情绪（如《圣经》在比喻意义上所宣称的，人要治理兽类），那么它们全都不会协助作恶。畏惧只会使我们产生顺服，愤怒使我们坚韧，胆怯使我们谨慎，本能欲望为我们谋求神圣而完全的喜乐。但如果理性失去了统治地位，被拖在后面，就像车夫被自己的车给套住了，那么这些本能就会变得非常强烈，就像我们在兽类中所看到的那样。因为在动物，理性没有主宰根植在它们里面的本能冲动，所以比较残暴的动物，一旦怒火中烧，就会相互残杀。那些体重大的动物并不因此而占优势，因为它们缺乏理性，所以成为有理性的人的奴仆。它们的欲求快乐活动并没有任何高级目标，它们身上表现出来的任何其他本能也并没有给它们自身带来什么好处。就我们来说，也同样如此，如果这些本能没有被理性导入正确的方向，如果我们的情感主宰了我们的心灵，那么人就从理性的存在变成非理性的存在，只要被这些情欲力量支配，就从像神一样的理智状态堕落到兽类的状态。

这些话令我深为感动，我说：你这番解释层层递进，娓娓道来，虽然浅白毫无装饰，却蛮有合理性和真理性，凡热爱思考的人都会承认这一点。至于那些仅在专业的证明方法上内行的人，只要具有说服力就能够使其信服。但就我们来说，我们认为有比这些人为结论更可信的东西，那就是根据《圣经》教义得出的结论。所以我相信，除了以上所说的，还有必要追问一下，这种神启教义是否与此完全一致。

她回答道：谁会否认真理唯有在烙上了《圣经》见证之印的事物中才存在？所以，如果有必要引用福音书里的话来支持我们的观点，那么研究一下麦子和稗子的比喻在这里并非不适当。寓言里说，房主播种了好的种子（我们其实就是"房子"），但"仇敌"趁着人入睡之际把那无用的东西撒到那可作食物之用的东西中间，把稗子撒到麦子中间。两种植物一起生长，因为让那撒在麦子中间的稗种不随着麦种一起生长是不可能的。但是看护田地的主人绝不允许仆人收割无用的稗子，因为它们根本上就是一种与麦子完全相反的植物，因而不可把营养物与异类一同连根拔掉。在我们看来，《圣经》说的良种就是指灵魂的相应冲动，只要将它们往有益的方向培植，每一种冲动都将在我们里面结出美德之果。但因为在这些冲动中间撒播着坏种，即对真美的错误判断，这真美只存在于最内在的本质当中；也因为随这真美一起产生的欺骗的不断扩张，使真美蒙上了阴影（因为活跃的欲望不是在本性之美方面产生、膨胀的——尽管把它种植在我们里面的初衷是为了朝向这样的目标——它改变自己的生长方向，走向一种兽类的无理性状态，正是这种关于美的错谬使它的冲动走向这样的结果。同样，愤怒的种子没有使我们变得勇敢，却使我们与同胞争战；富有力量的爱抛弃理智目标，疯狂地追求感官的纵情享乐。我们的其他情感也是如此，转向坏的结果，而不是好的结果），因此之故，明智的农夫让混杂在他的麦种里面的这种植物留在地里，免得把欲望连同那一无是处的东西一并拔除了，使我们连美好的盼望也一同丧失了。如果我们人性遭受这样的残缺，那还能有什么东西来提升我们，使我们获得属天的喜乐呢？如果我们被剥夺了爱，我们如何可能与神联合？如果愤怒在我们身上杳无踪迹，我们还有什么兵器来对付仇敌？因而，农夫任由那些杂草留在我们身上，不是让它们常常征服宝贵的庄稼，而是为了使田地本身（按他的比喻说法，就是心）通过其天然固有的力量，也就是理性力量，使杂草枯萎，使庄稼结出丰硕的果实。当然，如果这种情形没有出现，那他就用火来标出两种植物之间的区别。如果人适度地处在这些情感之中，把它们掌控在自己的支配之下，而不是被它们所支配，利用它们作为一种工具，就像王假借众多臣民之手一样，那么他会比较容易获得美德，成为卓越之人。但如果反过来，他受制于它们，并且如同奴隶反叛主人时那样，屈从于那些卑劣的念头，在它们面前卑躬屈膝，受他本性中低下部分之折磨，那么他必被迫转而成为他那些专横跋扈的主人们的仆从。我们不能说灵魂的这些情绪原本就如此，因为它们有利还是有弊，为善还是趋恶，取决于拥有这些情绪的人。只要它们的冲动朝向高贵的目标，它们就是可赞美之事，如欲望之于但以理，愤怒之于腓尼阿，忧愁之于那些高尚的人。如果它们倾向于卑鄙的目标，那么它们就是、也被称为坏的情欲。

她说到这里就打住了，停止讨论，有一个短暂的停顿。趁这时间，我在心里把所讨论的内容都回顾了一下，想到她在前面的讨论中的一个证明过程，证明灵魂在身体分解之后并非不可能停留在各原子里面，于是我又对她说：那人们谈论得很多、大大有名的阴世地狱究竟在哪里呢？这个词频频出现在日常生活的交谈中，也萦绕在异教徒和我们自己的作品中。所有人都认为，灵魂从这里进入到那里，就像进入一个有安全保障的地方。相信你必不会把你的原子称为阴世吧。

老师回答道：显然你没有完全明白我们的论证。在谈到灵魂从有形界迁移到无形界时，我想我对阴世的问题并没有遗漏丝毫。在我看来，无论是在异教徒的作品中还是在神圣作品中，把这个词说成是灵魂要去的地方，意思就是指转移到一个我们根本看不见的无形世界。

我问道：那么为何有些人认为下界（underworld）是指一个真实的地方，认为里面居住着最终脱离人体生命的灵魂，就像是正好适合灵魂这种东西而吸引它们去的器皿？

老师回答道：但是我们的教义绝不可能因这种假设而受损。如果你所说的是真的，并且天穹不可阻挡地伸展，直到把万物都囊括在自身里面，而地及其周围则被放在中间，一切转动物体的运动都围绕这个坚固的中心，那么我得说，无论在地的上层的各个原子出现了什么情形，相对的另一边也必然发生同样的情形，因为包围着这整个空间的是同一种物质。比如，当太阳照耀在地的"上面"时，阴影就笼罩在它的下面，因为地是球形的，光线不可能同时环绕整个球体，所以如果阳光照在地球的这一面，另一面必然就是被阴影笼罩的。然后，在光线的另一端，阴影随着太阳的运动而绕着地球转动，这样，地球的上半球与下半球交替出现光明和黑暗。根据这样的模拟，我们有理由相信，在我们的半球里无论有什么落到原子上，另一半球也必然出现同样的情形。原子的环境在地球每一边都是一样的，我想，对那些提出异议说我们必须认为这里或更低的地方是为脱离身体的灵魂安排的人来说，这一点既与他们不冲突，也与他们无益处。只要这种异议没有动摇我们的核心理论，即灵魂在肉体生命死后仍然存在，就没有必要争论关于处所的问题，在我们看来，处所是身体特有的，而灵魂既是非质料的，它的本性就根本没有必要滞留在哪个处所。

我问道：倘若你的对手拿使徒来作掩护，那又怎样呢？因为使徒曾说，在万物复原的时候，每一种理性造物都朝向那主宰一切的主。在给腓立比人的书信的那段话里，他提到某种"地底下的"事物，说"叫一切在天上的、地上的和地底下的"，因他的名"无不屈膝"①。

老师回答道：即使我们听到他们引用了这样的话，也当维护我们的教义。因为关于灵魂（死后）的存在这一点，我们的对手也是认可的，所以我们不会在处所上提出异议，如上面所说的。

倘若有人问使徒这话的意思，那该怎么说呢？你岂能把话里提到的处所的意义全都剔除？

---

① 《腓立比书》2：10。

　　她回答道：我不认为圣使徒在说"天上"、"地上"、"地底下"这些词时是在把理智世界分为各种处所。理性被造物可以有三种状态：一种是最初接受非质料生命的状态，我们称之为天使般的生活；一种是与肉身结合的状态，我们称之为人；还有一种是因死脱离肉身的束缚，表现为纯洁而单一的灵魂的状态。这里，我认为圣使徒凭其深邃的智慧洞悉了这一点，揭示出所有这些行善的理性存在者将来相应的状态；他把未形体化的天使世界称为"天上的"，把仍然在身体里面的称为"地上的"，把脱离了身体的称为"地底下的"。至于是否还有别的世界可以归到理性拥有者的名下（其实这种分法已经没有遗漏了）；人们是把这第三者称为"鬼"还是"灵"或者其他什么东西，我们不会在乎。我们确信——既因为普遍的观念，更因为《圣经》的教义——除了天上和地上的世界之外，还存在另一个世界，那里的存在者没有我们这样的身体，他们与善的东西作对，能够损害人的生命，借一种意志活动背弃了高贵的观点，并因这种对良善的背弃使自己成为相反力量的化身。有人说，这个世界就是使徒所说的"地底下的"世界，他在那段话里表明，当有一天邪恶在漫长的世代演变中灭绝了，良善世界之外就无所存留，就是那些出于恶灵的，也起来一同认信基督我们的主。果真如此，那么谁也不能强迫我们认为"地底下的事"所意指的地下世界有什么污点；大气同等地散布到地球的每一部分，没有哪个角落不被这种环绕的空气所笼罩。

　　她说完之后，我犹豫了一会，然后说：我对我们所探讨的事还不甚满意。听了你一席谈论之后，我的心里仍然充满疑团。所以我恳请你让我们的讨论回到先前的那个思路，只是把我们一致同意的地方删去。我之所以这样说，是因为我想除了顽固透顶的争论者之外，其他人都会对我们的讨论衷心信服的，因为我们没有把灵魂在身体分解之后归入毁灭和虚无，也没有因为它实质上与各原子完全不同而认为它不可能存在于宇宙的任何地方；一种属理智而非物质性的存在，无论它怎样与这些原子不相一致，都不可能影响它存在于它们里面。我们的这种信念基于两个事实：首先，灵魂虽然与我们的身体完全不同，但仍在今世存在于它们里面；其次，如我们的讨论所表明的，神圣存在虽然不同于有体的质料性实体，却仍然在万物中间渗透于每个个体，并因这种渗透使世界存在。根据这样的模拟，我们完全可以认为，灵魂离开这个有形的世界到了无形的世界之后，并不是不存在的。但是我仍然要问，当各原子合成的整体采纳了一种完全不同的形式——事实上灵魂已经被引入到这种形式之中——当这种形式随着各原子的解散而消失了，灵魂如何跟从它们——既然那熟悉的形式不复存在？

她思考了片刻说：为说明我们眼前的这个问题，请允许我打一个想象出来的比喻，就算我所设想的事超出了可能的范围，也请你谅解。假设在绘画艺术中，不仅可以把不同的颜色混合起来——这是画家们常做的事——表示一种特定的色彩，也可以把混合起来的颜色再分开，恢复早先各自的原色。如果可以这样，那么白色、黑色、红色、金色，或者其他任何一种颜色，可以混合形成规定的颜色，也可以从混合色中还原与另外的颜色混合，同时保持自身不变。我们假设艺术家仍然记得那种颜色的真实本性，任何情况下都不会忘记，比如原来是红色的，或者黑色的，即使彼此混合变成了完全不同的颜色，仍然能够复归各自原来的颜色。我得说，我们假设那位艺术家记得这些颜色是如何彼此混合的，所以知道什么颜色与某种给定颜色混合，结果出来的是什么颜色，另一种颜色如何从复合体中稀释出来，从而（原色）如何呈现出自己独有的色彩来。假如要求再次通过合成显出同样的结果，这个过程应该更加容易，因为他先前已经有过这样的实践了。如果理性能在这个比喻里看出模拟性，我们必须据此来探讨当前的问题。不妨把灵魂比作画家的这种绘画艺术，自然原子代表绘画的颜色，由不同颜色合成的混合色以及这些颜色各自回到的原色，分别代表各原子的合成和分解。我们在比喻里假设，当颜色混合后复原为自己的原色，画家的艺术使他知道每种颜色的原色是什么，所以他能够准确认得红色、黑色，以及其他任何一种颜色——尽管它们通过一种特定的混合方式与另一种颜色一起合成了所要求的色彩——无论它在混合体中，还是在它的自然状态中，包括将来再次把它与别的颜色混合起来，他都认得。同样，我们认为灵魂也知道那些原子的天然特性，无论它们联合构成它自身所寄生的身体，还是身体分解后四处分散。不管它们彼此相距多远，各自的天然属性和内在固有的排斥力如何阻止它们彼此混合，灵魂依然能借助自己的认知能力靠近每个原子，顽强地依附于熟悉的原子，直到这些分散的原子又重新以同样的方式联合起来。分解的身体又重新形成，这必是并且就是被称为复活。

我插话说：在这番论述中，你似乎对复活的信仰作了精彩的辩护。我想，反对这种教义的人很可能因此而渐渐改变，认为各原子重新联合，构成与先前完全相同的人，这样的事并非绝对不可能。

老师回答道：完全是这样的。因为我们可以听到这些反对者强调以下的困难，"各原子分解，各归各类，散入宇宙。那么暖气——比如说——是怎么在回到宇宙暖气之后，又使自己脱离这种与其同类的联系，从而形成这个'重新塑造'的人的？因为倘若同一个原子没有返回，接回来的只是同类的东西，而不是同一个部分，那么在原物所在之处出现的必是另外的东西，而这样的过程就必定不是复活，而只是造了一个新人。要同一个人恢复自身，他必须完全与原来一样，每一种原子的每一个微粒都与原形一模一样"。

为对付这样的异议，我反驳道：如我所说的，以上关于灵魂的观点必是有益的，也就是灵魂在身体分解之后仍然留在它最初在其中生长的那些原子微粒里面，就像看管私有财产的管家一样，当它们与自己的同类原子混合时也不放弃它们，并凭借它那精妙的无所不在的理智准确地认得它们，连它们最细微之处也绝不会弄错，所以，当它们与自己的同族尘埃混合的时候，它也与它们一同扩散，当它们流回到宇宙中去的时候，毫不费力地与它们一一保持一致，不论大自然安排它们去向哪里，变成什么，都与它们同在。假如安排一切的权能为使这些散落的原子重新结合而给出了信号，那么正如系在同一个木块上的许多绳子同时从那中心拉出来，所有这些曾经彼此非常熟悉的原子随着这种作用于它们的灵魂的力量同时汇在一起，通过灵魂的中介构成身体的衔接，每一个原子都与自己原先相邻的原子联合，为原先的原子所环绕。

老师接着说：为说明灵魂天生就能将自己与各原子中相异的东西区分开来，除了上面的阐述之外，以下这个例子可以说是非常恰当的。假设有一个陶工和一块泥土，这块泥土很大，一部分已经用来做了器皿，剩下的部分还未使用；假设做好的器皿并非全是一个样子，而是各不相同，比如，一个是水缸，一个是酒坛，一个是盘子，一个是杯子，或者其他有用的器具。另外，假设并非只有一个主人拥有它们，而是每一样都有特定的主人。如此，只要这些器具没有破碎，主人自然是认得它们的，不仅如此，就算它们碎成一片片，也认得出来。因为从那些碎片可以知道，比如说，这个是属于坛子的，也知道哪个碎片是属于杯子的。如果它们重新成为未经加工的泥土，要分辨已经加工过的器具和泥土就更不容易出错。每个人就如这样的器具，由于构成他的各个原子彼此合成，这器具已经从宇宙质料被塑造成形。他以其自身独有的形式标示出与同类的区别，当那种形式消散，曾是这个器具的主人的灵魂必对它有一种准确的认识，甚至认得它的碎片；即使这器具又投入到无形式的质料（各个原子就是从这样的质料里来的）之中，她也不会放弃这份财产。可以说，当她与身体紧密结合时，她始终记得自己的身体，当两者分离之后，由于仍然依附于残留物中的记号，她也永不会弄错。

我喝彩叫好，认为这个例子很好地引出了我们所面对的问题的本质特征。我说：这样说实在非常好，若能相信事实就是如此就更好了。但假若有人引用我们的主关于那些在地下的人的叙述①来反对这一点，我们该如何作答呢？

老师回答道：道的叙述就其表达而言当然是质料性的，但其中仍然隐含了许多线索，足以引发高明的探求者对它作更深入仔细的研究。我的意思是说，主用一道深渊把善恶分开，使那人备受渴望手指尖蘸来的一滴水的煎熬，而此生曾受虐待的人则安息在先祖的怀抱，主叙述他们先前如何死，如何埋葬，使从智性上去研究他的话语意义的人绝不会停留在表层的诠释上。试想，财主既已失去肉眼，埋进坟墓，那他在地狱里抬起的是什么样的眼睛？没有身体的灵如何可能感到欲火中烧？他既没有肉身的舌头，又怎能渴望让水滴来凉爽他怎样的舌头？滴给他水滴的是怎样的手指，所安息的又是怎样的"怀抱"？这两人的身体都已经埋入土里，他们的灵魂已经脱离身体，也不再是由部分组成，所以，我们如果按字面意思来理解，那么叙述的整个故事都显然与真理不相吻合，我们唯有把每一点都翻译成观念世界里的对应物，才能与真理一致。因而我们必须把深渊看成是使彼此独立的观念不至合到一块的东西，而不是地上的裂缝。这样的深渊，无论有多宽，无形的理智都能毫不费力地穿越而过，因为理智无论在何处，都不会受时间限制。

我问道：那么所描绘的火、深渊和其他东西呢？它们全都不是真实的吗？

她回答道：我想福音书借这些东西是在寓示关于我们的灵魂问题的某些教义。先祖先对财主说："你在生前已经享过福"，又对穷人说，他也尽了义务，忍受了生活中的苦恶；说了这些之后，又论到深渊说，这是他们之间的一道障碍。主在这样的叙述中显然是用这些话语来暗示一个极为重要的真理，在我看来，这个真理就是如下所述。人的生命曾经只有一种特点，也就是说，人的生命只呈现在善的概念中，与恶毫无

---

① 参《路加福音》16：19—31 节关于"财主和拉撒路"的故事。——中译者注

关联。神的第一条诫命就是对这个真理的证明，这诫命就是允许人享有乐园里的一切恩福，但不可吃那善恶之果，就是由对立性质构成的东西，违背这一条就要受到死之刑罚。然而人因受自由冲动的支配，抛弃了不沾染一丝一毫邪恶的命运，投身到善恶混合之中。只是神意并没有因我们的草率而关闭改正之门。诚然，死作为对违法行为的既定惩罚，必然要临到违法者头上，但神把人的生命分成两部分，即此生和"脱离身体"的来生。并且他给第一部分的时间非常有限，极为短暂，而第二部分则极可能延长，直到永远。因神爱世人，所以让人有选择的权利，是向善还是趋恶，是喜欢短暂易逝的此世生活，还是喜欢那些无穷无尽的世代。须知，"善"、"恶"这样的词是含义模糊的，它们可以在两种意义上使用，一种与心灵有关，另一种与感觉有关。有人把美好的感受称为善，有人则相信唯有理智获得的东西才是善的，才配称这个名字。所以，那些从来不曾发挥过其理性能力，从来不曾看见更好道路的人，在这属肉生命中暴饮暴食，一下子就把他们的本性所能拥有的善的赠品都挥霍光了，因而一点也没有为来生保存；而那些根据审慎而周密的计算来使用生命力量的人，虽然在此生遭受感觉上的痛苦之事，但为来生保存了善，所以他们更快乐的命运要延伸到永生。在我看来，这就是"深渊"，不是由地面的开裂而形成的，而是此生中那些导致生命分成对立部分的决定引起的。人若选择此生穷奢极侈，又没有借悔改根治自己的鲁莽，那就是把良善之地放在他自己无法企及的地方，因为他为自己挖掘了无法逾越的鸿沟。我想，正因如此，《圣经》把灵魂的美好状态称为亚伯拉罕（Abraham）的怀抱，让有忍耐力的运动员安息在里面。按经上记载，这位先祖是迄今为止第一位把此生的快乐与将来之盼望交换的人。他一开始就失去了生存的一切条件，住在外邦人中间，因而用此生的苦恼换来了来生的恩福。从比喻意义上说，我们常把海洋的广袤范围称为"胸怀"，在我看来，《圣经》也是这样，用"胸怀"这个词来表示上天那些无可度量的恩福，表示一个福地，凡在此生中行善有德的人，当他们度完此生，在那风平浪静的恩福之港靠岸，就要进入这个地方。同时，否弃这些他们所见证的恩福，就在另一些人心中成为火焰，焚烧灵魂，使其渴望从圣徒浸淫其中的恩福之海里得到一滴来滋润一下舌头，然而不能得到。如果你再想想那些脱离了身体的灵魂之间的对话中所提到的"舌头"、"眼睛"、"手指"，以及其他身体器官的名称，你必会相信，我们关于它们的这种推测是与我们上面关于灵魂的讨论相一致的。请仔细考察这些词的含义。正如各个原子的联合构成整个身体的实体，同样，可以合理地认为，身体各个肢体的实体也是这样构成的。所以，如果当身体的各原子重新与宇宙融合时，灵魂仍与它们同在，那么它必然不仅能认得曾经联合起来构成身体的整体，并与它同在，而且必然不会不知道构成各个肢体的具体质料，甚至记得我们的肢体是借原子中的哪些部分最终形成的。由此，完全可以认为，凡在整体中出现的，也必然在整体的各部分中出现。如果有人思考那些潜在地包含了身体的各个部分的原子，并推测《圣经》里所说的"手指"、"舌头"、"眼睛"等在分解之后只存在于灵魂的世界里，那么他必不会离真理太远。而且，如果每个部分都带着心灵离开故事里的质料性载体，那么可以肯定，我们刚刚谈论的"阴世"就不可能是名副其实的地方；毋宁说，《圣经》所告诉我们的是某个看不见的、非质料的处所，灵魂就住在这样的地方。在这个关于财主和穷人的故事里，我们还学到与我们前一大发现密切相关的另一个教义。故事讲到追求感官快乐的人，当他明白自己就是无可逃遁之命运的例子时，就为他在地上的亲戚发出了警示；亚伯拉罕先是告诉他那些仍在肉身里的人的生活并非没有指引，只要他们愿意，身边就可以找到这样的指引，在律法书里，在先知书里都有，然后又祈求公义之主，请允许某个从死里复活的人将突然而令人信服的信息传给他们。

我问：那么这里的教义究竟是什么呢？

既然拉撒路（Lazarus）的灵魂现在满有恩福，对身后留下的东西不屑一顾，而财主可以说死后还牢牢地黏附在感官生活上，即使已经离开了身体，仍然没有除去感官之欲，思想里全是属血气的念头（因为他恳求让他的亲人免除他的痛苦，由此清楚地表明他自己还没有脱离属肉的情欲），——她继续说道——我想通过这样的故事细节，我们的主是要教导我们，那些还住在肉身里的人必须尽其所能通过行善在一定程度上超越于对身体的依附，免得死后还要再死一次才能清除由于黏附身体而留下的残迹；一旦灵魂所受的捆绑松开了，它就能迅速而一帆风顺地升向至善，没有任何身体上的痛苦来困扰它。倘若有人在思想上变成彻头彻尾属肉的，这样的人，灵魂的全部活动和所有能量都专注于肉身欲望，即使脱离了身体，也不可能脱离这种依附性。正如人长时间逗留在嘈杂的地方，即使后来进入了优美的环境，也无法消除长期沉淀在他心里的不适之感。同样，对钟爱肉身的人来说，即使转入了不可触摸的无形之地，在任何情况下都仍然可能携带某种肉身上的脏物；如此，他们的灵魂就被质料化了，从而他们也必遭受更大的折磨。我认为这种观点与某些人所说的常常可以在死者的坟茔周围看到他们的鬼影的说法也有一定程度的一致性。如果这种说法是对的，那就表明灵魂对身体生命的过分依附是确实存在的，这种过分依附使它在脱离了肉身之后仍然不愿远远地离开，不愿接受它已经完全转化为不可触摸的形式的命运；形架分解了，却仍然逗留在形架附近，虽然只能停在外围，仍然在其质料所在之外戚戚地盘旋，不停地萦绕。

我思考了一会儿，说：我想你所说的话与我们前面考察情欲时得出的结论出现了自相矛盾之处。既然一方面，我们里面的这些活动被认为是源于我们与兽类的同属关系，这些活动我是指我们前面列举的愤怒、畏惧、享乐、等等；另一方面，我们又断定美德在于把这些活动引导向善，而恶就是将它们引导向恶；此外我们还讨论了每一种情欲对德性生活的真实作用，发现首先我们是借渴望脱离地面向神靠近，——那么我就想（我已经说过），那一部分讨论与我们现在正在论证的目标有点背道而驰。

她问道：何以见得？

你看，一旦我们得到了洁净，我们体内各种非理性的本能就平息了，这种欲望力量也必与其他力量一样不复存在；欲望既被除去，那么看起来追求美好道路的渴望也应停止了，灵魂里再没有情绪能激发我们对至善的欲求了。

她回答道：对于这个异议，我们答复如下。灵魂里像神一样的部分具有沉思和批判能力，正是借着这种能力我们才能领会神性。如果——无论是按着此世的预见，还是照着来世的洁净——我们的灵魂脱离了与兽类相关的一切情绪，那就必然没有任何东西可以妨碍它对美的沉思。美本质上具有吸引一切趋向它的东西的能力。如果灵魂洁净了一切邪恶，完全可以确定它必定到了美的世界。神的本质就是美，处于洁净状态的灵魂离神最近，与神相似，所以必然拥有神性。这样的事无论何时出现，都不再需要欲望的冲动引导通向美的道路。任何人要走过生命中黑暗的时期，都必受到对光明之渴望的影响；但只要他进入了光明，那就不需要欲望，只要享受就是了，这样，欲望也就时过境迁了。因而灵魂脱离这样的情欲与我们分有至善毫无损害，它转回到自身，准确地了解自己的真实本性，看见反映在镜子里和它自己的美之形像中的原型之美。此中包含的是与神的真正同化，也就是使我们自己的生命在某种程度上成为至高存在的副本。因为这样的本性，既超越了一切思想，远离我们在自己身上看到的一切现象，其存在方式就完全不同于我们此生的方式。人拥有一种必然要变动的本质，在其意志力指引下走向那特定的方向。但如有人所说的，前面未来之事对他的灵魂的影响不同于后面过去之事的影响。盼望引导向前的运动，当它已经到达了盼望的彼岸，维系这运动的就只能是记忆了。如果盼望引导灵魂走向的是某种至善之物，这种意志的挥发留在记忆中的印记就是欢快的。如果盼望只是用善的某种幻影来引诱灵魂，使其错失了美好的道路，那么维系所发生之事的记忆就是可羞耻的，从而在灵魂里引发了记忆与盼望之间的内战，因为后者扮演了意志的坏领导。留下羞耻印记的心灵其实就处于这样的状态。可以说，灵魂最后受到刺激，对自己不明智的努力感到懊悔，这种懊悔鞭策它，使它感受到痛苦，而这可能引入遗忘来协助它对抗引起它痛苦的事物。就我们人性来说，由于缺乏良善，所以致力于它所缺乏的东西，这种致力于仍然缺乏之物正是欲望的习性，我们的本性无论是错失了真正的善，还是获得了有益之物，都同样表现出这种习性。但是倘若有一种本性超越了我们所能形成的关于善的观念，超越所有其他力量，凡可以视为善的东西，它一样也不缺，那么它本身就是满有各样善的，它在善的世界里不只是分有善，它本身就是至善的本体（无论我们把至善想象成什么）。它既不给机会以希望（因为希望显然是趋向某种缺乏之物的活动，但如使徒所说的："人所拥有的，何必还要盼望？"），也不需要认识事物的记忆活动；须知，既已真实地看见，就无须再被记住。因为这种神性超然于任何具体的善之上，善是善者爱的对象，由此可以推出，当它审视自身时，它希望拥有的就是它所包含的，而它包含的正是它所希望的，不接受任何外在的东西。事实上，在它之外无物存在，唯有恶是例外，因为恶拥有一种根本不存在的存在，这样说听起来甚为奇怪。须知，恶的起源就是对存在的否定，而真的存在构成至善的本体。因而，在存在中找不到的，必存在于非存在中。这样说来，无论何时，只要灵魂脱去了不属于它本性的种种情绪，获得神的形式，并超越欲望，进入所欲望之目标里面，此时它就不再在自身里面为希望或记忆提供任何停靠之处。它拥有了所希望的对象，至于记忆，由于它忙于享受各样美善，从心中挤了出去。因而，灵魂模仿了上界的生命，与神性特有的性质一致；原有的习性全然不复再有，留下的唯有爱，而爱自然地与至美亲和。因为爱就是对所选择对象的内在固有的情感。这样说来，当灵魂成为单纯而单一的形式，成为完全像神一样，发现了那真正值得热爱的绝对单纯、非质料的善，立时就依附于它，通过爱的活动与它合一，照着它在不断地发现和领会的善塑造自己。通过这种与至善的融合，灵魂成为它所分有的本性的所是，此时，由于它所分有的本性不缺乏任何善，所以灵魂也必不缺乏任何东西，所以必从自身里面除去欲望的活动和习性，因为唯有在找不到所想往之物时才会产生欲望。这教义有神的使徒之权威作见证，他宣告我们里面的其他一切活动都要停止，就是求善的活动也要归于无有，唯有看到爱是无边无界的。他说，预言会落空，知识会终止，唯有"爱永不止息"①。虽然他说如今长存的除了爱还有信和望，但他又延长爱的时日从而胜过信和望，这是有充分理由的。因为只有当所盼望之事还没有拥有时才会有盼望；同样，信支持对所盼望之事的确定性，所以他界定说"信就是所望之事的实底"②。但是当所盼望之事真实地到来之后，其他所有力量都归于沉寂，唯有爱仍然活跃如初，没有什么东西能胜过它。因而，爱是最杰出的成就，是一切诫命之首。如果灵魂达到了这个目标，就必不再缺乏任何东西，必充充满满地拥有万物，唯有如此，它才能无论如何都在自身中保有神真正恩福的印记。至高无上者的生命就是爱，因为佳美者在那些认得它的人看来必然是可爱的，而神当然认得它，所以这种认识就成为爱，凡神所认得的，本质上都是美的。傲慢的饱足不可能触及这种真正的美，任何饱足都不可能中断这种永不止息的爱美之能，神的生命必在爱里活动，因而这种生命本身就是美，本质上具有爱美的秉性，并且这种爱的活动不受任何东西的约束。事实上，这美是没有任何界限的，所以爱也不会因美的界限而终止。美唯有遇到对立面才可能终止，但你既有了善，其本性是不可能变为恶的，所以善必勇往直前地进入永恒。而且，每一种存在都有同类相吸的性质，人在一定程度上与神相像，自身里留有原型的相似性，所以灵魂必然被同类的神性所吸

① 参《哥林多前书》13：8—13。
② 《希伯来书》11：1。

引。事实上，凡属于神的，必尽一切可能、一切代价为他保守。如果一方面，灵魂没有多余之物妨碍于它，也没有来自身体方面的烦恼压迫于它，那么它向吸引着它的神前进的道路就是甜美而愉快的。但是另一方面，它也可能已经被习性的钉子钉牢，以致被局限在某种与质料性事物相联系的习惯中——就像困在地震后的废墟中的人，身体挤塞在成堆的垃圾里。我们不妨设想，这些人不仅被压在垃圾下面，而且还被垃圾堆里的铁钉和碎片刺破。所以，当他们的亲人把他们从废墟里拉出来去接受神圣的葬礼的时候，他们的身体被毁损得支离破碎，被极其可怕地毁了容貌，深嵌在体内令他们痛苦不堪的钉子必须拔出来，想想那些人的身体该处于怎样的困境？——我想，当神出于对人的爱，用神力将那属于神的从非理性和质料性的事物中拉出来时，灵魂也处于这样的困境之中。在我看来，神降给罪人那些痛苦的习性，不是出于仇恨或者对邪恶生活的报复，神只是让他所喜欢的进入存在，吸引到自己身边。当他，一切恩福之源，出于高贵的目的把灵魂吸引到自己身边，这对处于痛苦状态中的灵魂必然是一个机会。正如那些从渣滓提炼金子的人不仅把这粗糙的合金放到火里去熔化，还必须把纯金也与这个复合体一块熔化，最后，复合体烧光了，金子留下来；同样，当邪恶在洁净的火里烧尽，掺杂着恶的灵魂也不可避免地在火里焚烧，直到假金子被火烧熔消失。如果把一块黏性比较强的泥巴牢牢糊在一根绳子上，把这端绳子穿过一个小洞，然后在另一端使尽地拉，结果必是这样的：绳子被拉出来了，而原来糊在绳子上的泥土在这拉力下剥落，掉在洞外，也正因为如此，绳子并不是轻而易举就能拉出来，拉者必须施加大力才能克服这种阻力。同样，我想，我们也可以这样设想包裹在属地的质料性情欲之中的灵魂的痛苦挣扎之状，当神拉它（它原本是属于他的）到自己身边，那外加的物质——多少已经长入了它的实体之中——在拉力下不得不从它身上掉落下来，从而使它感到难以忍受的深切痛苦。

我说：这样看来，神作为审判者使罪人受苦，主要并根本上不是为了惩罚，如你的论证所表明的，他这样做只是为了使善与恶分离，把善引入恩福的团契之中。

老师说：这就是我的意思。并且痛苦必然是可以以每个人身上的恶的总量来度量的。因为长期陷在恶中（我们想象有多长就有多长）的人受到禁令之罚情有可原，而偶涉小罪的人在对恶习的审判中受到同等量度的惩罚，这是不合情理的，所以使人痛苦的火必然根据质料的多少燃烧或长或短的时间，也就是说，只要有油料供应，火就一直在烧。就获得了一种沉重质料的人来说，焚烧的火必然烧得非常彻底，而需要燃料供应才能焚烧的火则不会传播太远，惩罚的力度也有所缓和，因为对象本身的罪恶总量有所减少。在任何情况下，恶必须从存在中除去，于是，如我们上文所说的，绝对的非存在必定完全停止存在。既然恶存在于意志之外，这并非其本性使然，我们岂不可以说，当一切意志都信靠于神，恶必归于完全灭亡，因为再没有什么地方能够接受它。

我说：当人在经历痛苦（就算只有一年）中想着这大恶，他能从这无望的盼望中找到什么帮助呢？如果那无法忍受的痛苦要延长一个世纪之久，从而他的洁净也要持续整整一个世纪，那么他还能从后来的指望中得到怎样的安慰呢？

这样，我们就必须计划保持灵魂绝对完好无损，完全不沾染恶；但是由于我们本性中的情欲，这是完全不可能的，那么我们必须计划让我们在美德上的失败只在于轻度的、容易根除的错误。福音书的教义区分了欠一千万银子的、欠五十两银子的、欠五两银子的以及欠一法寻的（这是最小的币值）①，宣称神的公正审判适用于一切人，所欠的钱多的，所付出的代价也要相应增加，同时，连最小的欠债也不会忽视。但福音书又告诉我们，还了钱并不等于偿清了债务，欠债人被交给掌刑的受苦，直到他还清全部债务。这意思就是说受苦是不可避免的补偿，补

---

① 参《马太福音》18∶23，《路加福音》7∶41。寓言里没有提到"一法寻"。

偿就是分担此生所招来的痛苦，因为他不明智地选择了纯粹的快乐，不接受它的对立面。所以，当他身上所有外来植物也就是罪都得以拔除，欠债的耻辱也得以洗尽之后，他就可以自由而无所畏惧地站立起来。须知，自由就是不受制于人、自我规定的状态，神一开始就赐给我们这样的恩赐，只是由于欠债感到羞耻，渐渐黯淡模糊了。自由在任何情形中本质上都是同一的，具有天生的吸引力。这样说来，凡自由的都将与自由之物联合，美德是不受制于人的，也就是自由的，所以，凡自由的必定与美德联合。进一步说，神乃是一切美德的根源。因此，那些脱离了恶的人必然与神联合。这样，如使徒所说，神必"在万物之上，为万物之主"①。在我看来，这话恰恰确证了我们已经得出的观点，因为这话的意思是说神必替代万物，并在万物之中。我们此世活在各种各样的状况之中，我们与之相关的事物数不胜数，比如：时间、空气、位置、饮食、衣服、阳光、灯光，以及其他生活中必不可少的必需品，这些事物虽然多，但没有一个是属神的——我们所盼望的那种有福状态不需要所有这些东西，相反，神必然成为我们的一切，取代我们原有的一切，按存在的需要分配自己，满足每一种不同程度的需要。同样，从《圣经》显然可以看出，对那些配得的人来说，神变成位置、家园、衣服、食物、水、光、财富、领地，以及一切想得出来、叫得出来、使我们的生活快乐的东西。不过，那成为"一切"事物的神也必"在一切"事物"之中"。据此，在我看来，《圣经》教导我们恶已经完全消灭了。

---

① 参《哥林多前书》15：28。早期的希腊教父肯定讨论过这句经文。尤其是奥利金（Origen）把它作为自己建立神学的《圣经》根基之一。格列高利的这段话应当与奥利金以下的这段话加以比较。奥利金在《驳凯尔苏斯》（C. Cels.）第九章 69 节里论到恶及其起源和消失时说："神遏制恶向更大范围的扩散，并以一种引导整体向善的方式把恶彻底灭除。至于是否有理由相信将恶灭除之后它还要卷土重来，那是另外一个问题。这样说来，借着后来的改正，神确实使一些作恶者改邪归正。虽然神在创世时所做的一切工都是美好而强壮的，但对于那些感染了恶的人，以及世界本身（可以说它也受感染了）来说，某种治疗过程还是必需的。神永远是警醒的，时而要以适用于变动不居的世界的方式来作出干涉。""神就像一位农夫，为了有好的收成，在不同时节干不同的农活。"如此等等。

也就是说，如果神在一切存在的事物之中，那么显然，恶就不可能在它们中间。如果有人认为到那时恶还是存在的，那怎可能不影响神必"在万物之中"的信念呢？那例外之物即恶损害了"一切"这个词的无所不包性。那必在万物之中的神绝不可能在那不存在的东西里面。

我问道：那么，对那些在这些灾难中心脏停止了跳动的人，我们该说些什么呢？

老师回答道：我们要这样对他们说："善良的人，你们恼怒、抱怨生活中按既定顺序发生的这些事实是愚蠢的。你们不知道宇宙的每一个单独活动都趋向的那个目标。你们不知道万物都要依照主的巧妙计划，按照一定的规则和顺序与神性相容。事实上，正是为了这个目标才出现理智存在者，也就是说，神丰富的恩福不是没有目的的。创造万物的智慧塑造了这些灵魂，这些有自由意志的器皿，就是为了这个目的，以便有某些容器能够接受神的恩福，并随着恩福的源源注入而不断扩大。这就是分有神的恩福所产生的奇迹①。这使得接受恩福的人成为越来越宏大、越来越宽广的人；接受恩典的容器使接受者获得容量上的真正增长，并且一直扩张，永不停止。恩福的源泉一刻不停地涌上来，而分有者因为发现它所接受的东西全无多余和无用之物，故使它在整个流量中的份额扩展，同时越加渴望吸取更高贵的营养，也越加有能力包容它。两者——一者就是浸淫在如此丰厚的恩福里并如此快快增长的容量，还有一者就是对应着那些不断增长的能力而出现的营养供应——你增我长。因而，这种容量很可能广袤到没有任何界限可以限制，我们当然不

---

① 这里可以看出格列高利与奥利金的一大区别。两人都谈到一种"永恒的安息日"，是我们命运之圈的终结之处。但奥利金在描述了灵魂的全部发展和旅行之后（这是他所喜爱的），最后在一种不可变的静谧和安逸中确立了"理智本性"。而格列高利在灵魂之前设立了一个无止境的走向完全和不断增加快乐的过程。这种区别源于他们各不相同的神观。奥利金认为神若是无限的，他就无法理解神如何能知道自己，或者如何能为我们的思想所把握。而格列高利则相反，相信神就是无限的，超越于一切真实的或想象的界限；这是现代观点，而不是古希腊观点。

可能发展成为像它一样。但我们面前既有这样的前景，你们是否会因我们的本性沿着神所指定的道路向自己的目标前进而感到恼怒呢？须知，灵魂若不摆脱那压迫我们的，我指的是世俗的负荷，我们的旅途就不可能趋向那个目标前行；我们若不通过某种更好的训练洁净自身中的情欲习性——这是我们在走向这种世俗性的生活中染上的——我们人性中相应的部分也不可能在洁净里定居。如果你们中间还有信靠这身体的①，脱离这世俗之物使你们感到痛苦，但愿这些话不会使你们感到绝望。你们必会看到，这躯壳如今在地上分解了，总要从同样的原子里重新编织起来，当然不是成为这种粗糙而沉重的结构，而是编织成某种更加精巧、轻盈的结构，好叫你们不仅靠近你们所爱的，还为你们恢复更迷人更鲜艳的美。"

我说：至此我想必须把复活的教义提到议事日程上来了。这个教义在我看来无疑是真实而可信的，就如《圣经》告诉我们的那样。所以这一点不会在我们之间引起问题。但是既然通过我们所能理解的讨论能够使人软弱的理解力变得比较强大，那么对这一部分题目也最好不要未经哲学思考就弃之一边。所以，我们来看一看，对它应该说些什么。

老师接着说：至于我们思想体系之外的思考者，各有看待事物的不同方式，仁者见仁，智者见智，但都或多或少地触及复活这个教义。虽然他们中没有一个与我们的观点完全一致，但并不是说他们完全摒弃这样一种指望。有些人把人性理解为卑微的，认为灵魂总是交替地转变为人的和非理性之物的灵魂，它进入各种不同的躯体里，随心所欲地从人转入禽、鱼或兽里，然后又回到人中间。有人甚至把这种荒唐观点推至树木和草丛，由此认为植物与人类是一一对应的同类。还有些人认为灵魂只在人中间转移，从一人转到另一人，所以，人的生命始终是靠同样的灵魂维系，这些灵魂在数量上保持不变，先在一代中持久存在，然后

---

① 玛克利娜这里可能暗指格列高利对她的兄弟般的情感。

转到另一代。至于我们自己，我们立足于教会教义，并主张可以合理地认为，仅就这些推测来说就足以表明那些沉溺于其中的人必定在某种程度上与复活的教义相吻合。比如，他们说灵魂脱离身体之后就迁回进入另外的身体，这并非完全与我们所盼望的复活背道而驰。我们的观点认为，身体——现在如此，将来也是如此——是由宇宙的诸原子构成的，这种看法是这些异教徒同样持有的。事实上，离开这些原子的某种组合，你无法设想身体的任何结构。而分歧之处在于，我们主张复活的身体与以前是同一个身体，是由同样的原子构成的，与灵魂紧密结合；而他们则以为灵魂降到另外的身体上，包括理性的、非理性的，甚至无感知觉的。虽然双方都承认灵魂返回的这些身体其实质是由宇宙的诸原子构成的，但他们与我们分道扬镳之处在于，他们认为构成它们的诸原子并非就是此生中与灵魂一同成长的那些身体的构成原子。就让这种外在的证据证明灵魂再次寄居于身体乃并非不可能之事。然而，这之后，我们有义务对他们的观点的不一致作全面考察，由此，通过逻辑顺序推导出一致的观点，就很容易使真相大白于天下。那么，该如何评说这些理论呢？也许那些人会说，灵魂进入本性各不相同的事物，但在我看来这种观点无异于抹杀万物的自然区别，把理性的、非理性的、有感知觉的、无感知觉的，通通混合掺杂在一起。也就是说，如果所有这些本性都可以彼此进入，那就没有什么独特的天性妨碍它们彼此转变。若说同一个灵魂由于某种特定的身体环境，时而是一个理性和智性的灵魂，时而又与爬行动物住在洞穴里，或者与鸟类为伍，或者成为负重的牲畜，或者成为食肉动物，或者在深渊里游泳，甚至降到某种无感知觉的东西中，以至于生根发芽长大成树，枝条上生出花苞，花苞开出花朵，或者长出尖刺，或者结出可吃或有毒的果子——这样说就无异于使万物同一，相信某个单一的本性贯穿于万物之中，相信它们之间有一种关联，把原本可以彼此区别的一切标记全都令人绝望地混同起来。那主张同一样东西可以存在于任何东西之中的哲学家就是主张万物都可以是同一的，所观察到的事物中的差异在他看来绝不能妨碍把完全不兼容的事物混合起来。他必然会说，即使当人看到一种吐毒汁的动物或者食肉动物，不管它表面如何殊异，也要把它看作与自己同属一个支派，甚至同属一个家族。人有了这样的信念，即使看到毒芹，也不会把它看作是与自己的本性相异的，而是在这植物身上看到人性。葡萄本身种植起来是为供养生命之用的，但他必然不会毫不怀疑地视之为当然，因为它也属于植物。我们发现就连我们作为生计之食的玉米棒子也是植物。既然如此，人怎么可以举起镰刀把它们砍下来，怎么能挤压葡萄串，或者把田地里的荆棘拔掉，或者收集花卉，或者搜捕飞鸟，或者放火焚烧墓地的圆木？因为我们无法确定我们伸手摧残的是否是我们的同类，或者是祖先，或者是同胞，也不知道火是否借助于它们中的某个身体点燃起来的，杯里的酒、桌上的食物是否由它们中的哪个身体而来。既然认为就这些事物的任何一个例子来说，人的灵魂变成了一个植物或动物，同时没有任何标记印在它身上以表明那曾是人的现在成了哪一类植物或动物，是源于哪一类开端——这样的一种观点必使持有者以同等的兴趣来对待万物。他必须或者使自己对现实中的人类冷酷无情，或者如果他的本性使他倾向于爱人类，那他必须对任何生命都持同样的情感，无论是看到爬行类生命还是野兽。如果持有这种观点的人进入茂密的树林，他也必然把树木看成是一群人。既然他必须对地上的一切生命都一视同仁地爱，否则就得对人类冷酷无情——因为在他看来人与其他被造物毫无区别——那他的生命该是怎样的一种生命？从以上的分析来看，我们必须拒斥这种理论。此外还有许多其他因素也是从一致性方面考虑使我们抛弃这种理论。我曾听到持有这些观点的人说，整个灵魂王国都隐蔽在某处它们自己的世界里，其生活与身体里的灵魂类似，但它们的本质是非常精致而轻盈的，这就使它们随着宇宙的旋转而旋转；这些灵魂因某种落向恶的重力，一个个折了翅膀，依附到身体里面；最初这情形出现在人身上，后来，由于它们的情欲与兽类相近，就从人下降到兽类的层次；并且从兽类再跌落到这种无感知觉的生命中。这样说来，灵魂最初的本质是精致而轻盈的，因为某种恶变得沉重，有下坠趋势，移居到人身体里，继而它的理性力量泯灭，于是就住到兽类中间；后来就是这种感知觉恩赐也没有了，于是就转入到无感知觉的植物生命中。但此后又一步一步地往上升，一直到恢复天上的位置。这种理论一眼就可以看出其内在矛盾，就是通过仔细考察也同样如此。首先，既然灵魂因为恶从天上的生命堕落到树木的状态，然后因为所表现出的美德又从这里返回到天上，那么他们的理论必无法断定天上的生命和树的生命究竟哪一个更好。事实上，同样顺序的圈必永远轮转下去，因而灵魂无论处在哪一个位置，都不可能有安息之处。如果它从无形状态掉入有形状态，并因而再坠入无感知觉状态，然后又返回到无形状态，那么这样教导的那些人的心里必然把善恶混淆一团，无法分辨。天上的生命必不再保守自己的恩福（因为恶能到达天上的居民），树的生命也并非全无美德（他们说，因为灵魂从这里开始重新回到善，而从天上又开始落向恶）。其次，既然在天上旋转的灵魂在那里与恶纠缠在一起，最后坠落到纯粹的质料里，然后它又从质料里被抬升起来重新进入它在天上的居所，那么可以说，那些哲学家提出了与他们自己的观点完全相反的结论，也就是说，如果灵魂正是在这里借美德长出翅膀，然后向上飞升，在那儿那些翅膀因恶而丧失理性，从而坠落依靠于这个低级的世界，与粗糙的质料合为一家，那么他们必然得出这样的结论：质料里的生命就是恶的洁净，而与星辰一同不偏不倚的旋转则是每一个灵魂产生恶的根基和原因。然而，他们的荒谬并不只限于此，即并非只有这种立不住脚的观点所包含的论断完全自相矛盾。除此之外，他们的基本观念本身也是立不住脚的。比如，他们说，属天的本性是不可变的，既如此，不可变的东西怎么可能有什么软弱性？还有，如果低级事物是软弱有缺点的，那么在这种软弱中如何能获得自由呢？他们试图把两件不可能合起来的东西联合起来，他们看到了软弱中的力量，情欲中的无情。但即使是这个观点，他们也不是完全相信，因为他们使灵魂从质料性生活回到原处，当初他们就是把它从那里流放出去的（因为那里的恶），似乎那里的生活非常安全而纯洁，这显然完全忘掉了事实上灵魂就是因那里的"恶"而变得沉重，下坠到这个低级世界来的。指责地上此世的生活，赞美天上的事物，在他们看来就颠倒反转了，因为曾被指责的在他们看来是指向更光明的生活的，而那曾被认为是佳美状态的则包含灵魂向恶的动机。因而，务必把关于这些问题的所有这些错谬而摇摆不定的假设从信仰的教义中排除出去！我们也千万不可附和那些人所认为的灵魂从女人的身体转到男人身上，或者反过来，灵魂离开男人的身体之后转到了女人身上，这绝不是什么真理。就算他们只说灵魂从男人转到男人，或者从女人转到女人，也是如此。至于前一理论，不仅要视之为摇摆不定的妄论、完全自相矛盾的观点予以拒斥，而且也因为它是一种亵渎神圣的理论，因为它事实上主张万事万物没有一样不是从邪恶这个源泉中获得其独特本性而生成的。果真如此，若不是某个灵魂从天上坠落下来，那无论是人，还是植物或牲畜都不可能生成，并且如果这种坠落是由于某种向恶的倾向，那么他们显然认为恶支配着万物的受造。这样，人因两性结合而来的出生和灵魂的坠落这两件事也以同样神秘的方式同时发生（后者必与两性结合而导致的生育过程是同时性的）。更为荒谬的是，如果——事实也如此——大部分动物都在春季交配，那么我们是否得说，春季使得恶在天上旋转的世界里产生，这样，那里的一些灵魂在同一时刻沾染了恶，并坠落，从而这里的一些兽类就受了孕？关于农夫在土里栽种葡萄枝我们该说什么？他的手怎么能够把人的灵魂连同植物一起覆盖呢？翅膀的脱落怎么与他的栽种同时进行呢？我们可以看到，同样的荒谬性也存在于另一种理论中。我是说，认为灵魂必焦急地等着配偶们交配，必留心观察生育的时间，以便自己能够潜入那生出来的身体里面这种理论。假设男人拒不交配，或者女人持守贞洁，不做母亲，那么恶岂不无法降到那个灵魂里？结果，究竟是婚姻奏响了灵魂中恶的第一个音符，抑或是这种倒行逆施状态渗透灵魂，与婚姻完全无关？但就后一种情形来说，灵魂必像一个无家可归的流浪儿一样四处游荡，虽然已经离开了它天上的境界，但还没有——如某些时候可能出现的——身体来接受它。他们既持有那样的观点，把人的生命的起源归结为灵魂偶然的、毫无意义的下降，那么他们怎么能想象神监管着世界？因为一切结果必须与开端相一致，所以，如果生命始于一个偶然的事件，那么它的整个过程马上就变成由各种偶然事件组成的篇章；这些人既否认世界中的个体是出于神圣旨意的命令，而认为存在物的几种起源都是因为遇到了所产生的恶，似乎没有一种恶敲响其主导性的音符，就不可能存在像人这样的生命，那么他们还企图断定整个世界依赖于神的权能就是荒谬的。既然开端是那样的，就必然有与之相应的结果设立在运动之中。没有人敢说美丽的东西是从丑陋中产生的，就像善不可能从恶中产生一样。我们指望种下什么种子就得什么果子。因而，这种盲目的偶然性运动必然统治整个生命界，于是，渗透于世界的就不再是神意了。

不仅如此，就是我们根据计算而作的预言也必全然无用；美德将失去价值；脱离罪恶也不再是值得为之的事。万事万物都将完全受制于偶然性这个驾驭者，我们的生命与缺乏稳定性的器皿没有丝毫分别，并随着莫名其妙的环境随波逐流，时而滑到这种或善或恶的事件，时而又滑到那种偶然事件。美德之珍宝永远不可能在那些把自己的本性归于完全背离美德的原因的人身上看到。如果神真的监管着我们的生活，那么就得承认，恶不可能开启生命之源。如果我们确实把我们的出生归于恶，那么我们必须一直完全按照恶来生活。照此说来，谈论在此生终结时等候着我们的"归正之家"（houses of correction），"公正的补偿"以及那里所主张的一切其他东西，并且相信它们能胜过邪恶，都是愚不可及的。因为人既然事实上把自己的出生归功于恶，他怎么还能在恶的范围之外呢？既然如他们所断言的，他的本性就是从某种恶里产生的，那他怎可能拥有倾向美德生活的动机？拿任何一种动物来看，它并不尝试像人一样说话，但在使用天生的表达方式——这是它与母亲的奶汁一同吸入的——时，它认为没有说话能力根本不是什么损失。同样，那些相信恶是其生存之源之因的人必定永远不会主动追求美德，因为美德是与他们的本性完全相异的事物。而事实上，那些经过反思洁净了自己的灵魂观的人却尽其所能渴望并追求有美德的生活。因而，这一事实清楚地表明，恶在时间上并不先于生活的行为，从而我们的本性并不是起源于恶，那支配一切的神之智慧才是它的真正原因。简言之，灵魂是以造物主所喜乐的方式登上生命舞台的，后来（但不是以前）由于它的意志能力，得以自由地选择合它心意的事物，所以，它愿意成为什么，就成为了什么。我们可以通过眼睛的例子来明白这个道理。眼睛的自然状态是看；如果不看，那可能是因为故意不看，也可能是因为有病不能看。这种非本然状态随后可能就取代了本然状态，或者由于故意闭上眼睛，或者由于疾病失去了视力。同样的道理我们可以说，灵魂从神获得本性，因为我们不可能想象神里面有什么恶，所以灵魂也必然不可能是恶的；尽管如此，尽管这是它生成时的状况，但它可能痴迷于自由意志的选择，或者故意闭上仰视神的眼睛，或者任由它们被那我们带回家与我们同住的阴险的敌人伤害，从而使整个生命陷入错谬的黑暗之中。或者反过来，保护其对真理的视力不至黯淡，远离一切可能使它变黑的软弱。不过，有人会问："它是何时以及怎样生成的？"关于这个问题，关于某种事物如何生成的问题，我们必须把它完全排除出我们讨论之外。就算是我们完全能够理解的事物，能够感知的事物，沉思的理性也不可能明白现象是"如何"产生的，甚至受圣灵启示的圣人也认为这样的问题是难以回答的。比如，使徒就说："我们因着信，就知道诸世界是藉着神的话造成的，这样，所看见的，并不是从显然之物造出来的。"① 在我看来，倘若他认为这问题是理性能力经过努力可以解决的，

---

① 《希伯来书》11：3。

就不会说这样的话了。使徒一方面断言他因着信知道世界本身以及世界里面的一切存在都是藉着神的旨意造的（不论这"世界"是什么，必然包括全部可见的和不可见的受造物），另一方面他把对这种造成是"如何"的问题排除在考察之外。我也不认为哪个追问者能够解决这个问题。光从表面看，它就存在许多不可解决的难点。比如，一个运动的世界如何出于静止不动的存在？单一不可度量的东西怎么生出有尺度有部分的事物？它真的是源于至高无上的存在吗？事实上，这个世界看上去整个儿与那存在大为不同，这一点对这种假设产生了不利影响。那么它是源于别的事物吗？然而在信心看来，不可能有什么东西完全在神性之外。倘若我们假设在造物主之外还有另外的东西存在，大能的工匠必须促使它对宇宙的形成过程发挥作用，那么我们就得相信有两种彼此分立的不同原则。既然万物的原因是一，并且只是一，而那原因所产生的存在物都不具有与它一样的超然本性，那么我们的两个假设，即受造物直接源于神，以及宇宙把自己的存在归于神之外的某种原因，就显得同样令人不可思议。倘若造物出于同样的本性，比如神，我们就必须认为他也把自己的属性赋予他的受造物；否则，就有一个质料世界在神的辖制范围之外，并因其不包含万物的开端而与那自有永有者同样永恒，但这样的世界必与神相对抗。事实上，这就是梅尼斯（Manes）的跟从者以及一些希腊哲学家（与梅尼斯一样持有放肆的观点）所设想的；并且他们还把这种想象提升为一种理论体系。所以，为了避免陷入这些在探求事物的起源问题时所产生的谬论，我们务必要学习使徒的榜样，把各种受造物是"如何"产生的问题放在一边，丝毫不要涉及，只要不时地观察神的旨意如何随心所欲地变成一个事实，神的意图顷刻之间就在自然中成为现实。因为全能者绝不会使他凭预见之能设定的计划仅仅处于虚空的愿望状态，愿望的实现就是实体。简言之，整个存在界分成两大类，一类是属理智的，一类是属形体的。理智受造物一开始似乎与属灵存在没有任何不同，相反，与神紧紧相连，没有可感知的形式，也没有可度量的尺寸，而这正是属于超然的神性之本质。另一方面，有形的受造物当然具有与神毫无共性的诸多特性。这确实给理性提出了最大的难题，即理性不明白有形的东西是"如何"从无形的东西中产生的，有硬度的固体是"如何"出于不可感知的事物，有限者"如何"源于无限者，那具有一定范围、包含数量概念的东西"如何"可能出于那没有大小、毫无范围的东西，如此等等。就是这一点我们也只能说这么多：即我们所认为的身体特有的东西没有一样本身就是形体的，形状、颜色、重量、广延、数量，以及其他性质，都不是形体，每一个都是一种范畴，但把所有这些合起来就形成了一个完整的身体。这样说来，既然这些构成具体身体的性质唯有思想才能把握，感觉无法感知，而神就是一种思想的存在，对这样一种思考的主体来说，产生这些可思考性质（并使它们彼此结合，从而为我们形成身体这实体）又有何难？然而，这样的讨论不属于我们目前的任务范围。前面提出的问题是：如果灵魂存在于身体之外，那么它们"何时"并"如何"进入存在？并且这个问题中的"如何"部分已经被排除出我们的考察范围，并因其包含无法解决的难题而不再去涉及。这样剩下来的就是灵魂"何时"开始存在的问题了。我们接着上面的讨论来阐述。如果我们承认灵魂在进入身体之前住在某个它独有的休闲之所，那我们就不可避免地看到近来虚妄教义所谈论的万物中的某种力量，他们用这种力量来解释灵魂住在身体里是由于某种邪恶。另一方面，凡能思考的人，没有一个会设想灵魂是后来产生的，即在身体形成之后产生的。每个人都能切实地看见没有生命没有灵魂的事物是不拥有任何运动或者生长的力量的，而从胎腹里孕育出来的则毫无疑问既能生长也能来回活动。由此我们必须认为，身体和灵魂只有一个存在的开端。我们还认定，正如农夫把树苗种在土地里，然后就长成了一棵大树，这并不是土地分给它生长力，因为泥土包围它，只借给它生长的动力；同样，人为生育而分泌出来的种子在某种程度上其本身就是一个有生命的东西，既赋有灵魂，也能汲取营养，就像把它分泌出来的人一样。倘若这种子里不可能一开始就包含灵魂的全部活动和运动，我们不必奇怪，麦子的种子里也不是一下子就能看出麦穗的。真的，如此小的空间怎么能塞进如此大的东西呢？但是泥土始终用自己适宜的营养哺育它，终于使麦粒变成了麦穗，但丝毫没有改变它的本性，只是使它发育，在营养的滋润下渐趋完全。正如那些生长的种子发育完全是个渐进的过程，同样，人的灵魂的力量也表明它们是在人的形成过程中随着身体的成长而成长的。它们首先以营养力和生长力的形式出现在胚胎里；之后，它们又把感觉引入已经形成的器官；当这一步完成之后，它们再显现为一定程度的理性能力，就像有点成熟的植物的果子，不是一下子就长成了，而是随着植物的生长不断发展。因为那从一个生命体分泌出来成为另一生命体的根基的东西本身不可能是死的（死是因为没有生命，而没有不可能先于有），我们从这些因素领会到，在两者（灵魂和身体）联合起来的复合体中，存在着两者同时生成的过程，并没有谁在先、谁在后之分。至于灵魂的数量，我们的理性必然认为总有一天它是要停止增长的。所以，大自然的泉流不会永远流淌，不断向前，永不停止。我们认为，我们人类之所以要在某一天终结，其理由如下：因为每一种理智实体都固守其自身的丰满，所以可以合理地推断，人类①也必到达一个目标（在这一点上人类并没有与理智世界分离②）；由此，我们应当相信，人性必不会始终像现在一样只显现出缺点来——因为一代一代不断增添就表明我们人性里缺乏某种东西。

---

① 这似乎像是中世纪实在论的一个序言。

② 在格列高利看来，每个灵魂都是神的一个"思想"，这"思想"因灵魂的生成而显现出来。将来必有一个时候，所有这些"思想"（已经满了数目，并且没有彼此伤害）使神所沉思的人性变得完全。这种观点与奥利金大相径庭，但更微妙，也更具有《圣经》味道。

无论何时，一旦人性获得了它应有的完满，这种生产运动就完全停止，它就到达了命定的目的地，一种完全不同于现在的生死过程的新秩序将出现在人类生命中。既然不再有生，当然也就不会有什么东西死。构成必然先于分解（我所说的构成，意思是指通过生育进入这个世界），因而，如果起先就没有这种综合，随后也当然不会有分散。这样说来，如果我们必须推测将来的可能性，那么此生之后的生命已经预先向我们显明，它是某种固定而不朽的东西，没有生，也没有腐败来改变它。

老师结束了阐述。在许多围着她坐的人看来，整个讨论到此似乎已经得出了适当的结论。然而，我因为担心老师的病情急转直下（事实确实如此），我们中间没有人能回答不相信复活的人所提出的反对意见①，所以仍然坚持追问。

讨论还没有触及与我们信仰有关的所有问题中的最关键问题。我是说，受圣灵启示而写的作品中，包括旧约和新约，不仅非常着重指明，当我们人类在世代的流逝中完成了有序的存在之链，现在这种一代一代繁衍生息的过程将完全终止，而且还强调，当完全了的宇宙不再进一步扩张，满了总数的灵魂将从它们无形的、四散的状态回到可感可见的状态，同样的微粒原子（属于每个灵魂）按以前同样的顺序重新聚合在一起。这些包含神的教训的作品把这种人的生命的重新建构称为复活，原子的整个运动被称为那实际上匍匐在地上之物的上升②。

她说：在上面的讨论中这些问题还有哪一个没有论及呢？

我回答：就是复活的真正教义。

---

① 这里的情形正如柏拉图《斐多篇》里的场景，除了刻贝（Kebes）和西米亚斯（Simmias），其他人都对苏格拉底（Socrates）的讨论心满意足。这两人抓住最后宝贵的时间，提出了一个唯有他们伟大的老师才能驳倒的反对观点。

② 这里当然暗示人从"属地的"上升到"属天的"，甚至也可能指身体从坟墓里复活，但最主要的意思是指匍匐在地的人（如恳求者）从地上立起来。

她说：我们在冗长而详尽的讨论中很大部分就是论到这个问题的。

我仍然说：那么你是否并没有注意到所有的异议？我们的对手关于你所说的盼望提出了一大堆反对意见。

然后我立即试着把他们中那些好吹毛求疵的人偶然想到、意在扰乱复活教义的种种诡计都复述一遍。

她回答：然而我想，首先我们必须简明扼要地把《圣经》里关于这一教义在各处的论述梳理一下，使他们对我们的论述有个最后的了解。听呐，我可以听到大卫在神圣的《诗篇》里的赞美之声，他在一百零三篇里把神对世界的治理作为主题，并于《诗篇》末尾说："你收回它们的气，它们就死亡，归于尘土。你发出你的灵，它们便受造。你使地面更换为新。"① 他说运行在万物之中的圣灵的一种权能使它所进入的存在者赋有生命，使那些神所弃绝的存在者丧失生命。这样说来，死就在圣灵离去之时产生，死者的复活则在圣灵的出现之时发生；而且，根据话里所说的顺序，先有死，然后才有复活。由此我们认为，这些话已经向教会宣告了复活的奥秘，大卫借先知之灵表达了你正在寻求的这种恩赐。你必会看到这位先知还在另一处说："世界之神，万物之主已经亲自向我们表明，好叫我们守装饰者中间的节日。"② 他提到的圈环装饰，是指帐棚节（Tabernacle‐fixing），根据摩西的训谕，这个节日自古有之。按我的理解，那立法者接纳了一位先知的灵，因而对还未到来之事作出了预言；因为那时装饰始终处在进行之中，远远没有结束。诚然，那些已经存在的节日之预表预示了真理，但真正的帐棚节还没有到来。根据这样的解释，"整个世界的神和主"——如先知所宣称的——"已经亲自向我们表明，我们的住所已经毁塌，但这帐棚可以为人类保留"。也就是说，由于我们分散的各原子又重新聚合，质料性

---

① 《诗篇》104：29—30。

② 按惯例，格列高利引自七十子《圣经》译本，《诗篇》158：27。

装饰可以再次开始。Pukasmos① 这个词的专门含义就是指圆形的殿及其已经完成的装饰。《诗篇》的这段话是这样说的："神和主已经亲自向我们表明，要守装饰者中间的节日，甚至包括祭坛上的角。"在我看来，这就是以隐喻的形式宣告这样的事实：整个理性受造物都必然守同一个节日，在那圣徒的聚会上，位低者应当与位高者一起加入到舞蹈中去。就那作为预表的圣殿的结构来说，并非所有在它的环形之外的都可以进入到里面来，凡属外邦的、异端的都禁止进入；再者，那些已经进入的人，并非都同等地有权利进到核心区域，唯有那些已经借比较圣洁的生活行为洁净了自己的人才有这样的特权，洒上圣水，进入中心；再者，这些人也并非全都可以涉足圣殿的里层，唯有祭司才有权利进到内幕里，并且只是为了事奉圣礼。就是对祭司来说，圣殿里笼罩在黑暗中的圣处，就是筑有美丽的圣坛及其突出的棱角之处，也是禁地，他们中唯有一人例外，就是掌管祭司中最高职位的那位，每年一次，他都要在规定的日子独自一人进到那里，献一次比通常更神圣也更奥秘的祭。你所了解的这殿里就有这些区别，它显然是对灵性世界的仿效和展示，这些物质性守则所教训的就是，并非所有理性受造物都能靠近神的殿，或者换言之，那些被错误信念引导误入歧途的人在神的范围之外；那些因敬拜而被选中得以进入里面的人中间，有些因洒了水得了洁净而拥有更多的特权；而在这些人中间，那些已经就了圣职的祭司拥有进一步的特权，甚至可以触及最里面的奥秘。那人可能更清楚地阐明比喻的含义，我们可以认为这神道是教训我们，在理性所赋有的各种能力中间，有些就像最里面的圣所里的圣坛一样；在这些能力中间，有些非常杰出像凸出来的角，其他的就围绕它们按照规定的顺序先后排列。相反，人类由于内在的邪恶被排除在神圣区域之外，但用净水洁净了恶的，可以重新进入里面。因为我们的罪用来围住我们使我们与帐子里面的事隔绝的所

---

① 原文为希腊语，中译者将它转成拉丁语。——中译者注

有障碍最后都必然要被撤去，一旦时候到来，我们本性的帐子，可以说，必在复活里重新修复，罪的一切根深蒂固的败坏都从世上消失，那些在复活里装饰了自己的人围绕着神举行普遍的庆祝；同一个宴席将传到每个人面前，凡是理性受造物，无论差异多大，都能均等地分享，因为那些如今因其罪被排除在外面的人最终必将被接纳进入满有神的恩福的神圣之地，必将自己与那里圣坛上的角结合，也就是与超然权能中最卓越者结合。使徒对这一点说得更加明白，指出整个宇宙最终都与至善一致："叫一切在天上的、地上的和地底下的，因耶稣的名无不屈膝，无不口称耶稣基督为主，使荣耀归于父神。"① 这里没说"角"，说的是天使和"天上的"，另两个术语分别表示我们人，以及我们认为在我们之下的受造物。我们众人都将沉醉于由众多声音汇合而成的一个节日，那就是认信真正所是的存在（the Being Who truly Is）。有人可能会（她接着说）从《圣经》里挑出许多别的段落来确立复活的教义。比如，以西结（Ezekiel）因有说预言的灵，跨过长长的时间隧道，借其预见能力站立在复活的真实时刻，并且他好像真的凝视着还没有到来的事，用描述把它呈现在我们面前。他看到一个伟大的平原②，无边无际地展现在他面前，平原上随意地散落着成堆成堆的骸骨，有的这样，有的那样；然后神一声令下，这些骸骨开始移动，与原是一体的其他骸骨相互联络，依附于熟悉的窝槽；然后自动有了筋，长了肉，又有皮遮蔽其上（就是《诗篇》里所说的"装饰"的过程）；事实上，神的气息正在赋予生命，使躺在地上的骸骨有了活动能力，并且站立起来。不过，关于我们的使徒对复活之奇迹的描述，既然可以很容易在经上找到念到，我们为何还要复述呢？比如，一切死者和匍匐在地的事物如何"因叫喊声"和"号筒声"（按神的话来说）而"在眨眼之间"成为不朽坏

---

① 《腓立比书》2：10—11。
② 《以西结书》37：1—10。

的①。福音书里的话我也略过不说了，因为它们的意思每个人都非常清楚。我们的主不是只用言语来宣称死人的身体要复活，而且还在行动上表明复活，那就从我们所能理解、不大会产生疑惑的事作为这项神奇之工之论述的开始。首先，主以患了重病的人的例子表明他赋予生命的大能，只用一句话就把那些病魔驱逐出去；然后他使一个刚死的小女孩复活；再后使一位已经举行了葬礼的少年人在棺材里坐起来，并把他送回到他母亲身边；那之后，他把死了四天、已经腐烂了的拉撒路从坟墓里叫起来，一声命令就使溃烂的尸体鲜活起来；三天之后，他使自己的人体从死里复活，这身体生前曾被钉子和长矛刺穿，复活之后身上还留着那些伤痕，作为见证。不过，我想，没有必要详尽地叙述这些事，因为已经接受经上关于这些事的记载的人心里自然不会对它们有任何疑惑。

我说：不过，那并非问题的关键。你的大部分听众都会同意，复活在某一天确实会到来，人必被带到不朽坏的审判面前②；这是由于《圣经》里有证明，也为我们前面对这个问题的考察所表明。但是，问题仍然存在：我们当指望的状态是否与身体现在的状态一样？如果是，那么如我所说的，人最好不要对复活有任何盼望。因为如果我们的身体复活之后与它们停止呼吸时的状态没有分别，那么人在复活里所能指望的只能是无穷无尽的灾难。试想想看，人到暮年的时候，身体开始干瘪枯萎，变得丑陋而令人厌恶，血气在绵长的岁月中消耗殆尽，皮肤一点点干枯，直到全是皱巴巴的没有一点光滑之处，肌肉不再饱含天然的水分，倒是常常一阵阵痉挛，整个身体最后都萎缩了，双手根本无力从事其分内的工作，不由自主地颤抖摇晃，请问，还有比这样的情景更可怜的吗？长久腐烂之后的尸体又是怎样的一幅悲惨景象！它们与白骨的区别仅仅在于表面上遮盖着一层破烂不堪的皮。而那些淹死的尸体又发胀

---

① 参《哥林多前书》15：52。

② 最后的审判在复活之后，也在上面详述的洁净之后；洁净在格列高利看来是本性的必然过程，但每个生命的道德价值并非要等到审判时才显明出来。

到何等丑陋的地步！至于麻风病人不堪入目的尸体能用什么语言来描述
呢？他们的肢体和感觉器官渐渐腐烂，体无完肤。那些在地震、战争或
者其他灾难中伤残的人，在这样的困境中一直挣扎着生存直到死，这何
尝不是难以言喻的悲惨呢？那些在婴儿时期受了伤害，带着残疾的肢体
长大的人岂不更是如此！我们能对他们说些什么呢？那些或者被弃于荒
野饿死或闷死或自然夭折的新生婴儿，如果他们复活的身体与原先的一
样，那我们该怎么想呢？他们是否还处于那样的婴儿时期的状态？果真
如此，还有什么比这更悲惨的呢？或者他们将迎来自己的豆蔻年华？那
么大自然得到了什么样的乳汁来再次喂哺他们？由此可以这样说：倘若
我们的身体复活时每一方面都与以前的一样，那么我们指望这样的复活
完全是一种灾难；倘若不是一样的，那么复活的必定是与死去的不同的
人。比如，埋藏的是个小孩，复活的是个成人，或者相反，如果是这
样，也就是说，两者既然年龄相差如此悬殊，他就是被另一人取代了，
那么我们怎能说从死里复活的是他自己呢？死去的是孩子，但复活的是
成人。事实上就是一人完全变成了另一人。残疾的人变成了健全的人，
患肺痨的人变成了血气方刚的人，如此等等，不一一列举，免得有冗长
之嫌。如此说来，倘若身体不是按照它原初与土结合时的属性复活，那
只能说那死尸没有复活；相反，土将形成另外的人。这样，死后复活的
不是我自己，而是另外的人，那么复活对我有什么影响呢？我看到的不
是曾经的自己，而是另外的人，我怎么可能认出自己呢？那人若不是各
个方面都与我一样，就不可能是真正的我自己。比如，我在此生留下关
于某人的记忆，假设此人是个秃顶，嘴唇凸出，鼻子扁平，肤色浅淡，
灰色眼睛，花白头发，皮肤起皱。当我寻找记忆中的这样一个人时，见
到的却是满头靓发、鹰钩鼻、黑皮肤、所有方面都与原型大相径庭的年
轻人，那么我怎么可能看到后者就想到前者呢？不过何必过多地停留在
这些不具多大力量的反对意见上，而忽视那最强有力的观点呢？谁不曾
听说过人生就如一条小河，从生到死都按照一定的速度流动，一旦人生

不在，小河也就停止了前进的步伐？这种运动其实不是空间里的一种变化；我们的体积从没有自我伸展，这种前进是通过内在变化产生的；只要这种变化名副其实，它就永远不会停留在同一阶段；须知，处在变化中的东西如何能保持同一性呢？恶人身上的火，就其表面来说，看起来始终是一样的，运动的连续性使它看上去是一个没有间断、自我中心的整体；事实上，它始终在变化，绝没有保持同一。心脏排出来的水分被燃尽，成了轻烟，这种变化力影响火焰的运动，使受动物质变成轻烟。所以，正如人不可能在同一个地方两次触摸到同样的火焰①（因为变化的速度太快，无论人怎样迅速地碰触，它总是等不及第二次相遇就发生了变化；所以火焰总是新的，总是在产生和消失，永远不会停留在同一个地方），同样的情形也符合我们人体的本质。在交替前进中始终有流进流出的运动存在，直到它再没有活力为止，只要它是活的，就永不静止，或者充实，或者排泄，或者两者兼而有之。这样说来，倘若一个人今天与昨天不一样，在这种变化中时刻都有分别，而复活要使我们的身体重新获得生命，那么一个人将变成一群人，这样，随着他的复活，就会出现婴儿、幼儿、儿童、少年、成人、父亲、老人，他曾经经历的每一个阶段的角色。还有②，贞洁和荒淫的事都发生在肉体身上；那些为自己的虔敬忍受极大痛苦煎熬的人，以及反其道行之不这样做的人，同样在属肉的情欲中显示出自己的性格，那么最后审判时怎能显示出审判的公正性来？③ 或者再举一个例子，同一个人先是犯了罪，后来又借悔改洁净了自己，再后来，他还可能再次陷入罪中。在这样的情形中，既有污点又洁净了污点的

---

① 这里格列高利借用了赫拉克利特（Heraclitus）关于河流的比喻："人不能两次踏进同一条河流"，并对此有意作了改进。

② 这里开始讲一种新的反对意见。

③ 审判继复活之后，并与之相联。这里的论证是：在今生时，不同的人的肉体有不同的行为，既如此，为何所有的人都可以复活，对不同的身体一视同仁？既然众人都以同样的方式复活，那么在审判之前就已经做了不公正之事。

身体经历一种变化，因为他的本性变化了，两者都不会始终同一。那么哪个身体是要受罚的放荡者呢？是随年龄而僵化，接近死神的那个？但这个与犯了罪的那个不是同一个。那么是放任情欲而玷污自身的那个？但若如此，老人在哪里？事实上，（受了玷污的）这一个不会复活，这就意味着复活必不会贯彻到底；否则，这一个必免了刑罚，也得复活。让我再从不相信这一教义的人所提出的异议中引用些别的说法。他们强调，自然创造身体的每一部分都是有其功能的。比如，有些部分是我们存活的主要器官，没有它们，我们的肉体生命就不可能进行；这些器官有心、肝、脑、肺、胃，以及其他重要器官；有些是从事感觉活动的；有些是做工和行走的；有些是传宗接代的。如果将来的生命与此生完全一样，那我们身上的所谓变化就会减少到无；但如果报告属实（事实确实如此），也就是婚姻并不构成来生的人体结构中的任何部分，吃喝也不再持续到那个时候，那么我们身体的各个部分还有什么用处？因为我们不再能指望那时的存在中还有现在所有的肢体的各项活动。如果为了婚姻，现在有某些器官适用于交配，那么无论何时只要不再有结婚之事，我们也就不再需要那些器官了。关于做工的双手，行走的双脚，进食的嘴巴，咀嚼的牙齿，消化的胃器官，排泄多余之物的排泄器官，也都同样可以这么说。既然所有那些功能都不复再有，那么它们的器具还有什么理由存在呢？所以，既然凡对另一生命不再有什么用处的事物不再围绕身体存在，现在构成身体的各个部分就必然不可能存在。这样说来，那生命必将凭借另外的器具生存。这样的状态，即由于具体器官对生命无用因而不再存在于身体之上，谁也不能称之为复活。另外，如果复活表现在这些器官里，那么复活之主必在我们身上造了与那种生命毫无用处也无益处的东西。然而，我们相信，不仅复活是存在的，而且复活必然不是荒谬的。因而，我们必须仔细聆听关于这一点的阐释，以便使这个真理的每一部分都能固若金汤。

听我说完这些话，老师回答说：对与复活有关的教义，你以某种态度，用所谓的修辞方法进行了抨击；你用似是而非的论证一次又一次地颠覆这个真理，以至于那些不曾非常认真地思考过这个充满奥秘的真理的人，很可能因为那些论证的可能性而影响对这个问题的看法，很可能会认为针对我们所论述的教义提出的困难与问题并非完全无关。然而——她接着说——这些论证毫无真理性可言，即便我们可能会觉得要以同样富有修辞的语言响应它们也是不可能的。关于所有这些问题的真正解释还藏在智慧的隐秘宝库里，要等到我们从复活的真实事实中认识复活的奥秘之时才能显明出来。到那时，就再也不需要语言来解释我们现在所盼望的事了。正如关于阳光这类事物很可能会使人们彻夜争论许多问题，但是一旦太阳出来，带着其全部华美把光芒洒向大地，一切语言的描绘都会显得多此一举；同样，一旦我们所盼望的对象降临到我们身上，关于将来状态的种种推测估算就都归于虚无。只是因为我们的职责要求不可对反对我们的观点不作任何检查，所以我们将继续解释真理的这些面向。首先，我们要对这个教义的范围有个清晰的概念，换言之，在《圣经》看来，传播它并使人相信它的目的究竟是什么。为了对如此宏大的真理有个粗略的概括，用一个定义来界定它的含义，我们就说复活是"使我们的本性按它原初的形式重新构造"①。在那个生命形式里——神亲自造了它——可以合理地相信既没有年龄差异，也没有婴儿时期，更没有我们现在这样因种种软弱而产生的种种痛苦，身体上的任何苦处都不会有。我得说，我们可以合理地相信，这些东西没有一个是神所造的，而人在他的本性还未成为容易受到邪恶进攻的对象之前曾是神圣之物，只是随着恶的侵入，这些患难才一一临到他的头上。所以，远离邪恶的生命完全不必经历源于邪恶的事情。所谓近墨者黑，近

---

① 这个定义的原话出自柏拉图，但格列高利一直用来作为对基督教复活理论的公式化表述。

朱者赤；当人穿过冰层时，自己的身体必会僵冷，当他走在炽热的太阳底下时，皮肤必会变黑；但如果他始终远离冰也远离热，那就完全可以避免这些结果，既不会变黑，也不会变冷。事实上，当某个具体的原因被除去了，谁也不会不合乎情理地去寻找那个原因所导致的结果。我们的本性也是这样，如果成为有情欲的，就得接受情欲生命所导致的一切必然结果；一旦回到无情无欲的恩福状态，就不会再碰到有恶的倾向时所不可避免的结果。这样说来，既然在我们人还没有因触及恶而坠落到情欲里之前，我们的人性里并没有混进兽类的生命形式，那么完全可以肯定，当我们抛弃那些情欲，就必须抛弃由此导致的一切结果。因而，谁也不会在另一种生命形式里寻找情欲所引起的种种结果。正如原本衣衫褴褛的人脱去外衣并不感到羞愧，我们也是这样，当我们脱掉那用兽皮做的盖在我们身上的僵死而丑陋的外衣（我用"皮衣"的意思是说，当我们沉溺于情欲之河时我们所穿的就是兽性的形式）时，随着那衣服的脱去，将我们身上凡与兽皮有关的增添物都一并抛弃，这些增添物有：交配、怀胎、分娩、不洁、吮吸、喂养、排泄、成长、成熟、衰老、疾病以及死亡。如果那皮衣不再包裹我们，我们身上怎会还有它所留下的种种结果？所以，当我们指望来生的万事万物都有一种完全不同的状态时，却因为某些与复活毫无关系的东西而反对复活的教义，这岂不愚蠢。我是说，消瘦或肥胖——身体耗损或脂肪过剩引起的状态——或者其他伴随着永远变动的本性而发生的其他种种情形，与来世的生命有什么关系呢？因为来世的生命实际上与这些流逝和转变毫不相干。复活的发生需要并且只需要一件事，就是人应该出生并活过，或者用福音书里的话说："世上生了一个人"①，至于寿命长短，死的方式是这样或那样，与复活的要求毫不相干。无论我们举什么例子，无论我们假设什么情形，都是一样的；生命的千差万别对复活既不会产生困难也不提供

---

① 《约翰福音》16：21。

便利。凡曾开始活过的，都必然再次得活，因死而分解的身体要在复活里得以恢复。至于他的分解"如何"以及"何时"发生，与复活有什么关系呢？思考这些问题属于另一种探求之事。我们知道，人的肉身生活可能是舒适的，也可能是痛苦的，可能是良善的，也可能是邪恶的，可能是名声卓著的，也可能是耻辱的；他的日子可能过得悲惨，也可能快乐。从他的一生和他的生活方式中必然获得诸如此类的结果。为了能够对他在一生中所做的事作出评判，评判者必须仔细考察他的具体情形，或者纵欲，或者损失，或者疾病，或者年老，或者壮年，或者少年，或者财富，或者贫穷；一个人置于这些状态如何适当或不当地总结他注定的生涯；他一生中是否接受了许多恩福，或者接受了许多咒诅；或者两者都没有品尝，在思维能力还没有形成之前就死了。但无论何时，只要时候到了，神就必使我们的本性回到人的原初状态；所以，谈论这些事情，想象建立于这些事情的反对意见可能会证明神的权能将妨碍他的目标的实现，都是毫无益处的。神的目标有且只有一个，这就是：当我们人类从第一人到最后一人满了总数——有些在此生中就得了洁净，有些则后来在必不可少的阶段借火得以洁净——就使我们每个人分有他的恩福，就是《圣经》告诉我们的"眼睛看不见，耳朵听不见"，连思想也无法想象的恩福。按我浅薄的理解，这恩福不在别处，就是在神自身里面。因为超越听力视力并不可思议的至善必然就是超越宇宙的善。不过，现世中表现出来的美德和邪恶之间的区别可以这样来说明，即它们的区别在于是较快还是较慢分有所应许的恩福。根据各人里面的恶的总量多少来决定治愈的时间长短。这种医治就是洁净灵魂，若没有难以忍受的痛苦，是不可能达到治愈结果的，如我们在上文的讨论中所阐明的那样。不过，我们若是努力猜度使徒智慧的深厚，就可能对这些反对意见的虚妄和不相干性获得更加全面的理解。使徒在对哥林多人解释这个奥秘——他们很可能自己对这个奥秘提出了与今天的怀疑者为推翻我们的信念提出的同样的异议——时，以自己的权威鞭策他们的无知和傲慢，并说："或有人问：'死人怎样复活，带着什么身体来呢？'无知的人哪，你所种的，若不死，就不能生！并且你所种的，不是那将来的形体，不过如籽粒，即如麦子，或是别样的谷。但神随自己的意思给它一个形体。"① 在我看来，使徒这段话封堵了那些无知之人的嘴，他们不仅对大自然的适当比例一无所知，还以己力来度量神力，以为唯有人的理智所能领会的才是神所能为的，而人的理智所不能领会的也是神的能力所不能及的。那问使徒"死人怎样复活"的人显然是在暗示说，一旦身体的各原子分散，要重新合在一起是不可能的；这既不可能，而身体除了源于这样的组合之外，没有别的形式，于是他就学着机巧的好辩者的方法，用一种三段论来推导出他想要证明的真理：身体是各原子组合而成的，这些原子不可能再次组合在一起，那么那些复活者所得到的是什么样的身体呢？这个结论，包括人为臆想出来的似是而非的前提，在使徒看来是"愚蠢的"，是那些没有在世界的其他部分认识到神圣权能之伟大的人所说的。使徒完全可以引证神手所行的更加杰出的神迹奇事，借此可以很容易使听众陷于两难境地（比如他完全可以问"天体，如太阳月亮或者星辰怎样或者从哪里来；天、气、水、土从哪里来"的问题），但他没有这样做，相反，他通过我们身边的事物、众人非常熟悉的事物来证明反对者的理论是自相矛盾的。他问："农事岂没有教你们知道，以己力来测算并限定神超然的权能的人是愚拙的吗？"② 种子长出的形体从哪里来的？这种生长之前是什么？岂不是死吗？至少，如果紧密结合的整体的分解就是一种死亡，因为确实不可能设想，种子若没有在泥土里分解，从而变得柔软而多孔，使自己的性质与周围泥土里的水分结合起来，怎可能生出根系，发出枝条；它并没有就此停止，而是进一步变成茎，中间用关节联结起来，就像用许多

① 《哥林多前书》15：35—38。
② 因原文没有标明出处，故中译者根据英文直译。——中译者注

夹子把它系起来，使它能够直立向上抽穗结出麦子。那么，属于籽粒的这一切东西在种子还未在泥土里分解之前藏在哪里呢？而这种结果却源于籽粒。如果那籽粒不是先存在，麦穗就不可能抽出来。所以，正如麦穗的"形体"是从种子里发育出来的，同样，神的杰出大能从那单个东西中生出了一切；并且它与种子既非完全相同，也非完全不同，所以（她指出）种子所行的这些奇迹可以使你们了解复活的奥秘。神的权能是充充满满的全能，它不仅把分解的身体重新归还给你们，还给它加上伟大精美的添加物，因而人被装饰得更加宏伟。他说："所种的是必朽坏的，复活的是不朽坏的；所种的是羞辱的，复活的是荣耀的；所种的是软弱的，复活的是强壮的；所种的是血气的身体，复活的是灵性的身体。"[①] 麦粒在泥土里分解之后，抛弃了容量上的微小性和形状上的独特性，但它并没有失去自己，尽管在许多方面它已经发生了很大变化，在大小、壮观、形式和复杂性方面都有了一定的发展，但它仍然以自我为中心，长成麦穗。同样，人在死中把所有那些从情欲倾向中获得的独特性都沉淀下来，比如羞辱、败坏、软弱和年龄的特征；但人并没有失去自身。可以说它变成了麦穗，也就是变成了不朽坏、荣耀、尊贵、强壮和绝对完全；变成了这样一种状态，它的生命不再以本性特有的方式存续，而是变成了一种属灵的全无情欲的存在。自然的身体总是像河流一样不停流动，总是不断地变成另外的东西，这是它的独特性；我们看到这些过程不仅存在于人身上，也同样存在于植物和兽类身上。但是在将来的生命形式中，根本不存在这些过程。而且，在我看来，使徒的话与我们自己关于复活是什么的看法是完全一致的。它们表明的正是我们对复活所下的定义里所体现的含义，我们的定义说，复活不是别的，就是"我们的人性按它原初的形式重新构造"。我们从《圣经》关于起初创世的叙述中得知，首先地"发生青草"（如叙事所说的），然后从青

---

① 《哥林多前书》15：42—44。

草结出种子，只要把种子撒到土地上，又长出与原型一样的植物，使徒看到了这一点，所以说复活所发生的也正是这样的情形。由此我们从他得知，不仅我们人到那时必然变成某种更加高贵的存在，而且我们所指望的不是别的，就是起初所是的东西。我们看到，起初时不是麦穗从麦粒里长出来，而是麦粒从麦穗里长出来，然后再是麦穗从麦粒里抽出来。在这个麦粒的比喻中，其顺序清楚地表明我们借助复活重新拥有的恩福状态不过就是我们原始的恩典状态的复归。事实上，我们也曾是饱满的麦穗，只是罪恶的灼热使我们枯萎了，然后死亡分解，土地接纳了我们。等到复活的春天来临，它必再次使我们这个赤裸的身体之麦粒生出麦穗，高挑挺拔、匀称美观，直升到天上，叶片和胡须带着不朽的光辉，还有其他像神一样的标记。因为"这可朽坏的必穿上不朽坏的"；这不朽坏、荣耀、尊贵和强壮就是神的独特而公认的标记，原本就是属于他的，因为他乃是按照神的形像造的，我们希望来生重新拥有这些标记。第一人亚当，也就是第一个麦穗，但随着恶的来临，人性被减损到只是一种多①；并且如麦穗上的麦粒一样，每个人都被剥夺了原初的美，在泥土里分解腐烂。但是在复活里，我们都要重新获得我们原初的荣光，只是我们不是单一的原始麦穗，而变成麦田里成千上万数不胜数的麦穗。美德生活与罪恶生活的区别在于，那些活着时以良善行为辛勤耕种的人立即就在各方面性质上表现为完全麦穗的形像，而那些因恶习使自己那无遮盖的麦粒（也就是他们自然灵魂的力量）堕落，因气候变得刚硬（按这方面的专家的说法，像所谓的"hornstruck"种子一样生长），虽然也在复活中重生，但在审判日必遭受重刑，因为他们没有力量发出完全的麦穗，从而成为我们未堕落到地上时的存在。掌管生产者所提供的治疗方案就是把稗子和荆棘统统收拾干净——这些杂草与良种一起生长，汲取曾滋养良种根部的营养供自己所用，从而使良种不仅

---

① 这种把"恶"与"多"相连的观点根本上是柏拉图的。

得不到应有的养分，并且生长空间受到堵塞，无法伸展自如，也就不能结出果子。一旦悖逆的、伪劣的东西都从它们的营养部分中除去，并付之与火，烧毁一切违反自然之物，使其烟消云散，那么在这一层次，他们的人性也必兴旺、成熟，结出果子，在经历漫长的世代之后，总有一天要重新恢复神一开始就刻在我们身上的普遍形式。在复活里重生的人，他们实在是有福的，那些麦穗的完全之美将在他们身上直接产生。但我们这样说丝毫不暗示那些过着有德生活的人与那些过着邪恶生活的人之间在形体上有什么区别，似乎我们应当认为一者的身体结构是不完全的，而另一者则是完全的。在这世上，就其身体本质来说，无论是囚徒还是自由人，都是一样的；只是论到享乐和受苦，他们之间有天壤之别。所以，我认为我们应当重视善人与恶人在那个中间阶段的分别。如使徒所说的，种下的是死，复活的是完全的身体，这身体包含不朽、荣耀、尊贵和强壮，但是不那么完全的身体并不意味着复活时会有所伤残，而是要把那些被认为是善人特有的恩福撤去，与之疏远。既然这两种截然相反的观念，即善和恶，必然这样或那样的依附于我们，那么显然，说一个人不包括在善人里面就等于说他也不属于恶人之列。但在恶中，我们找不到一点尊贵，也没有荣耀、不朽和强壮，由此我们不得不清楚地认识到，人若与刚刚提到的这些东西无关，就必然与它们的对立面有关，即与软弱、耻辱、朽坏，以及诸如此类的东西有关。我们在前面的讨论中就谈到这些，我们谈到有多少情欲从恶里滋生出来，一旦渗入灵魂整个本性的实体里，与它融为一体，就难以去除。当灵魂洁净了恶，借火的治疗完全根除了恶，到那时，我们所认为的善所拥有的种种品质就要各就其位，这些品质就是不朽坏、生命、尊贵、恩典、荣耀，以及我们推测在神身上、在他的形像，即起初受造时的人身上所能看见的其他一切东西。

苦修和道德类著作

前　　言

关于这篇杰出论文的范围和目的有必要作出一点说明。它不是一位为隐修生活辩护的作家的作品。格列高利讨论独身的生活方式不同于其他大公教作家对待这个问题的方式。阿塔纳修和巴西尔都在这种生活中看到向世界展现建立在正统信仰基础上的基督徒生活的方式；对每一位独身者来说，一旦把世俗的纷扰和娱乐永远弃之一旁，就更能专心致志地效仿基督。他们的目标完全是道德和传道层次上的。但格列高利关注的是人在属灵之事上的完整发展过程。他承认人要达到道德和智性上的完全有一个斗争的过程，要实现这种完全还需要一定的条件。一方面，他有自己的作为基督徒的内在体验，这是他年轻时的隐修生活带来的；另一方面，他有异教哲学和基督教哲学的理论体系。他所勾画的理想生活就其目标来说与后者一样崇高，并且是用哲学语言而不是用《圣经》语言表达的；但它的科学基础完全是他特有的。这基础简单地说就是这样：灵（spirit）必定是解除了羁绊的，从而被引向神圣的灵；一个"贞洁的"灵魂必然也是这样自由的。由此，他开始指责婚姻，因为在他所知道的大多数婚姻中，都显然缺乏这种灵魂的贞洁。但是，事实上他并不意在指责婚姻本身，如他本人明确告诉我们的。他所追求的贞洁甚至也可能存在于婚姻里；无论如何，贞洁不等同于独身。它是"在心灵上解除婚约"；并且如本文许多篇幅所指出的，它等同于哲学，它的高层次的显现早已被界定为爱，因看见非质料的美而引发出来的爱。

凡是这种美景没有受到干扰，或者人不是对它漠不关心的地方，就有贞洁存在。在格列高利那里，哲学已经变成生命，并且正是贞洁使它保持生命力，使它不至于迷失。在格列高利看来，与贞洁等同的另一个词是"不朽坏"，这个词时时使人想起这样的诗句：

> 除了心灵的安静，还有什么是美德？
> 纯洁超凡的宁静，不知风暴为何物，
> 疯狂的野心之风吹拂不到，
> 傲慢恶毒的情欲沾染不上，
> 尽管它毁损世界，啃噬人类。

然而谁也不会认为，诗人在这里——就如圣保罗在《以弗所书》六章 24 节那样——意指的就是独身本身。但我们可以问，格列高利为什么要用贞洁这个词来指灵魂的纯粹解脱状态？答案似乎是，他非常喜欢隐喻和精妙的比拟，早在他还是一名修辞学学生时就已表现出这种倾向；这篇论文本身就充满了出于自然的比喻，它们与其说是诗或修辞，还不如说是向读者生动形象地阐明他的意思的必要方式。所以，贞洁就是这些显著而有力的比喻之一；在他手里，这是一个极富联想的暗喻，虽然有时它确实有点不受他控制。有人指责他把虔敬与贞洁等同起来，认为他这样做就把前者看作只是外在的东西，显然，这种指责是没有根据的。他用一个词（贞洁）来表示另一个词（虔敬），但丝毫没有告诉我们这是一个暗喻，他还略去、没有给出任何用以保证这种贞洁的饮食法则。因而，他只是看起来是在说禁欲。但另一方面，从这篇论文里找不出一点论述是反对独身生活的；相反，如果他那个时代的现实婚姻确实如他所描述的那样，那么就是用事实证明了在教会里倡导这种生活是合理的——如果不是说它是必须的话。

论 贞 洁

导　论

　　本篇论文的目的在于激发读者追求良善生活的热情。因为世俗生活中有许多分心的事①，如使徒所说的，所以本文提出贞洁的呼召，作为进入圣洁生活的必经之门。须知，虽然要在这纷繁复杂的世俗生活中找到一块净土做神圣的沉思实属不易，但那些摒弃了种种困扰的人却能够敏捷果断、一心一意、坚持不懈地致力于更高的学习研究。当然，任何劝告都有其自身的软弱，我们若不首先就劝勉听众去行的事展示其高贵的品质，光停留在语言的劝告上，必不能使人轻松地担当举荐有益之事的任务。所以，本文先赞美贞洁，最后才提出劝诫。此外，鉴于任何事物的美在与其对立面相比照中更显其光辉，所以有必要对日常生活中的诸多烦恼有所提及。接下来本文以较大篇幅介绍沉思生活的概况，证明凡沉溺于世俗之烦心事的人是不可能达到这种生活的。在圣洁者，肉身上的欲望已经变得软弱，因而他必然要追寻真正的欲求对象，我们从造物主领受我们的这种欲求能力就是为了这样的目标（并且只为这样的目标）。当这一点作了充分阐述之后，接下来自然就该思考实现这个目

―――――――――――

　　①　必是暗示《哥林多前书》7：35。

标的途径了。而真正的贞洁全然没有沾染罪的污点，必然是与这样的目标相吻合的。这样说来，论文的中间部分看似有点偏题，其实仍是意在赞美这种贞洁。这里，为避免冗长，把响应这种上天呼召的人所遵循的一切具体规则都删去了；文中的劝勉完全采用了一般性的术语，可广泛适用于各种情形。但具体规则也会在一定程度上包括在内，免得在避免冗长的同时把重要的东西也忽视了。同样，我们每个人只要看到有人已经在某种生活中获得了荣誉，就会更加热情地去拥抱那种生活，因而我们有必要讲述在正直生活中获得了荣耀的圣徒。但这还不够；我们在生平传记中看到的例子不可能像活生生的声音和现身说法那样激励人追求美德，所以，我们提到了最虔敬的主教①，我们在神里面的父亲，唯有他才配作这些教导上的老师。事实上，我们不只是要提到他的名字，还要对他所包含的寓意作出分析。这样，让读者知道准备过这种生活的人接受的是现代老师的指导训练，就是将来的读者也不会以为我们的劝告是没有意义的。不过，请他们首先务必要思考这样一个问题，即这样的老师应当是怎样的人；然后选择那些因神的恩典已经成长为这种美德体系的得胜者（不论是什么时候的）的人来作他们的导师。这样，他们就能找到所追求的目标，至少不会再对应是之物（what it ought to be）视而不见了。

第 一 章

凡以纯洁作为美之标准的人，都会认为贞洁的神圣形像实在是宝贵的，但它只属于那些在神的恩典的鼓励和帮助下奋勇拼搏，从而赢得这个包含高尚之爱的对象的人。从修饰它的语词本身就可以听出对它的赞美之声；"不朽"是对它的普遍形容，这就表明了它所包含的

———————————

① 指巴西流。

那种纯洁。因而我们可以用与它相当的词来表明这种恩赐的崇高，要知道，在追求美德所结的众多果子中，唯有这一个被尊以不朽的称号。如果我们必须用美好言辞来称颂这种来自于伟大之神的恩赐，那么圣使徒的话足以表达对它的赞美；他的话虽然很简短，但已使一切溢美之词黯然失色；他只是把以这种恩典作为其装饰的女子称为"乃是圣洁没有瑕疵的"①。倘若这种圣洁美德的成就在于使人成为"圣洁没有瑕疵的"，这些形容词发挥的最初也是最大的力量来自荣耀不朽的神，那么对贞洁的最大赞美莫过于以一定的方式使那些分有她的纯洁奥秘的人"神化"，从而使他们分有神的荣耀，因为事实上神才是唯一真正圣洁没有瑕疵的；使他们的纯洁和不朽成为引他们进入与神交往的关系之中的途径。许多人洋洋洒洒写下长篇大论的赞美之辞，意在为这种神奇的恩典锦上添花，但在我看来，他们这样做是在不知不觉使自己的目的落空；过分夸张的谄媚反倒使人对被赞美者的功绩产生怀疑。大自然的雄伟自有其自己的方式令人肃然起敬，并不需要溢美之辞。比如天空、太阳，或者其他的宇宙奇迹，莫不如此。在这个低级世界的事务中，语言自然发挥着基础的作用，但赞美的技艺确实能产生一种宏伟的外观，这种效果太显著，反倒使人常常怀疑通过颂扬之词展现出来的奇迹不过是人为加工的结果。这样说来，要赞美贞洁，最好的方式就是表明这种美德超越于赞美之外，表明我们是用自己的实际行动而不是语言来崇敬它。一个拿这个题目作过分夸张的赞美的人，若是真的相信（他确实相信）人的语言能够给如此宝贵的恩典添加尊贵，那么无异于以为他个人的点滴汗水能使广袤无边的海洋增加相当可观的水量；这样的人，要么对自己的能力毫无自知之明，要么对其企图赞美的对象完全茫然无知。

---

① 《以弗所书》5：27。

第 二 章

要理解这种恩典的超然卓绝之美，必须有十分深刻的思想。这种美要在不朽的父的观念里领会。这里，一开始就有一个似非而是的佯谬，即贞洁体现在生有一子的父身上，只是这子并非出于情欲生的。在这位独生神的本性里也同样包含着贞洁，是他敲响了这种道德纯洁的第一个音符，所以他的出生同样是纯洁而毫无情欲的，闪耀着贞洁之光。还有一个佯谬就是，子是借着贞洁向我们彰显出来的。另外，它也可见于圣灵那内在固有、永不朽坏的纯洁里，因为说到纯洁和不朽也就是说到贞洁。它伴随着整个超凡存在；由于它毫无情欲，故而始终与天上的权能同在；由于它从未脱离神的任何部分，因而永远不会触及与神性对立的东西。凡将本能和意志都提升到道德层次上的人，都得到这种原初状态之完全纯洁的美化；凡被划入相反行列的，都咎由自取，罪有应得，因为他们脱离了纯洁。既如此，什么样的表达能充分体现这样的恩典呢？怎么能不担心人的雄辩口才反倒可能损害它原本固有的伟大价值呢？人对它作出的评价必逊色于听众原先对它的认识。因此，最好还是省去一切溢美之词，我们不可能使语言提升到我们这个题目本身的高度。相反，永远留心神的这种恩赐是可能的，我们的唇始终论说这种恩福是可以的，这样，尽管它是属灵存在、单一存在的特性，但借助对神的爱，那些从血气的意志里得到生命的人也已经得享这种福分；于是，当人性受到情欲冲动的贬损时，它就伸出纯洁之手，重新提升人性，使它朝上看。我想，这就是我们的主耶稣基督，一切单纯性之源泉，为何不是借婚姻来到世上的原因。这是为了借他道成肉身的方式宣扬这个伟大的秘密；唯有那纯洁才能完全表明神的显现和到来，现实中的人除非完全脱离肉身的情欲，否则不可能保证自己拥有这种纯洁。包蕴在基督里面的完满的神性借助纯洁无瑕的马利亚（Mary）闪现出来，在她身上发生

的一切也发生在每一个遵照贞洁原则生活的人身上。事实上，主不再带
着形体的像到来，"我们如今不再凭着外貌认基督了"①；而是在属灵的
意义上住在我们里面，并带着他的父与他一道居住，如福音书在某处所
说的②。所以，贞洁如此意味深长，它虽然留在天上与诸灵之父同在，
移动着属天权能的舞步，但仍然伸出双手拯救人；它一方面是通道，把
神引下来分有人的产业，同时使人保持欲望的翅膀，渴望上升到属天之
事，是贯通神人之间的一条纽带，通过自身的中介使这两种如此悬殊的
存在和谐统一——试问，能找到什么样的语言来描绘如此卓绝的神奇之
能？但是，人若没有表达也没有感受，那似乎是怪异的受造物了；如果
我们保持沉默，就必须选择二者之一：要么显得从来没有感受过贞洁之
独特之美，要么让人以为我们对一切美都顽固地视而不见。因此，我们
同意按照把这任何布置给我们的人的愿望——在一切事上我们都必须遵
从他的指示——对这种美德作简单的讨论。但谁也不可指望我们会有风
格上的展现，即使我们希望这样做，也可能无法做到，因为我们在那种
写作方式上非常笨拙。就算我们拥有这样的能力，我们也不会为了取悦
于少数人而放弃启示多数人的职责。在我看来，一个有良知的作家应当
把有利于包括自己在内的大多数人作为自己最主要的目标，而不是为了
获得其他作家的敬仰。

第 三 章

但愿这样的努力真的对我本人有所益处。倘若我能够指望——照着
《圣经》的说法——分有耕作的地里和打谷场上收获的果实，那么我肯
定会更加欣然从事这样的劳作，因为那样的辛苦将是一种喜乐。然而事

---

① 《哥林多后书》5：16。
② 《约翰福音》14：23。

实上，可以说，我关于贞洁之美的这种知识与我已是枉然无用，就如谷物之与谷场上被笼住嘴的牛，从悬崖峭壁上流下来的水之与望水兴叹的干渴之人。那些还有力量选择佳美之路、没有像我们这样因为沉溺于世俗生活而自我阻断了这样的路的人是幸福的，可惜我们如今与荣耀的贞洁之间已经横亘着深渊。人一旦扎根于世俗生活，就不可能再攀登上那样的峰顶。我们只能作别人的恩福的旁观者，见证属神一族的幸福快乐。即使我们开创出关于贞洁的一些思想，我们的命运也不过如同厨师和厨工，为富人的宴会提供美味佳肴，自己却从来无缘享受。如果情形不是这样，如果我们不是事后才知道美善，那该多好啊！那些没有丧失享有这些喜乐的能力的人是令人羡慕的，他们获得的成就甚至超越了他们的祷告和向往。我们就像那些有一个富裕人群与自己的贫穷形成鲜明对照，因而对自己目前的命运更加烦恼不满的人一样。我们越是深入了解贞洁的丰富，就必然越是对眼前这种生活感到悔恨，因为我们通过与美好事物的比较认识到这种生活的贫乏可怜。我不只是指为那些过着良善生活的人贮存的将来的赏赐，而且指还活在此世时就可得到的回报；如果有人决定要衡量一下两种道路之间的分别究竟是什么，就会发现这种区别几乎可以说就是天壤之别。看一下实际事例，就可以知道以上所说并非虚言。

但是要写这样一出悲剧，从哪里开始比较适合呢？我们怎能真的考察生活中比比皆是的恶呢？所有的人都凭经验知道它们，但本性总是试图无视现实中的受苦者，使他们乐意忽视自己的状况。我们是否该从它最精美的甜点开始？在婚姻里所能指望的不就是得到令人愉悦的友谊吗？假如这个目的达到了，让我们来概括一下各方面都极为幸福的婚姻：显赫的出生、充足的财富、相宜的年龄、充沛的精力、深厚的感情，彼此最大限度地为对方着想，彼此想方设法要爱对方更多一点；此外还有声望、权力、名誉，以及诸如此类。然而我们看到，即使在这些幸福因素的背后仍然包藏着不可避免的痛苦之火。不必说那些出类拔萃

者常常招致的嫉妒，那些看上去志得意满者可能遭受的攻击，也不必说
那些没有像这些优秀者一样好运的人很自然地对他们产生嫉恨，使得这
些看起来幸运的人实质上过着十分痛苦而不是快乐的生活。我把这些都
忽略不说，假设针对他们的嫉妒处在睡眠状态，尽管在现实中很难看到
集所有这些幸福因素于一体的生活，即非同寻常的幸福生活能避免人之
嫉妒的。然而，我们不妨假设有一种婚姻生活没有遭受以上的这些困
境，这样我们就来看看，拥有如此众多好运的人是否真实地享受着幸
福。你必然会问，就算人嫉妒他们的快乐，但这嫉妒若不损及他们的实
际幸福，那有什么可烦恼的呢？我敢肯定，这种围绕他们生活的快乐和
甜蜜正是点燃痛苦之源的星星之火。他们始终是人，软弱而可灭的存在
物，他们不得不看着祖先的坟墓，因而，只要他们还有一点思考的能
力，一生就被捆绑在痛苦里面，无法挣脱。这种对死亡的不断预想，虽
然没有什么确定的记号作为印证，但未来的不确定性威胁着他们，对无
常的恐惧笼罩着他们，使他们现世的快乐大受影响。要是在还未经历之
前，就能知道所经历之事的结果，那该多好；或者即使人走上了这条道
路之后，还可以通过某种推测方式来全面考察现实，那么该会有多少走
入歧途的人愿意离开婚姻回来过贞洁的生活，谁还会再去关心、渴慕那
具有破坏性的陷阱，可惜人只有到了真正陷入里面时才能确切地知道这
罗网是多么令人痛苦！要是你能毫无危险地进到里面，就会看到那里有
许多矛盾的统一体：笑容里含着眼泪，快乐里夹杂着痛苦，刚出生的婴
儿就明明面临死亡的恐怖，每一种甜美和喜乐都无法逃脱它的阴影。每
当丈夫看着爱人的脸，亲切的眼神里总掠过分离的恐惧。但凡他听着甜
美的声音，心里总免不了产生哪一天会听不到这样的声音的念头。只要
他欣然注视着她的美，就会想到痛失她的情景，不由浑身颤抖。当他标
出对年轻人来说极为宝贵、毫无头脑的人孜孜以求的种种美貌：眼睑下
明亮的眼睛、弯弯的蛾眉、粉嫩的脸颊、妩媚的笑靥、鲜红的双唇、浓
密的波浪金发，以及其他一切短暂的荣光，尽管他可能并不怎么思索，

但他在内心深处必然立即会产生这样的念头：总有一天所有这些美都将烟消云散，归于虚无，只留下一堆令人厌恶的丑陋白骨，对曾经活生生的容光没有留下任何痕迹和记忆。当他想到这一点时还会快乐吗？不仅如此，他必然会觉得摇摇欲坠，像是被一场梦骗了，必然会觉得生活的信心崩溃了，必然会认为周围的东西不再是自己的了。如果你像他们一样对事物有一种全面的看法，就会明白此世中的一切没有一样看起来是真实的。它借助于我们的幻觉，让我们以为它是这样的东西，而不是另外的东西。人张大嘴巴凝视着它，但它用盼望来愚弄他们。它暂时把自己藏在这种骗人的外衣下面，后来突然之间，在生活的逆境之中，它就暴露出原来是与对它的骗人外表信以为真的人的希望完全不同的东西。生活的甜美在善于思考的人看来岂是值得以之为乐的？他岂能真正感受到它，从而对自己所拥有的财物喜不自胜的？由于不时地对相反的情形产生恐惧，他在使用这些美物时岂能有什么幸福可言？我只要提到迹象、梦境、凶兆，以及诸如此类引起愚蠢的思维习惯的注意并常常使人担心更坏的后果的东西就足够了。当生产之时降临到年轻的妻子身上，这个时间与其说被看作是生育孩子的时机，还不如说是接近死亡的时机；生育孩子就意味着她可能会死；事实上，这样的悲剧常常成为现实，人们还来不及传播出生的喜庆，就得把欢呼变成悲泣。他们还处在热恋之中，还激情未消，还没有体会生命中最甜美的礼物，突然就像在梦境中一样，一切都消失得无影无踪了。接下来怎样呢？家人就像得胜的敌人，把新娘房间里的装饰拆掉，拿来装点葬礼，但如今这是死神的房间了；他们还徒劳地号啕大哭，捶胸顿足。于是就想起以前的日子，诅咒那些提议结婚的人，指责不曾阻止婚事的朋友；然后责备或生或死的父母，对人的命运，整个自然进程的安排大声抨击，甚至抱怨起神的治理来；不仅在人自身里面争战不休，还与那些可能提出警告的人争战不休，甚至对最令人吃惊的言行都毫不反感。在有些人，这种心理状态一直无法摆脱，理性被悲伤湮没，所以他们的悲剧走向更可悲的结局，受伤者没能在灾难中存活下来。不过先撇开这种情形，我们不妨假设一种好一点的情形。生育的危险过去了，孩子顺利生了下来，继承了父母的美貌。那么忧愁是否就由此减少了呢？没有，相反倒更多了。因为不仅父母先前所有的担心现在仍然存在，还要从孩子方面考虑种种因素，免得在他成长过程中发生什么不幸，比如恶性事故，或者危险的疾病、发烧引起的某种变故。父母双方都会担忧，但谁能描述妻子和母亲特有的焦虑呢？我们忽略了怀胎时的劳累，分娩时的危险，养育时的费心，为孩子心撕两半，如果孩子众多，就得面面俱到，更加费神，无论有什么事发生，都得温柔以待。这些都是众所周知的。另外神的谕言还告诉我们，她不是自己的主人，婚姻使男人成为她的主人，她唯有在自己丈夫那里才能找到源泉。所以，即使她独处一小会儿，也会感到似乎离开了自己的主人，无法忍受；她甚至认为丈夫暂时不在身边就是她成为寡妇的前奏。她的恐惧使她当即就放弃所有的希望，于是，她的眼睛满含惊恐的担心，时时盯着门口，她的耳朵常常留意别人的窃窃私语，她的心因充满恐惧，不等有坏消息传来就几乎已经破碎了。门道上的一点噪声，不论是想象的还是真实的，就意味着有坏消息传来，使她心惊肉跳。很可能外面一切平安无事，根本没有什么可惊恐的事由，但她虚弱的神经过于敏感，使她在幻想中演绎着绝望。由此说来，就是最有利的生活，也并非完全可羡慕的，他们的生活无法与自由的贞洁相提并论。然而这还只是粗略的描述，省略了诸多更烦心的细节。情形往往会这样：这年轻的妻子因为刚刚结婚，还闪烁着新娘的荣光，新郎进来时还会脸红，羞答答地偷眼相看，尽管心里激情澎湃，但端庄使她不能流露出来——甜蜜还没有真正开始的时候，却突然之间就被冠以可怜而孤独的寡妇之头衔，种种可怜的名字落到了她的头上。死在瞬间降临，突然的变故使她雪白富丽的婚纱变成了黑色沉重的丧衣。她脱掉了她新娘的装饰，给她穿上了丧衣。那曾充满欢歌笑语的房间如今黑暗一片，使女人们唱着悠长的安魂曲。朋友们试图来减轻她的悲伤，但她恨他们的安慰；她不吃不喝，筋疲力尽，心底里只有一个强烈的念头，就是渴望自己也死了，这样一直到死真的到来为止。甚至还可以假设，随着时间的推移，这份伤痛终于愈合，但另外的痛苦接踵而来，不论她有无孩子。如果有，他们就是遗腹子，不仅自己可怜，还常常使她想起自己的丧夫之痛。如果没有，她的寡妇名称就被时时挖出来，这种伤痛不是表面的安慰所能减除的。我不想多说寡妇所特有的种种伤痛，谁能完全列举出来呢？她发现亲戚都成了敌人，有的实际上在利用她的痛苦，有的看着她家破人亡幸灾乐祸，仆人的无礼傲慢，以及其他这种情形中可见的种种烦恼数不胜数，不一而足。结果，许多女子无法忍受这种受人嘲笑的痛苦，被迫再次冒险尝试同样的事情。似乎她们通过增加自己的苦难就可以报复所受的污辱！只有少数人吸取教训，忍受一切，而不是再次陷入同样的困境。如果你们想要知道这种婚姻生活的全部磨难，就听听那些真正了解它的女子的话。她们如何祝贺那些一开始就选择了贞洁生活、而不是等到经历了婚姻生活的种种不幸才知道更好的道路的人，这些人知道贞洁才是抵御这一切不幸的堡垒，贞洁的生活不会产生可怜的孤儿寡妇。它永远面对活生生的新郎，有始终喜乐的子孙，不断看见真正属于自己的家，装饰着各样珍宝，因为主常常住在里面，因此死带来的不是与所渴望的对象的分离，而是结合。因为（灵魂）离世之后，就与基督同在，如使徒所说的一样①。前面我们已经考察了那些命运幸福的人的情感，接下来就该揭示另一些人的生活，就是被抛入贫困、患难以及人必须忍受的其他种种不幸中的人的生活，比如伤残、疾病，以及其他终生的痛苦。凡是能控制自己的生活的人，要么彻底避开它们，要么轻松承受它们，有一颗镇定泰然、不受困扰的心。而与妻儿共命运的人往往对自己的境况连难过的时间都没有，因为他心里满是对所爱之人的忧虑。这是众所周知的，我们不必多费口舌。既然看起来富足的生

---

① 《腓立比书》1：23。

活都包含如此多的痛苦和忧虑，我们还能指望相反的生活会怎样呢？在我们看来，任何试图把它刻画出来的描述都与现实相去甚远。然而我们也许可以用极简练的话来说明其悲惨之巨。那些命运与生来富足的人相反的人，产生痛苦的原因也与他们相反。富足的生活因预想的或真实的死而受损，而这些人的悲剧在于死推迟了他的到来。所以这两种生活因相反的情感彼此大相径庭，尽管他们殊途同归，同样没有丝毫希望。婚姻给这世界提供的不幸在许多方面有令人吃惊的区别。但无论能不能生育，无论孩子是生是死，总是存在着痛苦。一方生养众多，但没有足够的供给养活他们；一方财产多多，但没有后嗣来继承辛苦挣来的家业，倒把另一方的不幸看为福气。事实上，他们双方都向往另一方视为遗憾的东西。再者，一人有可爱至极的儿子，这儿子却死了，另一人的儿子活得好好的，却是个恶棍。两人都很可怜，只是一人为儿子的死哀伤，另一人则为儿子的生忧虑。更不必说家庭由于或真实或虚幻的原因产生嫉恨和争吵怎样悲惨可怕的结束。谁能一五一十地叙述那些细节呢？如果你知道人的生活就是这些邪恶编织成的一张网，就不必再回忆那些为夸张的诗歌提供素材的古老传说了。这些传说因其令人吃惊的荒唐夸张而被视为神话，其中有杀子吃肉的，有丈夫杀妻的，有母亲杀子的，兄弟之间相互残杀的，有乱伦以及各种违背本性的事情，古老的记载者开始叙述的故事无一不是以婚姻里的诸多恐怖情景作为结局的。撇开那一切，只要看看正在此生的舞台上上演的悲剧就足够了，那里的演员正是婚姻提供给人类的。去法庭读读那些律法吧，你就会知道婚姻的可耻秘密。正如你听医生解释各种各样的疾病，知道人体要遭受这么多的苦痛，于是明白它是多么可悲，同样，当你通读了律法，了解婚姻里有这么多的罪行以及要承受的各种刑罚，就会对它的特性有一个极为清楚的认识。须知，律法是不会为不存在的邪恶提供根除方法的，正如医生不可能为从不知道的疾病提供治疗一样。

第 四 章

但我们不必再以这种狭隘的方式表明此生的不足，似乎它的种种不幸只限于奸淫、纷争和阴谋。我想我们得采取更高更真实的视角，同时指出人若不把自己置于这种生活的桎梏之中，生活中的种种邪恶，就是生活的各项事务、各种追求中体现出来的邪恶，就没有一种可以支配人。由此就可以表明我们所说的没有虚言。人若以自己得了洁净的心灵之眼看破幻想，使自己超然于纷纭的世界，并且用使徒的话来说，视之为粪土，摒弃婚姻，从而在一定程度上使自己完全脱离属人的生活方式——这样的人无论如何与人类的罪恶，诸如贪婪、嫉妒、愤怒、恨恶等毫无关联。他与这一切无缘，因而各方面都自由、平安。他身上没有什么东西会引起别人的嫉妒，因为他不聚集那些引起嫉妒的东西。他使自己的生活超越于世界，只把美德作为他唯一宝贵的财富，所以他必能在无忧无虑的平安和宁静中度过一生。美德这种财富虽然人人都可以根据各自的能力分有它，但唯有那些如饥似渴地追求它的人才会认为它始终是丰富充盈的；这种财富不同于对地上土地的占有，人把地产分成各个部分，你的地产越多，就意味着别人的地产越少，也就是说一人的获利就是另一人的损失。人发现自己受欺，不禁怒火中烧，于是就发生争战，要从强人手中夺取自己的份额。然而拥有美德这种财产的大财主永远不会招致嫉恨；他既主张平均分有，那夺取狮子口里的食物的人就不会对他有任何损害；因为每个人都有能力，每个人都能满足这种高贵的欲望，同时美德财富在已经拥有的人那里不会枯竭。这样说来，人若只着眼于这样的生活，使美德——人不可能对它设计任何界限——成为他唯一的财富，那么他必然不会让自己的心灵倾注于大多数人所行走的那些卑劣的道路。他不会仰慕民众的财富，人的权力，或者其他愚拙人所追求的东西。说实在的，倘若他的心灵仍然停留在这样低下的位置上，那他还不属于我们的新信徒之列，我们的话也不适用于他。但如果他的思想是超然的，可以说，是与神同行的，那他必脱离这一切错谬的迷宫，因为导致这一切的潜在原因即婚姻在他之外，与他无关。须知，想为他人先这种欲望乃是致命的傲慢之罪，就算有人说这是一切罪恶之根源，他也不会错到哪里去；而这种傲慢基本上可以说就是出于与婚姻有关的一些原因。为表明我所说的意思，我们可以看到，贪心不足的人总是指责他最亲的亲人，疯狂追求名誉和野心的人总是让自己的家庭为这种罪负责："他必不能视为不如他的祖先，必让他的子孙留下他的历史记载，使后代相信他是伟人。"同样，灵魂的其他疾病，嫉妒、恨恶、仇视，以及诸如此类，都与这种原因有关，都存在于那些切慕此世之事的人身上。凡脱离了此世之事的人，就好像是从某个高高的瞭望台俯瞰人的前景，为这些虚妄的奴隶盲目地重视属肉的幸福而怜悯他们。他看见一些名流因为自己的荣誉、财富和权力而趾高气扬，对这种愚拙人的自高自大嗤之以鼻。他根据《诗篇》作者的估算给足人生寿命，然后把这短暂的瞬间与无穷无尽的世代相比照，对那些为如此卑微、渺小而必朽坏的事激动不安的人的虚妄荣耀大为感叹。说实在的，在此世的事中，究竟有什么是值得羡慕的，令如此众多的人孜孜以求？是荣誉吗？人得了荣誉究竟有什么益处？无论得没得荣誉，必死的人仍是必死的。拥有诸多的田亩究竟有什么好处？唯有愚蠢的人才会把从来不属于他的东西视为自己的，贪心不足的人显然不知道"地和其中所充满的，都属主耶和华"①，因为"神是全地的王"②。正是对占有的欲望使人得了虚假的主人头衔，其实他们所拥有的永远不可能真正属于他们。如智慧的传道者所说："地永远长存"③，哺育着一代又一代生于地上的人；但是人，尽管如此渺小，就是做主人的也微不足道，甚至被生出来时毫不

① 《诗篇》24：1。
② 《诗篇》47：7。
③ 《传道书》1：4。

知晓主的旨意，被带走离开生命时也完全非他们所愿，却仍然极其虚妄地以为自己就是土地的主人，以为他们这些生生死死的人统治着那永远长存的地。凡经过思考视人所骄傲的一切如敝屣的人，心中所爱唯有神的生活，因为"凡有血气的，尽都如草，他的美荣都像草上的花"①，绝不会关心这种"今日这样，明日那样"的草；他研习了神圣之道，知道不仅人生无常，而且整个宇宙都不会永远保持安静的轨道；他把此世的存在看作是一种外在的短暂的事，因为救主说过："天地要废去"②，整个造物界都等待着更新。只要他还"在这帐棚里"③，还显现出必死性，受缚于这种属地的存在，他就要为逗留在这里的时间太长而叹息哀伤，如《诗篇》作者在属天的诗歌里所说的。说实在的，滞留在这活的帐棚里的人就是生活在黑暗里，因而传道者叹息着这种持续滞留，说："我久久滞留在这里有祸了。"④ 他把自己的沮丧原因归于"黑暗"，因为我们知道，"黑暗"在希伯来语里就是"基达"（Kedar）。正是一种像夜一样的黑暗包围着人类，使他们识不破这种欺骗，不知道活人最推崇的其实是最卑微的，只存在于不善思考的人的幻想里，其本身什么也不是。事实上，世界上不存在什么绝对的无名出生或显赫出生，不变的荣耀或辉煌，恒常的古老名誉或现时声望，永远的统治或顺从。财富和舒适，贫穷和困苦，以及生活中的其他种种不平等，在无知的人看来，作为衡量快乐与否的标志，它们彼此是大相径庭的，但在具有更高悟性的人看来，它们没有什么分别；前者并不比后者具有更大的价值；因为无论贫富，生命之旅总是以同样的速度走向终结，无论哪种命运，人都保留同样的权力，可以选择过善的生活抑或恶的生活，"兵

---

① 《彼得前书》1：24。
② 《马太福音》24：35。
③ 《哥林多后书》5：4。
④ 《诗篇》120：5、6（七十子译本）。因手头没有这个译本，故按原文直译。——中译者注

器在左在右，报告是善是恶"①。因此，头脑清醒的人就会义无反顾地行在自己的旅程中，度过从生到死这段命定的时期，既不会因快乐使心变得柔软，也不会因艰辛使心变得消沉，而是保持稳步向前，对众说纷纭的观点视而不见。匆匆赶路的人一心只朝着目的地行走，至于其间所经过的是草地农田，还是野地荒林，那是无关紧要的；宜人的风景不会使他们驻足，乏味的风景也不会妨碍他们的脚步。同样，高贵的心灵也必直接朝向自愿承担的目标，不会在路上东张西望，左顾右盼。它虽然经历着此生，眼睛却凝视上天；它就是好舵手，把小船引向天国的界标。粗俗的心灵只会朝下看，它的精力倾注于属肉的享乐，就像羊倾心于牧草一样不容置疑；它活着就是为了狼吞虎咽，甚至为了更低级的享乐；它与神所赐的生命是格格不入的，在所应许的诸约上是局外人②，除了身体的满足，它不知道何为善道。正是这样的心灵"在黑暗里行走"③，制造了我们此生中的一切邪恶：贪婪、欲望、毫不节制、挥霍无度、恋权、虚荣，侵入人类社会的种种道德病毒。这些邪恶彼此紧密相关，只要陷入其中一个，其余的也就按照某种自然顺序接踵而至。就像一根链条，既然拉动了第一环，其他环节就不可能保持不动，甚至另一端的环节也能通过中间环节的传递而感受到第一环的运动；人的种种邪恶也是这样紧密相连，环环相扣，一旦其中一种获得了对灵魂的支配权，其他的也就一一跟上。如果你想看到关于这种可恶链条的生动画像，就可以设想这样一个人，因为名誉给了他某种特别的喜乐，所以他就成了渴求名誉的牺牲品；有了这种对名誉的渴望之后，随之就产生增加财富的欲望；于是他变得越来越贪得无厌，这都是因为第一种邪恶使他走到了不可收拾的地步。这种对金钱和地位的贪求又产生对亲戚朋友的恼怒，或者对下属的傲慢，或者对在他之上的人的忌妒；而随忌妒而

---

① 《哥林多后书》6：7。与和合本有点出入，译者根据英文直译。——中译者注

② 《以弗所书》2：12，4：18。

③ 《约翰福音》12：35。

来的就是伪善，伪善之后是暴躁的坏脾气，坏脾气之后是憎恨人类的心；这一切背后是一种罪恶状态，最终要遭地狱之黑火的惩罚。这就是链条，你可以看到一种情欲如何引发全部邪恶。既然这种不可分割的道德疾病之链已经一次性地进入了世界，要避开它的唯一方法就是受圣灵启示写的作品所提出的告诫向我们指明的道路，也就是使自己脱离必然要陷入这种苦难之链的那种生活。如果我们常同所多玛（Sodom）来往，就不可能避开火雨；如果你逃离时回头张望被弃之地，就很可能成为立在现场的盐柱。我们若不离开埃及，也就是位于水下的这种生命，并走过昏黑而沉闷的生命之海，就不可能摆脱埃及人的捆绑。假设我们还被捆绑在这种邪恶绳索里，并用主的话来说："真理不会使我们得自由"，那么在这世界的迷宫里寻找谎言和奇迹的人怎么可能到达真理？任由自己的存在受制于本性的人怎可能摆脱这种被掳状态？举一个例子就可以使我们的意思更加清晰。冬季的湍流原本在自身里面奔腾，后来水涨泛滥，把树木、卵石以及凡遇到的东西统统卷走；这样的湍流唯有对居住在它沿岸的人才是致命和危险的，而对那些远离它的人，任它怎样咆哮都毫发未损。同样，唯有处在生活之旋涡里的人才感受到它的力量，才不得不接受那些灾难，因为本性之河带着洪水一样的患难倾泻而下，必然给行在它两岸的人带来种种灾难。但人若离开这样的旋涡和这些"狂傲的水"，就不会被此生"吞吃"，如《诗篇》接着所说的，"好象雀鸟"，因美德的翅膀"从网罗逃脱"①。关于湍流的比喻表明，人生就是一条奔腾、翻滚的河流，汹涌而下寻找自己的天然通道；凡在生活中追求的目标，没有一个能持久，能使寻求者心满意足；这河流所带给他们的东西眼看着渐渐近了，但刚一接触就飞逝而过；因此在这奔涌的河流中，眼前时刻是无法享有的，因为后浪扑上来，一下子就把它从他们面前带走了。所以远离这样的河流于我们是有益的，免得投身于

----

① 《诗篇》124：5、6、7。

短暂之事，而忘了永恒。既然人对此生的事从来没有炽热之爱，他怎么可能永远保守它呢？生活中哪个可贵的东西是永恒持久的？盛开之花吗？力量和美的恩赐吗？财富、名誉或权力吗？这些东西都可以盛极一时，但马上就转变为各自的对立面。谁能永远保持年轻？谁的力气能维持永久？大自然岂不是使美艳甚至比春光还要短暂吗？春天的花木在自己的季节里盛开，枯萎一段时期之后又重新恢复生机，脱落之后还会长出新芽，使现时的美留存到晚春之际。而大自然展示的人的花期却只有早春，早春一过就把它扼杀，到了寒季就完全消失了。其他乐事也只能蒙骗肉眼一时，旋即就湮没在遗忘的面纱后面。大自然有诸多不可避免的变化，这些变化令他痛苦，因为他的爱充满激情。要避开这种痛苦，办法只有一个，但每个人都可以努力去做，就是不要依附于这些东西，要尽可能远离这个充满情绪和欲望的世界；或者毋宁说，人必须不受自己的身体所产生的情感的支配。这样，他不再为肉身而活，也就不会再屈从于肉身的苦恼。而这就等于只为灵而活，并尽我们所能仿效灵界的事工。那里的人既不嫁也不娶，他们的工作和美德就是沉思纯善之父，尽仿效之能事，从众美之源美化自己的品性。

第 五 章

至此，我们可以宣称，贞洁就是人在实现这种具有高尚情感的目标中的"同工"和帮手。在其他领域，人们为了发展特定主题往往会设制出一些实际的方法，那么在神圣生活这个领域，我就以贞洁作为实际方法，为人提供与属灵本性同化的力量。在这方面的不停努力意在防止高贵的灵魂因那些感官享乐的爆发而变得卑下，因为若那样，心灵就不再保持属天的思想和向上的凝望，而是沉入到属血气的情绪之中。灵魂既专注于属肉的享乐，沉迷于属人的欲望，又怎可能把自由的眼睛转向自己的理智之光呢？这种对物质之事的可恶、无知而不当的爱好必会阻止它向上。猪的眼睛自然是朝下的，对天上的奇迹不看一眼；同样，被自己的身体拖下来的灵魂也不再抬眼凝望天上的美，只会盯牢虽合本性却是卑劣的属动物的事物。唯有以自由虔敬的眼神凝视天上的喜乐，灵魂才能脱离地上之物，甚至不沾染公认的世俗生活的种种嗜好；它把全部的爱都从质料对象转向非质料的理智沉思之美。身体上的贞洁就是为了推进灵魂的这种状态，为了使它完全忘却本能的情感；贞洁能阻止灵魂向下回应肉体需要的呼唤。灵魂一旦脱离了本能需要的束缚，就再也不会渐渐养成那在一定程度上显然得到自然律法认可的放纵习惯，不可能对神圣而纯洁的喜乐之事毫不在意，一无所知。这种神圣而纯洁的喜乐，唯有纯洁的心灵，我们生命的主人，才能获得。

第 六 章

我相信，就是这造就了先知以利亚（Elias）以及本着他的精神和能力的那位后来者的伟大，而"那些妇人所生的人中，没有一个更大的"①。要说他们的历史还传递了别的神秘教训，那么可以肯定，他们那独特的生活方式所教导的首先就是这一点，即凡思想集中在无形之物上的人必然脱离一切日常生活之事务，他关于真善的论断必不可能混乱，必不会被感官所产生的假象所蒙骗而偏离正道。这两人都从年轻时起就忽视日常饮食，独居荒凉大漠，脱离人类社会，也在一定意义上脱离人的本性。他们自然也要果腹，但有什么就吃什么，仅此而已，所以他们的品位能保持单纯而自然，未受损害，他们的耳朵听不到嘈杂分神的声音，眼睛看不到令人精神恍惚的景观。这样他们的灵魂就达到了澄明宁静之境，就上升到神圣恩惠的高度，这是《圣经》所记载的。比

---

① 《马太福音》12：11。和合本《马太福音》此章此节以及前后章节皆没有相应或相似的经文，疑为英译者笔误，故只能按英文直译。——中译者注

如，以利亚成了神的恩赐的分配者，有权随己愿不让罪人享用天恩，而向悔改者打开天门。从记载来看，约翰其实并没有行过什么奇迹，但洞悉人的秘密的神宣告他所得的恩赐比任何先知都要大。我们可以设想，之所以如此，是因为两人自始至终一心一意地侍奉主，从未受到世俗情欲的玷污；因为妻儿的爱或别人的呼叫都不曾侵入他们的生活，他们甚至不曾想到日常生计有什么可忧虑之处；因为他们的行为表明他们超然于华丽的服饰之外，随遇而安，有什么就穿什么，一个穿着山羊皮，另一个披着骆驼毛。我相信，倘若他们娶妻生子，心灵变得软弱，就不可能达到这种高尚的精神状态。这不只是历史而已，而是"都要作为鉴戒"① 的，好叫我们的生活向着他们的方向前进。那么我们从中学到了什么呢？就是渴望与神联合的人必须像那些圣徒一样，使心灵脱离一切世俗的事务。分散于许多事务的心灵是不可能找到通向神的知识和爱的道路的。

第 七 章

举个实例可以使我们在这个问题上的教训更加清楚。设想有一条河流从源头流出，分成许多细小的支流。只要它这样流淌，就必不能用于任何农事目的，因为水流的分散使每一条支流都又小又弱，流速也很慢。但如果有人把这些分散的支流重新合成一条单一的水渠，就得到充盈的水流，可用于生活所需。在我看来，人心也是这样，只要它的精力分散于各种感官之乐，就没有力量走向真善；但人一旦把它召回，使它集中精力，它就会一心一意地从事与它相宜相合的活动，就不会有绊脚石妨碍它登上高处，领会实在。我们常常看到，管道里的水只要不让它泄漏，就能在这种压力的推动下奔涌向前；当然水有其自身的重力，但

---

① 《哥林多前书》10：11。

这种推力能够克服重力，把水推向前进。同样，人心若是包裹在习以为常的忍耐之渠里，不左顾右盼，就必借其自然之动力上升到一种高贵的爱。事实上，造物主命定它必须始终运动，所以它不可能停滞不前；这样，只要禁止它把这种力量用在日常琐事上，阻断一切不适当的支出，它就不得不加速走向真理的步伐。我们看到旅行者走到许多岔路口时仍能保持笔直前进，因为他们知道其他道路都是歧途，所以要避开它们，不可转弯。他们越是远离这些错误的方向，就越能保持笔直的路线。同样，心灵避开虚假，就能认得真理。所以我们上文提到的伟大的先知所教导的就是这样的教训，即不可纠缠于世俗所追求的任何目标；而婚姻就是这样的目标之一，或者毋宁说，它是追求一切虚妄之事的最大根源。

第 八 章

不过，诸位不可以为我们这里是在贬损婚姻这种习俗制度。我们清楚地知道，婚姻并非与神的恩福格格不入。但是，由于人类共同的本能有足够的力量为自己辩护——这些本能出于自发的偏好把婚姻作为生儿育女的捷径，而贞洁只是在一定意义上阻挠这种自然冲动，所以正儿八经地写一篇婚姻劝勉篇纯属多此一举。相反，我们提出它的种种喜乐，作为对它最强有力的辩护。然而，尽管如此，这样的讨论可能仍有一定的必要，因为有一些人故意歪曲教会的教义。这些人如使徒所说的"良心如同被热铁烙惯了一般"[1]；考虑到他们把圣灵的引导看作"鬼魔的道理"而弃之，憎恨神的造物，称之为"肮脏的"、"腐化的"、"邪恶的"，等等，他们的心里确实溃烂起泡了。"但审判教外的人与我何

---

[1] 《提摩太前书》4：2。

干？"① 使徒问。确实，那些人在我们的奥秘语言所说的"法庭"之外，他们不是住在神的家里，而是住在恶灵的隐修院里。他们被恶灵掳掠，听其支配②，因而不明白一切美德皆存在于中庸，执于两端都会成为邪恶。事实上，凡抓住中点，既不做得不足，也不做得过头的人已经对善恶作了明确的区分。举些例子可以看得更清楚。胆小如鼠和胆大妄为被认为是彼此对立的两种恶，一者勇气不足，一者过分自信。两者的中庸就是勇敢。再者，虔敬不是迷信，也不是不信；不信一位神与相信多位神都同样是不虔敬的。这原则不是很清楚吗？还需要举更多的例子来说明吗？人只要不过分吝啬也不挥霍无度，避开两端就能形成慷慨的道德习惯，因为慷慨就是既不任意浪费大量毫无意义的钱财，也不在必不可少的支出上斤斤计较。我们无须再详述种种美德的例子。在所有情形中，理性把美德确立为两端之间的中间状态。适度本身就是一种中间状态，显然远离通向邪恶的两端；也就是说，人的灵魂若缺乏坚定性，在与享乐的争斗中很容易被击败，甚至从来不曾靠近良善而节制的生活道路，那就滑入了可耻的纵欲之端；另外，人若超过适度的安全根基，过分强调节制，就可以说从悬崖上坠入了"鬼魔的道理"，"良心如同被热铁烙惯了一般"。他既宣称婚嫁是禁止的，就给自己招来这样的责备；因为如福音书所说的，"如果树是坏的，所结的果子就必是坏的"③；人若是婚姻这树的枝条和果子，抛弃它们就要遭致责备。所以，这些人就像是已经定了罪的犯人，他们的良心烙上了这种不合人情的教义的特点。而我们对婚姻的看法是这样的：人的首要任务当然是对属天之事的追求，但如果他能本着适度和节制的原则利用婚姻的好处，就无须鄙视这种侍奉国家的方式。先祖以撒（Isaac）就是一个例子。他在

---

① 《哥林多前书》5：12。

② 《提摩太后书》2：16。和合本《圣经》此节为："但要远避世俗的虚谈，因为这等人必进到更不敬虔的地步。"——中译者注

③ 参《马太福音》7：18。

过了青年甚至壮年将逝之时才娶利百加（Rebecca），可见，他结婚不是出于情欲之事，而是为了使神的恩福传给他的子孙。他与妻子同房，直到她怀胎生子，然后就关闭了感官之道，完全只为看不见的神而活。在关于这位先祖的历史记载中所提到的他眼里的"昏暗"，恐怕指的就是这个意思。当然善于解读这些经文的人完全可以有自己的看法，我们还是继续我们的讨论。既如此，那么我们可说什么呢？既然接受婚嫁的同时也可以真心爱神，那就没有理由抛弃这种本性的安排，把可敬的事误解为必须禁止的事。我们不妨再用水和泉的例子来说明。农夫为了灌溉一处田地，就把水流引到那里，但在引水入田之前需要一个小出口，他必根据所需要的水量相应地放水通过那个出口，这样主流不会因分流而受损害。如果此人没有经验，贪图方便，把水渠开得太大，就很可能导致整个水流离开自己的河床而流向旁道。同样，人在处理这种需要（生命确实需要一种共同延续）时，若是首先考虑属灵之事，并因为时间短促，谨慎地满足性欲，保持节制，那么他就如同谨慎的农夫，使徒劝勉我们要做这样的人。关于支付这些本性之琐碎债务的细枝末节他不会斤斤计较，但他长时间的祷告必能保证他的纯洁，而这乃是他生命的主音。他必须时时担心，怕这样纵欲可能使他成为属血气的，而在血气里是不会有神的灵居住的。但如果是性格软弱无法抵挡本性冲动的人，那最好还是让自己远离这样的试探，千万不可陷入非自己力所能及的战斗中去。那里的危险可不小，万一他受骗相信了享乐的价值，就会以为世上除了享有某种感官情欲的快乐之外，再没有别的好事了，于是就抛弃对非质料之喜乐的追求，完全变成属肉的，只在肉身里时时寻找自己的快乐，这样他就成为一个爱乐之人，而不是爱神之人。由于人性的软弱，并非每个人都有能力在这些事上掌握适当的火候；许多人可能会远远偏离适度的界限，"陷入深淤泥中"①，如《诗篇》作者所说的。因

---

① 参《诗篇》59：2。

而，如我们在讨论中所建议的，最好在此生中不要经受这些试探的考验，这可能对我们有利，免得情欲在合法满足的借口下找到进入灵魂堡垒的通道。

第 九 章

凡事成了习俗，就确实难以抵制。它有一种吸引、诱惑灵魂的巨大力量。人只要陷入了一种固定的情感状态，这种习惯就会使他产生对善的某种幻想；它本性并非邪恶，只是一旦成为时尚，就可能被认为既是可取的，又是可称颂的。想一想人现在还生活在地上。地上有许多国家民族，它们的野心不可能完全相同。不同的民族关于美和尊贵的标准各不相同，不同的习俗规定了不同的兴趣和目标。这种不同不仅存在于追求目标彼此相敌的国家之中，甚至存在于同一个国家、同一个城市、同一个家庭之中。我们还可以看到那些集体中也存在由于习惯情感导致的诸多差异。因而，同胞所生的兄弟可能在生活目标上大相径庭。就是同一个人对同一件事通常也不一定保持一贯的看法，而是随着时尚的影响频频改变。为了不偏离目前的主题，我们只提这样一点。我们知道，那些在整个少年时期已经表现出爱贞洁之情的人，由于接受了人以为合法可行的喜乐，于是就为自己打开了通向不洁生活的大门；他们一旦接受了这些试探，所有的情感力量都转向那个方向，再用我们关于河流的比喻来说，就是他们任由它冲出神圣渠道，进入粗劣的质料渠道，并在自身里面开凿了一条通向情欲的宽阔大道，这样，他们爱的河流就遗弃了高贵的河道，任由它干涸枯萎，同时洋洋洒洒地流入纵欲享乐之中。所以，我们认为，对较软弱的弟兄来说，飞向贞洁这座固若金汤的城堡可能更好，免得坠入到生活的因果链条，引来试探的最恶劣影响，使自己纠缠于那些借着肉身的欲望与我们心里的律争战的事；对他们来说，最好不要冒险拥有大量的田亩、财产，或者此世的其他奖赏，只留盼望作他们的指导。人若是转向世俗，感受到此世的焦虑，心里老想着要取悦于别人，那就不可能成就造物主首要且最大的诫命："你要尽心、尽力爱你的神。"① 他既分心在神与世界之间，并把独独属于神的爱消耗在属人的情感之中，又如何能成全这样的诫命呢？"没有娶妻的，是为主的事挂虑；娶了妻的，是为世上的事挂虑。"② 尽管与享乐争战很辛苦，但大家仍需鼓起勇气。即使在看起来最令人厌烦的事上，习惯也会因坚忍不拔的努力而产生一种喜乐感；而这种喜乐必是最高贵最纯洁的一种；理智所倾心的很可能就是这种喜乐，而不是任由他们朝向低级对象、追求狭隘目标，远离那一切思想都无法企及的真正的伟大。

第十章

实在地说，失去对真善的拥有，这种损失何其大，岂是哪一种语言能够表达的？又有哪一种精湛的思想力能够把握呢？对那言语不能表达，心灵无法把握的东西，就是稍作概括，又有谁能够做到呢？一方面，如果人始终保持自己的心眼清澈明亮，能在一定意义上看到我们的主关于八福的应许得到了应验，那他必抱怨人的语言在表述他所领会的事上实在无能为力。另一方面，人若从质料满足中染上了情欲的软弱，就像薄雾笼罩了他灵魂最深处的图像，那么一切语言的表达力对他都是白搭，不起作用；对那些根本没有能力理解奇迹的人来说，无论你的描述是不足还是夸大其词，结果都是一样的。就像对一个从出生时就从未见过阳光的人，无论你怎样用形象的语言描绘，都纯粹是浪费，你不可能让他的耳朵听明白灿烂的光辉究竟是什么。同样，要看见真正的理智之光的美，每个人必须要有自己的眼睛；凡能借着神圣启示之恩赐看见

① 《马太福音》22：37。与和合本经文"你要尽心、尽性、尽意，爱主你的神"有点出入，中译者根据英文直译。——中译者注
② 《哥林多前书》7：32。

这种美善的人，都在自己的意识深处保留着他那无法言表的出神状态；而看不见这种美善的人，甚至不可能明白自己的损失有多大。他怎可能明白呢？他体会不到这种善，也不可能向他描述出来，这种善是无法言喻，不可描绘的。我们不曾学过能够表达这种美的独特语言；在这世上也不存在我们想要表达的这种东西的例子，至少要给它找个可比较的对象实在是非常困难。谁会把太阳比作一点星火？谁会把广袤的海洋比作一滴水珠？那小水珠、小星火与海洋、太阳的关系就是世人所敬慕的美物与作为首善（the First Good）之特征的真美的关系，我们看到，这首善超越一切具体的善。人失去了这样的美善，还能找出什么词来表达这种损失之大呢？在我看来，伟大的大卫就表明了这是不可能做到的。他借圣灵之力离开自己，升到高处，在一种出神的恩福状态看到了无有边界、无法理喻的美；他离开自己的肉身外壳，借纯粹的思想进入到对属灵和属理智的世界的沉思之中，从而看到了一个人所能看到的最完全的东西，但当他想要找到适当的词来表达这种景象时禁不住喊出那句大家用了又用的话："人都是说谎的！"① 我认为这话的意思是说，凡相信语言能够表达不可言说之光的人事实上并且真正的是个说谎者；这不是因为他恨恶真理，而是因为他所使用的工具在表达所沉思的对象上是软弱无能的。我们在今世所见到的有形的美，是美本身的些许体现，无论是以适当的色彩体现在无生命的物体中，还是体现在有生命的机体中，都可以通过我们的美学感受能力得到足够的敬仰，可以通过描绘向别人说明，使之了解，可以用语言把它刻画出来，像一幅画一样呈现出来。这样的美，就是具有完全的形式，也难不倒我们的概念。然而，倘若一种美根本找不到任何词汇来描述，没有颜色，没有轮廓，没有宏伟的尺度，没有完美无瑕的特点，没有艺术的任何常规形式，那怎能说明呢？无形无体的美，没有性质、全然没有我们眼睛所见的形体上的一切东西的美，永远

---

① 《诗篇》116：11。

不可能通过我们的感知觉来领会、认识。但尽管我们所爱的这个对象看起来太高，难以理解，我们却不能因此对获得它失去希望。越是有理由表明我们所追求的事物伟大非凡，我们就越是要提升自己的思想，以那对象的伟大来激发思想；我们必须时时警醒，免得失去对那超然之至善的分有。事实上，因为我们无法将对它的理解建立在可知的性质上，所以我们很可能会因它的高度和神秘性而对它完全茫然无知，这种危险不可谓不大。因而我们相信，由于思考能力的不足，通过感知觉一步一步引导它走向无形者（the Unseen），这是必不可少的。我们的想法如下。

第十一章

须知，那些对事物只看表面、不善反思的人对万事万物都只能观察到外在的现象，比如遇到一个人，只看到他的外表就以为万事大吉了，只观察到他的形体就足以使他们以为已经认识了他的本质。然而能够深入洞察的科学的心灵绝不会把测量实质的任务完全交托给眼睛；它不会止于表象，不会认为那眼不能见的就是非实在的。它深入探索人的灵魂的性质。它对随着身体结构形成的它自身的那些性质既相互联系起来观察，也分开单独研究；先是单独分析，再是放到形成人之个性的生命复合体中分析。至于对美的本性的考察，我们再来看看理智不成熟的人的例子。当他看到一个物体沐浴在看起来美艳的光芒里，就以为那物体本质上是美的，而不管令人赏心悦目的究竟是什么东西。他不会进一步深入探讨。但另一种人，心眼澄明清澈、能够审视这种表象的人，对那些为美之形式所用的纯粹的质料元素必定一掠而过；在他看来，它们只是他登上理智美之境界的梯子而已，当然它们也分有一定的美，并因此而生出其他各种具体的美和美的名称。不过在我看来，对大多数人来说，因为他们一生中的思考能力都较愚钝，故要进行这种理智分析，把质料性工具与内在的美区分开来，从而领会至美的真实本性，实在是极为困难的事。如果有人想要知道这个问题上的一切错误而荒谬的观念究竟从哪里来的，他必然会发现这样的源泉不在别处，就在于灵魂的感受能力缺乏专门的训练，没有获得分辨真美与假美的能力。由此，人就放弃了探求真美的一切努力，有些滑入了单纯的感觉，有些倾心于对死的金属钱币的追求，有的把自己对美的观念局限于世俗的尊贵、荣誉、权力，还有的对艺术和科学抱着浓厚的兴趣。最卑鄙的甚至把自己的贪欲作为判断善的标准。但是摒弃了一切粗俗的念头和追求假美之热情，从而探求那单纯、非质料、无形式之美的人，在必须对不同的追求对象作出选择的时候，绝不会犯那样的错误，绝不会被这些诱因误导，而看不到它们的快乐是短暂的，做不到对它们全都鄙夷弃之。而这就是引导我们去发现真美的道路。所有其他吸引人去爱的目标，因为从来没有如此时尚，从来没有得到如此多的珍视，从来不曾被如此热切地追求，因为太低级、太短暂，无法引发我们所拥有的爱的力量，所以必然被我们抛在后面。当然这不是说那些爱的力量禁锢在我们里面不动，而是说我们必须首先除去它们中的一切低级欲望；然后必须把它们提升到感觉永远无法企及的高度。到那时，甚至对诸天之美，对令人目眩的阳光，对任何美的现象都不会再有崇敬。那些美权当是指示方向的手，引导我们去爱那超凡之美，它的荣光有诸天和苍穹宣告，它的奥秘在整个造物界传唱。不断攀登的灵魂把自己已经领会的东西一一抛弃，因为它们远远不能满足它的需要，由此它必能把握远远高出诸天的那种宏伟究竟是什么。然而，人的心思只在地上匍匐，怎可能达到这一层次呢？人若没有属天的翅膀，没有因天上的呼召而变得轻盈上升、心胸高尚，怎可能飞升进入诸天呢？几乎没有人不知道福音所传的奥秘，不知道人的灵魂要升入天上唯有借助于一种工具，即使自己像那降下的鸽子一样，连先知大卫也渴望有它的翅膀①。这是《圣经》在比喻意义上对圣灵之权能的

---

① 《诗篇》55：6。

称呼，之所以如此比喻，可能是因为这种鸟身上没有一滴胆汁（苦味），也可能是因为它不能忍受任何讨厌的气味，如深入观察的人所说的。因而人若始终远离一切属肉的苦味和难闻的气味，乘着上述的翅膀升到一切低级的世俗欲望之上，或者更有甚者，升到整个宇宙之上，这样的人必能找到那唯一值得爱的东西，并且使自己也与他所触及的至美一样美，在与真光的联合之中变得光彩夺目。对这个题目有所研究的人告诉我们，那些彼此相随、在夜空迅速扫过、人们称之为流星的光束不是别的，就是空气本身在某种猛烈的撞击下流入天空的上层。他们说，当那些撞击在太空中爆发时，天上就划出火一样的轨道。这样说来，正如地上的这种空气因被某种撞击推动而上升，变成太空中纯粹的光芒，同样，人的心灵（mind）也在灵（spirit）的压迫下离开这个昏暗污秽的世界，与真正超凡的圣洁接触，从而变得清洁而明亮。在这样的环境里，就是它本身也发出了光，并且充满了光辉，使自己也变成了一束真光，应验了我们主所应许的，"义人要发出光来，像太阳一样"①。这一点我们还可以在镜子或水面或任何可以反射光的光滑平面上看到；当它们接受阳光时，自己也变得光亮，但如果有污点蒙上了它们纯洁光亮的表面，就丧失了这种功能。所以，我们如果离开地上这个黑暗的环境，住到天上去，就会靠近基督的真光，从而自己也变得像光一样。如果在黑暗中闪耀的真光降临到我们身上，我们就要成为光，如我们的主在某处对他的门徒所说的②；也就是说，只要没有罪的污秽传到我们心上，使我们的光变得黯淡，我们就是明亮洁净的。也许这些例子已经使我们渐渐发现，我们是可以变成某种比我们自身更好的存在的；同时也表明灵魂与不朽之神的这种联合要得以实现没有别的途径，唯有靠它自己借自己的贞洁状态尽可能实现最大的纯洁——这种状态因为与神相似，必

---

① 《马太福音》13：43。
② 《约翰福音》9：5，1：9。

能使它领会神，同时也使它自己就像一面镜子放在神的纯洁之下，在与
万美之原型的接触和凝视中形成自己的美。假设一个非常强大的人能够
脱离一切属人的东西，脱离喜欢的人，脱离财富，抛弃对艺术和科学的
追求，甚至抛弃一切在道德实践和立法上看为正当的东西（因为所有
这些东西都是以感觉为标准的，因而对至美的领会都会出现错误）；这
样的人必像热恋的爱人，心中所爱唯有至美；这美除了自身别无他源，
并不是只在某个时候如此，也不是只在相对意义上如此；它自身就是美
的源泉、本体、美本身，并非此时如此，彼时如彼，而是无所增长添
加，永不变化更改。我敢断言，人若是洁净了自身，使自己的一切本质
力量都远离任何邪恶，那么这种本质的美，就是一切美和善之源泉，必
向他显现出来。视力正常的眼睛只要除净挡在它前面的障碍，就能看见
事物，甚至能清楚地看见遥远天空的事物；同样，灵魂只要清白，就有
能力吸收那真光，而真正的贞洁，追求圣洁的真正热情，就是以此为目
标的，即获得看见神的能力。其实，没有哪个人心里不知道这一点，不
用说人人也能明白，宇宙之神就是唯一绝对、至高、独一的美善。诚然
人人都可能知道这一点，但有些人——我们完全可以这样想——除了知
道这一点之外，如果可能，还希望找到一条途径使我们真正地走向这样
的美善。须知，圣书满有这样的指示引导我们，还有许多圣徒以自己的
生命发出光辉，就像灯塔，为那些"与神同行"的人照亮道路。每个
人都可以从这圣灵启示所作的两约中为自己收集到大量通向这个目标的
暗示，先知书和律法书都充满了这样的暗示，福音书和使徒传统中也莫
不如此。我们从那些圣灵启示的话语所表达的思想中推演出如下观点。

第十二章

这有理性和理智的受造物即人，也就是神圣而不朽坏之心灵的作品

和形像（因为《创世记》里记着说"神照着自己的形像造人"①），我是说，这受造物刚造成时并没有在自己的本性中结合受制于情欲和死的特性。说实在的，假使反映在那形像里的美与原型之美有一点点出入，我们就不可能坚持说这形像是真的。后来，就是在人最初形成之后，情欲被引了进来，它是这样被引入的。人作为治理万物之权能的形像和样式，如经上所说的，还在自由意志上保持与在万物之上的神的意志的相似性。无论外界有什么必然性，他都不曾受制于它；他对令他喜悦之事的情感只依凭自己个人的判断；他自主选择自己所喜欢的一切；所以他是一个自由的主体，但是当他把那如今支配着人性的灾难招惹上身之后，就陷入了诡诈的深渊。他自己就成了邪恶的发现者，但他没有在那里发现神所造的东西；须知，神不曾造出死来。这样，人本身就在一定程度上成了恶的制造者和工匠。凡有视力的人都可以同等地看见阳光；如果他喜欢，也可以闭上眼睛不看。若是那样，就不是太阳离去，产生黑暗，而是人自己在他的眼睛和阳光之间放置障碍。事实上，就是闭上眼睛，视觉器官也不可能停止活动，所以，这种运作的视觉（operative sight）必然因为人自己主动停止看这种行为而在他身上成为一种运作的黑暗（operative darkness）。再说，人在为自己建造房子的时候可能会因疏忽而忘了留出窗户采光，于是他就要处在黑暗之中，只不过他是出于自身的原因把光线挡在外面的。同样，地上的第一人，或者准确地说，制造人性之恶的人，原本应当选择围绕他身边的至善和至美，但他有意为自己铺设了与这种本性背道而驰的新路，自愿偏离美德，从而制造了恶的习俗。因为我们可以看到，世上没有哪种恶与意志无关，不是在包含意志的实体中体现出来的。神所造的每一样物都是好的，凡属他的，没有一样是"可弃的"，神所造的一切都"甚好"②。但是如我们所叙

---

① 《创世记》5：24，6：9。
② 《提摩太前书》4：4，《创世记》1：31。

述的，罪的恶习潜入，并且极为迅速地进入了人的生命，终于从那小小的口子扩张成这种无边无际的恶。这样，灵魂原本是原型之美的像，具有原型的神圣之美，现在却像好钢生了可恶的铁锈，再也不能保守它所熟悉的本质之荣光，而被罪之丑陋扭曲了尊容。人的造成原是多么伟大而珍贵的事，如《圣经》所说的，然而，所造的人却离弃了自己荣耀的出生权。就像那些滑倒深深陷入淤泥的人，身上全是泥浆污垢，就是最亲近的朋友也认不出来了，同样，这造物陷入罪之污泥，丧失了作为不朽神之像的恩福，反倒穿戴了另一物的可朽而污秽的形像，于是理性建议他在这种呼召之净水中洗去污秽，把这可朽的形像脱掉。一旦属地的外壳除去了，灵魂原有的美就会重新显现出来。须知，脱去外在的添加物，就是恢复熟悉的本原之物。只是要获得这样的恢复，唯有再次变成我们起初受造的状态才行。事实上，这个神的形像全然不是出于我们的作品，不是人的任何官能取得的成就，是神在我们刚出生之际赐给我们人性的伟大恩赐，而人的努力只能做到洁净罪的污秽，从而使灵魂里被掩埋的美重新闪出光辉。据福音书记载，我们的主对那些能够听见藏在奥秘下面的智慧所说的话的人说："神的国就在你们心里"①，我想，这里所要教导的就是这样的真理。这话指出，事实上，圣善并不是与我们的本性无关的东西，并不是远远地在那些立意寻求它的人之外遥不可及的东西，它其实就在我们每个人心里，只是因为被蒙盖在世俗生活的焦虑和快乐中，没有认识和注意到，但是一旦我们能够将意识的思考力指向它，就能重新发现。如果我们所说的观点还需要进一步证实，我想，我们的主在讲到寻找失落的钱币的比喻②时所意指的就是这样的思想。具体而言，这思想就是，假如那丢失的美德（就是比喻里失落的钱币）不存在于其他美德中间，那么就算它们都很安全，这妇人也不

---

① 《路加福音》17：21。
② 《路加福音》15：8。

能从中得到任何益处。因而寓言暗示，先要点亮一根蜡烛——毫无疑问这表示我们的理性照亮隐秘的原则；然后我们应当在自己的家里，即在自己心里寻找那个失落的钱币；而那钱币无疑就是寓示我们王的形像，它并没有毫无指望地消失了，而是掩藏在污泥下面；这污泥我们必须理解为肉身的不洁，只要经过仔细扫除和洁净，去掉这些污秽，我们所要寻找的目标就会清晰地呈现出来；这目标就是指灵魂本身，她找到了这种喜乐，并叫来朋友、邻居与她一同分享这种喜乐。事实上，所有与灵魂同居一室、寓言里称为她邻居的那些力量，当大能的王最后呈现出全部光亮（塑造我们每个人的心灵的造物主的形像已经在我们这钱币里烙下印记）时，必定都转向那神圣的喜乐和庆典，必定凝视所发现的不可言传的美。她说："我失落的那块钱已经找着了，你们和我一同欢喜吧！"① 邻居，也就是灵魂所亲近的各种力量，包括理性和欲望的力量，忧愁和愤怒的情感，以及其他所有在她里面可见的力量，在那喜乐的为庆祝天上钱币的失而复得的庆典上也完全可以称为她的朋友；他们既然都朝向至美至善，都为神的荣耀尽心尽力，不再给罪作不义的器具②，就当在主里面一同欢喜。这样说来，找回失落钱币的教训就是，我们应当将这属神的形像脱去肉身所陷入的污秽，恢复其原初的状态，让我们都成为第一人起初得着生气时所是的那种状态。那是怎样的一种状态呢？那时，他没有包裹死皮，可以直面神的面容。他也不是靠嗅觉或视觉来判断爱的对象；他只在主里面发现了一切甜美的东西；他只为这种喜乐才使用所赐给他的帮手，如《圣经》所说的："他原本不知道她"③，直到他被赶出伊甸园，直到她因被引诱所犯的罪而受到怀胎之苦的惩罚。于是，我们这些因第一个祖先而被驱逐的人，可以通过与丧失乐园同样的阶段，一步步回到我们

---

① 《路加福音》15：9。
② 《罗马书》6：13。
③ 《创世记》4：1。和合本《圣经》没有此句经文。——中译者注

最初的恩福状态。这些阶段是怎样的呢？狡猾地提供快乐，开始堕落，由求乐而来的羞耻，害怕，不愿长期留在他们的造物主面前，于是就用树叶和树荫把自己掩藏起来；这之后，他们用死兽的皮来遮盖身体；然后被赶出来进入这充满瘟疫、条件艰苦的地上；到了地上，就必须面临死亡，为避免由此灭绝人类，就设立了婚姻。既然我们注定要"离世与基督同在"①，就必定在离世之路的终点处开始（那是离我们自身最近的）；正如那些远离家里的朋友的人，当他们回到当初出发之地时，首先离开他们在外出行程的最后所到达的地方。这样说来，婚姻就是我们离开乐园之生命的最后阶段；因而，如我们的讨论可以推出的，婚姻也就是首先要离弃的事物；可以说，这是我们走向基督的第一站。接下来，我们必须放弃地上的一切焦虑和劳苦，人在犯罪之后就被捆绑在那些事物里面。再下一步我们必须除去加在裸体上的那些遮盖物，那些皮衣，也就是属肉身的智慧；我们必须弃绝一切暗昧可耻的事②，不再用这艰苦世界的无花果叶子遮盖身体；这样，当我们脱去了此世生命可朽坏之叶编成的衣服之后，我们必然再次面对面地站在我们的造物主跟前；赶走了一切嗅觉与视觉的虚幻之后，就只把神的命令作为我们的指示，绝不再听信恶毒之蛇的甜言蜜语。那命令就是，只能触摸善的东西，不可尝试恶的东西；因为不能保持对恶的无知就是导致实际恶之漫长旅途的开始。因此，神禁止我们的第一对祖先掌握善及其对立面恶的知识，他们必须使自己远离"分辨善恶的知识"③，必须拥有纯粹的善，不掺杂一点恶的痕迹的善。而按我的观点来看，拥有那样的善，就是永远与神同在，永远感受这种喜乐，不包含任何可能使我们与它分离的东西。我们甚至可以大胆地说，这可能就是人借以离开处在邪恶中的此世，重新回到乐园的道路，保罗曾到过这样的乐园，看见了人

① 《腓立比书》1：23。
② 《哥林多后书》4：2。
③ 《创世记》2：17。

不能言说的景象①。

第十三章

然而，乐园既然是永生之灵的家，必不接受那些在罪里死了的人，而我们则是属肉的，必死的，已经卖给罪了②；那么这死亡之国里的臣民如何可能永远住在这永生之地呢？能设计出什么方法脱离这种辖制呢？这方面福音书里同样有大量丰富的教训。我们听到主教导尼哥底因（Nicodemus）说："从肉身生的，就是肉身；从灵生的，就是灵。"③我们也知道肉身屈从于死是因为罪，而神之圣灵既是不朽坏的，赐予生命的，也是不死的。在我们的身体出生之际，随我们进入世界的是一种再次归于尘土的潜在性，所以，显然圣灵也分赐给他亲生的子孙生命的潜能。那么从这些话里可以得出什么教训呢？就是：我们当使自己渐渐脱离这个肉身里的生命，因为它不可避免跟随着死亡；我们当探求一种不会随之带来死亡的生命形式。须知，贞洁的生活就是这样的一种生命。我们会补充一些别的例证来表明为何如此。每个人都知道，可朽的身体的繁衍是两性交配所必做的工作；而对那些与圣灵结合的人来说，与圣灵结合所产生的是永生和不朽，而不是孩子；使徒的话恰恰说中了这样的情形，生产这样的孩子并喜乐的母亲"必在生产上得救"④；如《诗篇》作者在圣歌里充满感激地唱道："他使不能生育的妇人安居家中，为多子的乐母。"⑤没错，快乐的母亲就是贞洁的母亲，借圣灵的运行怀胎生了不朽的孩子，先知只是因为她的节制才称其为不生育的。这种

---

① 《哥林多后书》12：4。
② 《罗马书》7：14。
③ 《约翰福音》3：6。
④ 《提摩太前书》2：15。
⑤ 《诗篇》113：9。

生活比死之权能强大，对那些善于思考的人来说，是更值得选择的一种。从母腹生育孩子——我丝毫没有侮辱的意思——既是生命的开始，也是死亡的起点；因为从出生那一刻起，死的过程就开始了。而那些凭着贞洁拒斥了这个过程的人，在他们自己心里画出了死亡的界线，并以其自身的行为挡住了死之来临；事实上，他们使自己成了生与死之间的边界，也是阻挡死的一道篱笆。这样说来，如果死无法越过贞洁这道篱笆，只能发现自己的权能被遏制、分散在那儿，那么就可以证明贞洁比死更强大；证明那拒不侍奉必死的世界、也不容忍自己变成传宗接代之工具的身体就可以称之为不朽的。在这样的身体中，漫长而绵延的衰退和死亡过程——介于第一人和贞洁生命之间——被打断了。当然，只要人类借着婚姻仍在繁衍，死就不可能停止运作；他与先前的世代一起行在生命之道上；他与每一个新生婴儿同在，并伴随它一直到底；但是他发现贞洁是一道坎，一道无法逾越的障碍。正如在圣母马利亚时代，那从亚当以来一直作王者的死，当他来到她身上并用自己的力量冲击她的贞洁之果时，却发现如同撞在岩石上一样，在她身上仕成碎片，同样，在贞洁的保护下度过肉身生命的每一个灵魂里，死的力量都被粉碎、灭绝，因为死找不到可以叮咬的地方。如果你不把木柴、草秸或其他可燃之物扔进火里，火自身没有力量维护燃烧；同样，如果没有婚姻为死提供质料，为这个刽子手提供受害者，他就不可能一直大行其道。倘若你还有什么疑惑，请想一想死带给人类的那些苦难的实际名称，我们在本文的第一部分已经详细列出这些名称。它们从何处得到各自的含义？"寡妇"、"孤儿"、"丧子"，倘若事先没有婚姻，这些状况怎么可能成为悲哀之因呢？不仅如此，婚姻所带来的一切珍贵的幸福、激动和安慰，最终都在这些忧愁和悲哀中作结。看一把剑，剑柄光滑可拿，外观锃亮有光，似乎完全符合手的外形；但另一部分却是钢，是死的器具，不可看，更不可相遇。婚姻就是这样的一把剑。它为感官提供令人喜悦的光滑表面，就像工具极其光滑雅致的柄；但当人把它拿起来放在手里，就发现那已经包含在它里面的痛苦也传到了他的手上；它成了他的哀伤和损失的制造者。正是婚姻产生令人心碎的情景，让年幼无知的孩子孤苦伶仃，成了有权者的牺牲品，却因为对将来的悲剧一无所知常常在自己的不幸命运中喜笑颜开。寡妇从哪里而来？不就是婚姻导致的吗？只要脱离婚姻，就可以使我们的心免于所有这些悲哀之说的整个担子。我们还能指望另外的情形吗？既然起初对过犯者的定罪取消了，那么母亲的"苦楚"就不再多多加增①，"苦楚"也不再是生育的宣告；于是，生命中的一切灾难都消失，"各人脸上的眼泪"必被"擦去"②；怀胎不再是一种不义，生育也不再是一种罪恶；人也"不再是从血气生的，不是从情欲生的，也不是从人意生的"③，唯有从神生的。只要人活泼的心里拥有圣灵的正直，生出智慧和公义，以及称义和救赎，就往往会发生这样的情形。任何人都有可能成为这样的儿子的母亲，如我们的主所说的："凡遵行我天父旨意的人，就是我的弟兄、姐妹和母亲了。"④ 在这样的生产中哪里有死亡的立足之地呢？事实上，在这样的生产中死已经被生吞没了。可以说，贞洁的生命就是来世的恩福的真实表现，它确实在自身中显明了许多记号，表明那里为我们保存了那些可指望的恩福。这话的真理性可以感受到，这一点我们会证实。首先，之所以如此是因为那向死一次性死了的人将来要向神而活；他再也不会生产必死的果子；他已在自己身上终结了属血气的生命⑤，从此便等候所盼望的恩福、等候至大的神的显现⑥，绝不让子孙介入进来，致使他自身与神的到来之间出现什么间距。其次，因为就是在此生中他也在一定程度上享有我们复活之后所得的一切恩福的绝妙荣耀。我们的主已经宣告，我

---

① 《创世记》3：16。
② 《以赛亚书》25：8。
③ 《约翰福音》1：13。
④ 《马太福音》12：50。
⑤ 参《马太福音》13：39；《希伯来书》9：15。
⑥ 《提多书》2：13。

们复活之后的生命必如同天使一般。而天使的特点就是他们从不知有婚姻之事，因而那不仅将自己的荣耀与圣徒的荣光混合，而且仿效这些无形之存在的纯洁使自己的生命毫无瑕疵的人，已经领受了所应许的福了。这样说来，既然贞洁能够为我们赢得这样的恩赐，什么样的语言能表达对如此伟大的恩典的敬仰呢？灵魂得到完全，永不受苦，还有什么比这种恩赐更大更宝贵的呢？

第十四章

如果我们最后领会了这种恩典的完全，我们也定会明白从中必然得出的结论，即这不是最终制服了身体这样一种单一的成就，而是立意达到并渗透作为或者被认为是灵魂的正当状态的一切东西。那确实在贞洁里依靠真正的新郎的灵魂，不会只满足于使自身脱离一切身体上的污秽，她只是把这种弃绝作为纯洁的开端，然后必然把这种免遭失败的安全同等地带入到与她同道的其他一切事物中去。万一出于太过猵狭的心，她在与邪恶的接触中在某个方面给不信的软弱有机可乘（假设有这样的情形，不过原本要讲的问题我会重新开始讲），为防止出现这样的情形，信靠主的灵魂就与主同为一灵，通过婚约把她心里全部的爱和全部的力量都投到他身上——这样的灵魂再也不会犯与救恩相悖的任何罪过，也不会行淫乱之事毁损她与主的联合；她知道在众罪之间存在着一种与不洁的亲缘关系，也知道只要她沾染其中的一种罪，就不可能再使自己保持纯洁无瑕。举个例子来说明我们的意思。设想当风平浪静，没有任何因素扰乱宁静的时候，满池子的水就保持平滑而静谧；然后把一颗石子扔进池子，那一部分的水波就扩展到整个水面，虽然石子的重量使它沉入水底，但它引起的水波一圈圈地波及另外的水域，通过一层层传递冲到水的池边，于是整个水面都激起了层层涟漪，感受到深处的运动。灵魂正是这样，原本的安详和宁静一旦受到侵入进来的某种情欲的干扰，就会受到广泛的影响，某个部分的伤害会牵涉到整个灵魂。那些已经考察了这个话题的人还告诉我们说，各种美德并非彼此分立，人若没有抓住全部美德的原则，就不可能领会任何一种美德的原则，人若在自己的品性中显明了一种美德，就必然显明所有的美德。因而，反过来可以说，我们可朽本性中任何属性的缺乏必扩展到整个良善的生命；而且完全正确的是，如使徒所说的，整体受到部分的影响，"若一个肢体受苦，所有的肢体就一同受苦；若一个肢体得荣耀，所有的肢体就一同快乐"①。

第十五章

然而在我们的生命中通向罪的道路是数不胜数的；《圣经》用各种方式来说明它们的数量之多。"那困扰我、逼迫我的何其多"，"那从高处与我争战的何其多"②，诸如此类的经文很多。我们可以绝对肯定地说，那用奸淫者的方式阴谋毁坏这真正可敬的婚姻、玷污这纯洁的床第的人何其多。如果我们必须一一说出它们的名称，我们可以把愤怒、贪婪、嫉妒、报复、仇恨、邪恶、憎恨，以及使徒所说的与正统教义相悖的那些事物记在这奸淫之灵的名下。我们不妨设想一下，有一位女士楚楚动人、富有魅力，因而嫁给了一位国王，但由于她太美了，所以常常受到恣意追求她的情人们的骚扰。只要她对这些潜在的引诱者始终义正词严，并向她的合法丈夫指控他们，就守住了自己的贞洁，眼里没有别人，只有自己的郎君，花花公子们就找不到正当的理由来攻击她。但如果她听从了其中一个浪荡子的话，那她相对其余人的贞洁也不能免除她受到报应；她既放任一人玷污婚床，就足以被定罪了。因而，将生命放

---

① 《哥林多前书》12：26。
② 《诗篇》56：3（七十子译本）。

在神里面的灵魂绝不会在那些徒有美丽外表蒙人的事物中寻找快乐。倘若她出于某种软弱让自己的心被玷污了，她就是自己毁掉了属灵的婚约；并且如《圣经》所说的，"变成了智慧不可能到达的邪恶灵魂"①。换言之，可以确切地说，至善的丈夫不可能来与脾气暴躁、心怀恶念、或者包藏其他与这种结合不协调的品性的灵魂同住。本性相反毫无共同之处的事物绝不可能和谐相处。使徒告诉我们说，光明和黑暗没有什么可相通的，义与不义没有什么可相交的②，总而言之，我们所认为、所称呼的一切属于神性的东西，与我们所认为的属于邪恶的一切对立面没有任何相同之处。既然彼此排斥的东西不可能相互联合，我们就当明白淫邪的灵魂是绝不可能与至善相伴的。由此得到怎样的实际教训呢？圣洁而善思的贞女必须摒弃一切可能玷污她的灵魂的情感，必须保持对娶她的丈夫的完全纯洁，"毫无玷污、皱纹等类的病"③。

第十六章

正道只有一条，它是狭窄而缩紧的，道上也没有向这边或向那边的转弯口。无论我们以什么方式离开它，都同样具有不可挽回地偏离的危险。既如此，许多人已经养成的习惯必须尽可能地纠正；这些人我指的是那些尽管不遗余力地反对低级趣味，但仍在追逐属世的愉悦，比如能满足他们权力欲的荣誉和地位。他们的行为类似于某些仆人，虽然渴望自由，却不是使自己摆脱奴役状态，而只是更换自己的主人。然而，只要某种形式的支配以强制力控制着他们，尽管他们并不是受制于同样的主人，却无一例外全都是奴隶。还有一些人经过与一切享乐的长期争战，却轻而易举地在另一领域屈服，任相反类型的情感潜入进来，原本

---

① 《所罗门智训》1：4。中译者根据英文直译。——中译者注
② 参《哥林多后书》6：14。
③ 《以弗所书》5：27。

十分严谨的生活受到了忧郁和暴躁情绪的侵扰，很容易担惊受怕，对一切与快乐相反的情绪都非常敏感，并且不情愿从这些不快乐中摆脱出来。一旦某种情绪，而不是美好的理性控制了生命的旅程，就往往会出现这样的情形。主的命令光芒万丈，甚至"能使愚人""眼目明亮"①，宣称善只在乎神。不过，神既不是苦，也不是乐；既不是怯懦，也不是勇敢；不是畏惧、愤怒，或者其他使未受教训的灵魂偏离正道的任何一种情绪，而是如使徒所说的，是智慧和称义，是真理、喜乐、平安，是诸如此类的一切。神既如此，人若是受制于相反的事物，怎可能说他是信靠神的呢？人若以为当他成功地摆脱某种情欲的控制之后就必能在美德的对立物中找到美德，这岂不是荒谬至极吗？比如，以为当他摆脱了享乐之后就能在放任痛苦浸淫他的过程中找到美德；或者以为当他经过一定努力能够控制怒火之后就能在恐惧的蜷伏中找到美德。至于我们错失的是美德，还是作为美德之总和的神本身，这并不重要。拿身体的极度虚脱来说，有人会说无论其原因是过度节食还是过度饮食，这种可悲的失败是一样的，两者都没有适可而止，从而导致了同样的结果。因而，凡是注意生活谨慎、灵魂明智的人必使自己与真理的尺度保持一致，必始终不触及美德两边的对立状态。这样的教训并非出自我之口，乃是出乎神之口。在一段经文里主对他的门徒说，他差他们去，如同羊进入狼群，所以他们的品性不仅要像鸽子一样驯服，还要像蛇一样灵巧②，这就清楚地包含了这样的教训。这意味着他们既不可行过分单纯之事——尽管单纯本身是可贵的——那样的习惯近乎疯狂；另一方面也不可过分相信大多数人敬为美德的灵巧——当然前提是未受任何对立因素的混合。事实上，他们必须养成另一种品性，即把这两种看起来相反的品性结合起来，温顺但不愚笨，灵巧但不狡诈，这样从两种品性中产

---

① 参《诗篇》19：6、7、8。

② 《马太福音》10：16。

生了一种新的优秀品性，有意的单纯与精明相结合的品性。如主所说的："要灵巧像蛇，驯服像鸽子。"

第十七章

但愿我们主所说的话成为每个人生命中的首要格言，特别希望成为那些借着贞洁之门越来越靠近神的人的格言，免得他们在注意了一方面的完全的同时却在另一相反的方面表现出漫不经心的过失，使他们在一切方面都成就良善，好叫他们在一切事上都能使圣洁的生命不至落空。战士不会只装备身上的某几处，而让其余部分暴露在可能的伤害之下。倘若他在未装备的部位受了致命伤，那这种部分装备又有什么意义呢？同样，如果构成整体之美的那些必不可少的要素之一因某个事故而丧失了，那谁还会称之为完美无瑕呢？受伤部分的毁容损害了未受伤部分的恩典。福音书暗示，人在建塔的时候若是把全部精力都花在建筑地基上，以至始终无法建成塔，那是十分可笑的。我们从塔的寓言里所学到的不就是要努力实现每一个高尚的目标，在神的各种形式的命令里完成他的工作吗？事实上，一块石头并不能建成整个塔，守一个命令也不会使灵魂的完美达到所要求的高度。无论如何，根基总是要先立的；但如使徒所说的①，必须用金银宝石在这根基上建造。先知也是这样对待命令的，他叫喊着说："我爱你的命令胜过金子和众多宝石。"② 良善的生活当以对贞洁的爱作为自己的基底，但不能到此为止，而要进一步在这根基上结出各种美德的果子。若说相信贞洁是一件极为宝贵的事物，并且认为它具有神的形像（人相信它如此，事实上它也确实如此），然而，倘若整个生命并没有与这完全的音符协调一致，反而不断地受到灵魂里

---

① 《哥林多前书》3：12。
② 《诗篇》119：129（七十子译本）。

的不和谐音的损害，那么这宝物只能成为"戴在猪鼻子上的金环"①，或者"丢在猪前的珍珠"。不过，我们在这一点上已经说得够多了。

第十八章

如果有人认为自己的生命与周围环境的某个因素之间缺乏彼此和谐完全是无足轻重的事情，那么请他看一看对房子的管理，从而知道我们的格言究竟是什么意思。私房的主人必定不会让他的房子出现一点凌乱或不雅观的地方，不会让凳子翻倒，桌子散满垃圾，把昂贵的器具扔在灰尘仆仆的角落里，却让那些没什么用处的东西放在显眼之处，使进来的客人一眼就能看见。他把一切东西都安排妥当，摆放整齐，各归其位，各尽其能，使其产生最佳功能，发挥最大效果；然后就可以坦然地欢迎客人，一点不担心打开内室接待他们会有什么羞愧之处。我认为，我们的"帐棚"的主人的心灵也担当着同样的职责；它必须安排好我们里面的一切，使造物主造出来作我们的工具或器具的灵魂的各种独特功能各尽其职，发挥出高贵的用途。现在我们要详细地论述人如何才能管理好自己的生活，发挥它已有的优势，并得到进一步的提高，希望读者不会责怪我们啰唆，或者过分拘泥于小节。我们建议，爱应该放在灵魂最纯洁的圣龛里，被拣选出来作我们一切恩赐的初熟之果，完整地奉献给神；做完这一步之后，就要保证它不受任何世俗之污秽的沾染和玷污。然后，必须唤醒义愤、怒火和憎恨，就像看家狗一样谨防前来侵犯的罪恶；它们必须遵从各自天然的动力，只对付潜入神圣宝库的盗贼，这敌人进来就是为了偷窃、毁坏宝物。勇敢和信心是我们手握的兵器，抗拒任何意外和前来攻击的恶人。盼望和忍耐是我们的拐杖，只要我们对世界的纷扰厌烦、疲惫了，就可以依靠它们。至于忧愁，我们必须有

---

① 见《箴言》11：22，关于珍珠的比喻见《马太福音》7：6。

一定的贮量备用，在为我们的罪忏悔的时候，如果需要就要用到它；同时相信除了在忏悔时起辅助作用外，它并无什么其他用处。公义是我们勇往直前的法则，保证我们不在言语和行为上跌倒，指引我们正确使用灵魂的各项官能，恰如其分地认识我们所遇到的每一个对象。欲求之爱是灵魂里巨大、大得难以估计的一个元素，这种爱一旦应用于对神的欲求上，那拥有这种爱的人就有福了，因为他必然在该狂热的时候狂热①。智慧和谨慎是我们的师爷，为我们的最大利益着想；它们必明智地安排我们的生活，使它永不出现任何毫无头脑的愚蠢。但是如果人没有正当使用上述的灵魂之官能，而违背它们原有的旨趣逆向使用；假如他把爱浪费在最卑下的对象上，积聚起憎恨专门针对自己的同胞；假若他欢迎邪恶，男子汉气概表现在对抗父母上，大胆只用在荒谬之事上，盼望寄托在空中楼阁上，把谨慎和智慧赶出自己一族，拿贪婪和愚蠢作自己的情妇，如此等等，这样的人，实在可以说是言语所无法描述的奇异而不合自然的人。如果我们能够设想有人以完全错误的方式武装自己，比如反转头盔罩在脸上，盔上羽毛朝后弯曲，把脚放到胸甲里，把胫甲套到胸口，把左边的东西都变成右边的东西，反之亦然，如果能设想这样的一个重甲步兵有可能在战场上获胜，那么我们就会多少知道一点，对于那判断混乱从而导致他不能正当使用灵魂之各种官能的人，必然会有怎样的命运等待着他。因而我们必须在一切情感中都保持这种平衡，而真正明智的心灵必然能够提供这种平衡。如果有必须对这种明智下一个确切的定义，那我们完全可以宣称，它就是指我们对灵魂中每一种情绪的有序控制，再加上智慧和谨慎。而且，灵魂里这样的状态必不再需要经历任何艰险之途就可以到达高处属天的实体，它必能极为轻松地实现在此之前看来似乎是不可企及的目标；它只要拒斥相反事物的诱惑，就能自然而然地获得所追求的对象。人若是走出了黑暗就自然走进

---

① 格列高利似乎是指《马太福音》11：12。

了光明；人若不是死的就自然是活的。事实上，人若不是毫无目的地接受自己的灵魂①，就必然走在正道上；用来防止错误的谨慎和科学本身就是正道上的可靠保证。奴隶一旦得了自由，不再服侍先前的主人，就在那一刻成了自己的主人，一切思想只指向自身；同样，在我看来，灵魂若是从看护身体的职责中摆脱出来，就立即认识到自己内在的力量。但是如使徒教导我们的②，这种自由的前提是不可再次被奴仆的轭挟制，不可像逃跑者或罪犯那样再套上婚姻的脚镣。这里我得回到刚开始时所说的话题，即这种自由的完全并不只在于禁止婚配这一点上。谁也不可以为贞洁的奖赏如此微不足道，如此轻而易举就能获得，似乎一个渺小的属肉的守则就能决定如此重大的问题。但我们看到，所有犯罪的，就是罪的奴仆③，因而任何有向恶倾向的行为和习俗都使人成为奴仆，更有甚者，是带着烙印的奴仆，浑身遍布罪之鞭子抽出的青紫印点。所以，已经达到贞洁之超凡目的地的人必须在一切方面都求正道，在生命的任何时候都表现出同样的纯洁。如果需要有圣灵启示的话来支持我们的劝诫，那么真理（the Truth）④ 本身就足以证明真理，因为它在福音书的一个比喻里以隐蔽的意思谆谆教导的就是这样的教义：高明的渔夫总能把可食用的好鱼与有毒的坏鱼区分开来，这样，享用好鱼就不会被混进"器具"里的坏鱼倒了胃口。真正的明智的作用就是这样，从所有的追求和习惯中选择纯洁而有利于自我提升的，无论如何也要摒弃那看起来就很可能是无用的，让它回到普遍而世俗的生活中，就是比喻里所称的"海"⑤ 里去。《诗篇》作者在解释完全认信的教义时也把这种骚动不安的生活称为"要淹没灵魂的众水"、"深水"、"大水"⑥；

---

① 格列高利显然暗指《诗篇》24：4。
② 《加拉太书》5：1。
③ 《约翰福音》8：34。
④ 《约翰福音》14：4。
⑤ 《马太福音》13：47、48。
⑥ 《诗篇》69：1、2。

在这样的海里，每一种悖逆的念头都像埃及人那样，系着石头沉入到水底①。而我们里面凡亲近神的，能敏锐地洞察真理的（就是故事里称为"以色列"的），也唯有他们，穿越大海如过干地，永远不会受到生命之浪的酸苦侵袭。从象征意义上说，以色列在律法的引领下（因为摩西就是将来的律法的一个象征），脚不沾水地过了那海，而埃及人在过海时被淹没了。各自都因其特有的品性得到不同的结果，一个走得轻松自如，另一个被拖进了深水。因为美德是一种轻盈飘浮的事物，凡行在它的道上的人就如以赛亚所说的"飞来如云"，"又如鸽子与它们的幼仔同飞"②；而罪则是一种沉重的事物，如另一位先知所说的，"坐在一片圆铅上"③。然而，如果有人认为关于这段历史的解读显得有点勉强，难以接受，并且所记载的在红海所行的奇迹在他看来也并不显得与我们有益，那么就请他听听使徒的话吧："这些事都要作为鉴戒，并且写在经上，正是警戒我们这末世的人。"④

第十九章

除了许多事情外，女先知米利暗（Miriam）的行为也引发我们的这些推测。她走在海上如行干地，手里拿着干爽而洪亮的鼓，众妇女也跟她出去拿鼓跳舞⑤。故事中所说的鼓可能就是暗指贞洁，因为米利暗是第一个成全贞洁的；事实上，我完全相信她就是圣母马利亚的一个预像。正如鼓发出洪亮的声音，因为它全无湿气，非常干爽，同样，贞洁在人中间有清洁而响亮的口碑，因为它拒斥纯粹属肉生命的活力。我们

---

① 《出埃及记》15：10。和合本《圣经》译为："如铅沉在大水之中。"——中译者注
② 《以赛亚书》60：8。和合本《圣经》译为： "飞来如云，又如鸽子向窗户飞回。"——中译者注
③ 《撒迦利亚书》5：7。
④ 《哥林多前书》10：11。
⑤ 《出埃及记》15：20。

知道，米利暗的鼓是个死的物体，贞洁则是属肉情欲的灭绝，由此推测，米利暗是位童贞女，这并非十分荒唐。然而，我们只能猜想、推测，无法清楚地证明事实确实如此，证明女先知米利暗是领着众童女在跳舞，尽管许多有学识的人已经明确断言她未曾婚嫁，因为历史上根本没有提到她的婚姻，也没有说到她作了母亲；可以肯定，倘若她有丈夫，她就不可能被称为"亚伦的姐姐"①，并以此为人所知，而必是以丈夫的姓氏为其称号，要知道，女人的头不是兄弟，而是丈夫。如果说在一个把做母亲作为所追求的恩福、视为公共职责的民族中，贞洁的恩典仍然被看作是一种宝贵的东西，更何况我们呢？我们既不是"以外貌判断"② 神圣恩福的，岂不更应该探求它？事实上，神的谕言已经显明什么时候怀胎生产是好事，神的圣徒所向往的是怎样的多产，因为先知以赛亚和圣使徒都清楚明白地指出了这一点。一位喊着说："耶和华啊，我因敬畏你而怀了孕"③；另一位则夸口说，他是世上最大家族的父，生了全部的城邑和国家；他不只是在阵痛中为主分娩了哥林多人和加拉太人，还造出了从耶路撒冷（Jerusalem）到伊利里库（Illyricum）广阔地带的所有人；他的子孙遍满世界，都是他在基督里用福音"生"的④。同样，福音书也宣告了怀胎生主的圣洁童女的肚腹是有福的⑤。那样的生育并不影响贞洁，贞洁也不妨碍如此伟大的生育。当"救人的灵"⑥ ——如以赛亚所称呼的——诞生，肉体的意志就毫无益处了。使徒也有一条教训，与此意思一致，即我们每个人都是双重的人，一个是外面可见的，其本质是可毁坏的，另一个只有在隐秘的心灵里才能领

---

① 《出埃及记》15：20。
② 《约翰福音》8：15。
③ 格列高利引自七十子译本。参《以赛亚书》26：18 及以下。
④ 《哥林多前书》4：15；《腓利门书》1：10。
⑤ 《路加福音》11：27。
⑥ 《以赛亚书》26：18（七十子译本）。

会，却能够一天新似一天①。若说这教训是真的——必然如此，因为那是智慧在说话②——那么完全可以设想与两个人（即里面的人和外面的人——中译者注）的各方面都相配合的双重婚姻；如果有人大胆地断言，身体的贞洁就是里面的婚姻的合作者和发动者，这样的论断也并不完全背离可能的事实。

第二十章

就手的活动来说，要同时从事两种技艺恐怕是不大可能的。比如饲养和航海，打铁和木工。只要真实地做着一件事，另一件事就得搁下。同样，有这两种婚姻让我们选择，一者影响肉体，另一者作用灵性；专注于这个就必然导致远离另一个。眼睛不能同时看两个物体，在某个时刻必须把特有的注意力集中在一个物体上；舌头不可能同时说两种语言，比如，同时说一个希伯来词和希腊词；耳朵不可能在倾听叙事的同时倾听劝勉演讲。如果每种独特的语音分开在不同的时候听，就会使听众铭记在心；如果把它们合起来一起灌进耳朵里，结果必造成观念上的混乱，彼此含义尽失。用比喻来说，我们的情感力不可能在追求感官之乐的同时追求属灵联合；而且，同一种生活道路不可能到达那两种不同的目标；节制、禁欲、鄙视肉身需要，这是属灵联合的途径，反之则是与肉体联合的动力。就像有两个主站在我们面前，我们不可能选择都顺服，因为"一个人不能侍奉两个主"③，明智的人会选择对自己最有益的那个；同样，有两种婚姻放在我们面前，我们不可能同时签两个约，因为"没有娶妻的，是为主的事挂虑；娶了妻的，是为世上的事挂

---

① 参《哥林多后书》4：16。
② 格列高利暗指《哥林多后书》13：3。
③ 《马太福音》4：24。

虑"①，我再次认为，健全的心灵必然会致力于不错失更有益的婚约，也不忽视能引导它做到这一点的方法，这方法只能通过以下的比拟才能学会。就这世上的婚姻来说，人若是想要它显得举足轻重的，就会尽最大的努力注意体魄上的健康，并采取多种手段装扮自己，还注意保证他的先辈或者祖辈中绝对没有任何有失体面的亲戚，这样他认为事情就很可能会按照他所希望的方向发展。同样，追求属灵联合的人首先要表明自己是一个心志改换一新②的少年人，身上没有一丝岁月的痕迹；然后显示自己有一笔宝贵的家庭财富，这财富就是高贵的雄心，它不因世俗的钱财自豪，只是尽情享受属天的珍宝。至于家庭荣誉，他不会炫耀完全靠继承而来的大量并无多大价值的东西，只夸口那靠自己的热情和劳动的有效努力而获得的东西；这样的荣誉唯有那些"光明之子"、神的后裔、因其美好行为而称为"从东而来的贵人"③ 的人才能夸口。他不会试图通过身体上的训练和饮食来获得力量和健康，而是与此相反，他要因身体上的软弱而成全灵性上的大能。我还可以说说在这样的婚礼中求婚者给新娘的礼物；这些礼物不是靠可朽坏的钱财换来的，而是超越于钱财之外、专门作用于灵魂的。你知道它们的名字吗？你必定从保罗那里听说过给新娘装扮的杰出化妆师，那些在一切事上都优点自明的人的财富在于什么。他还提到其他许多无价的东西，提到"廉洁"④，以及一切全世界公认的作为这种婚姻之礼物的属灵果子。如果你打算采纳所罗门的建议，将那真智慧看作帮手和生命伴侣，"爱她，她就保守你"，"尊她，她就护卫你"⑤，那么你就会使自己配得上这样的爱，从而与身穿洁白服饰的众宾朋一同宴乐，不会因为没有穿戴礼服，想要坐

---

① 《哥林多前书》7：32。

② 参《以弗所书》4：22、23。

③ 参《马太福音》8：11，《路加福音》13：29。

④ 《哥林多后书》6：6。

⑤ 《箴言》4：6。和合本经文译为："不可离弃智慧，智慧就护卫你；要爱她，她就保守你。"——中译者注

上宴席，却被扔出外面。而且很显然，劝说人去加入这样的婚礼的话对男人和女人都同样适用。"并不分男女"，使徒说："因为你们在基督里都成为一了。"① 所以，同样合理的是，凡喜爱智慧的就拥有自己热烈追求的对象，就是真智慧；恋慕永生之新郎的，就有从她爱真智慧所结出的果实，也就是神。至此，我们已经充分显明了灵性结合的本性，纯洁的属天之爱所追求的对象的本性。

第二十一章

十分清楚，人若不自己首先成为纯洁的，就不可能靠近神圣者的纯洁；因而，他必须在自己与感官之乐之间筑起一道高高的、坚固的隔离墙，免得他在走向神的道路上使自己纯洁的心灵再次遭受玷污。只要完全摒弃一切有情欲作祟的东西，就可以看到这样的一道固若金汤的墙。

我们从专家那里得知，乐是同一类型的。就如水从同一个源头分流进入各种渠道，同样，乐也借各种感官渠道传到求乐者身上。这样，人只要借某一种感官屈从于引起的享乐，他的心就已经受到了感觉的伤害。这是与来自神圣之口的教训一致的，"凡看见妇人就动淫念的，这人心里已经与她犯奸淫了"②。在我看来，我们的主这话所说的就是指关于某种感官的具体例子，这样我们完全可以在他的话后面补充说："凡听到就动淫念的"，"凡摸到就追逐的"，"凡降低人里面的某种官能去求乐的，心里已经犯了罪"。

为防止这样，我们希望用节制之律来贯穿我们的生活，绝不可让心灵去依靠隐藏着享乐的任何事物。首先要特别警惕味觉上的享乐。因为这种享乐在一定意义上是最根深蒂固的，可以说是一切禁止之享乐的母

---

① 《加拉太书》3：28。

② 《马太福音》5：28。

亲。饮食之乐若是毫无节制，就会使身体遭受最可怕的痛苦；因为过分放纵是最痛苦之疾病的父亲。为使身体保持持续的安宁状态，不受因饮食过度引起的恶心之痛的影响，我们必须下定决心立一个比较节制的饮食起居制度，确立身体在各个时候的需要，而不是享乐，作为限制我们纵欲的尺度。即使仅限于需要的满足，甜美仍然包含其中（饥饿知道怎样使一切变得甜美，由于强烈的食欲，一切可找到的能满足需要的东西都会变得其乐无穷）。我们既不可因为需要满足之后的愉快而拒斥需要的满足，也不可使后者成为我们的主要目标。在一切事上，我们都必须选择适量和适度，将那些只为感官之乐的东西弃之一旁。

第二十二章

我们知道农夫有办法把与麦子混合在一起的糠分开，目的是使两者各尽所用，麦子作为人的粮食，糠作为燃料和牲畜的饲料。在节制的田地里劳作的人也必定同样能够区分满足与享乐，把后者扔给野蛮人，他们的"结局就是焚烧"①，如使徒所说的，而对于前者，根据实际需要怀着感恩之心接受。然而，许多人滑入相反的过分之田地里，并且因其过分精确（over‑preciseness），不知不觉地费力阻挠了他们自己的计划；他们让自己的灵魂从属神的高度坠落到思想和行为极为愚钝的地步，他们的心完全倾注于只影响身体的规则上，于是再也不能行在属天的自由里，也不能向上凝望；他们唯一的喜好就是这不停骚扰和折磨人的肉身。所以最好也对此作仔细思考，从而对任何一种过分都保持同样的警惕，既不能让心灵在肉身的痛苦下窒息，也不能无端地加重心灵的弱点，削减、降低它的各种权能，使它没有思想，只有身体的痛苦。每个人都应记住那条明智的戒律，警告我们不可转向右手，也不可转向左

---

① 《希伯来书》6：8。

手。我曾听说我所认识的一位医生，在解释医术的奥秘时指出，我们的身体由四种不同类型、彼此冲突的元素构成，即热和冷、湿和干，然而热元素与冷元素渗透，湿和干也同样产生意料之外的联合，每一对对立元素都借助与介于其间的另一对对立元素的关系而相互联系。继而他又对这一关于人体研究的理论作了极为精妙的解释。这些元素的每一种本质上都是与自己的对立面截然相反①，但每个元素的两边都有两种不同性质的元素，由于它与这两种性质相关，于是就与自己的对立面发生了关系。比如，冷和热都混有湿或干，而湿和干两者也都混有热或冷，这样，当它在自己的对立面中显示出自身时，这种性质上的相同性本身就是影响那些对立面联合的动因。那么，为什么要准确而详尽地解释这种从彼此分立、彼此排斥（这是本性）到借着类似性质的中介相互联合的变化过程呢？不就是为了我们曾提到的目的吗？也就是为了进一步指出，那位医生这样分析了身体结构之后就劝告我们，应当尽一切可能注意保持这些特性之间的平衡，因为事实上，健康就在于不让其中任何一种性质成为我们里面的主宰。如果他的理论包含真理内容，那么为了使我们能够保持健康，就必须养成这样的习惯，不可让毫无规律的饮食导致构成我们身体的这些元素有一点点过头或不足。马车主人如果看到自己所驾驭的小马们彼此不合作，不会抽鞭催促跑得快的，而用缰绳勒住跑得慢的；他也不会让在跑道上畏缩不前或者不易驾驭的马自己毫无方向地飞快奔跑；他会使第一匹马加快脚步，使第二匹马放慢速度，用鞭子驯服第三匹马，直到使它们全都步调一致，沿着直路向前。我们的心灵也是这样控制着身体这架马车的缰绳，当它年少气盛，热量充沛的时

---

① 如图所示，冷与热对立，干与湿对立；冷两边分别是干和湿，与它们有相似性；热两边也是干和湿，也与它们有相似性，因而通过干或湿，冷和热就可以相互关联起来。湿的东西（干的东西也一样）成为冷和热都有显示出来的中介。

候，心灵不会设法提高热度；当它因疾病或岁月已经变得寒冷的时候，也不会增加凉爽而稀薄的东西。就所有这些身体性质来说，它必以《圣经》为指导，从而真真切切地认识它："多收的也没有余，少收的也没有缺。"① 它要把任何方面的过分都一一修剪，同时仔细补足缺额很大的部分。任何原因导致的身体上的无能都是它所要警惕的；它要训练肉身，使它既不因过度的纵容而变得狂野无法控制，也不因过分的禁欲使它对必要的工作也无精打采，毫无生气。那就是节制的最高目标，它不是要让身体受折磨，而是要使灵魂发挥作用，保证行为上的协调、平安。

第二十三章

关于选择了这样的生活哲学的人的种种生活细节——该避免的事，该参与的事，节制之法，训练之道，以及有益于这一伟大目标的一切日常饮食习惯——都已经以指导手册的形式作了讨论，以适应那些喜欢详尽的人使用。然而有一种指导比文字更直接，那就是践行。有一句谚语说，我们若准备长途旅行，就当先找一位导游。这话诚然没错，但使徒说："这道离你不远"②；恩典始于家里，那里有一切美德的加工厂，那里，此生因不断向着最终的完全前进而被锤炼得十分精美；那里，无论人们是沉默还是言说，都有很大的机会通过实际行动在这种属天之民的事上得到教导。任何理论无论其表达形式多么令人敬佩，若是脱离活生生的实例，就像不会呼吸的雕像，徒有用斑斓色彩刻成的健美表象。而以身作则、为人师表的人，就如福音书告诉我们的，才是真正的活人，拥有盛艳的美，是有果效和激情的。如果我们想按照《圣经》的话做，

---

① 《出埃及记》16：18，《哥林多后书》8：15。
② 《罗马书》10：8。

那么我们正是要向这样的人"持守"贞洁。一个人想要学外语，不能自己教自己，只能找一个专家来教他，这样就能与外国人交谈。同样，这高级生命不是本性习惯里产生出来的，相反，她新颖的轨道是她全然没有的，人只有把自己交到另一个已经走向完全生命的人手里，才可能得到全面的教训。事实上，在生活的其他领域里，求学者若能从教师那里得到关于他所选择的项目的全面而科学的指导，获得成功的可能性就比他靠自己摸索要更大。而这种特定的职业并不是一切都很显然，容易判断，从而必然为我们自己留下最佳道路的；相反，那里是一个每向未知跨进一步就使我们多一分危险的地方。医学原本是不存在的，它的出现是由于人们做了很多试验，经过各种观察逐渐揭示出了一些规律、总结出了一些经验；人们经过不断的尝试了解了能治病但有毒性的药物；医学理论采纳了这种特点，于是，仔细观察先前的开业医生就成了后继者的戒律。现在，学习这门技艺的人不必亲自冒险来确定药物的药力，不论它是毒品还是药品，他只要从别人那里了解已知的事实，然后就可以顺利看病用药。灵魂的医学即哲学也是这样，我们从它知道应该怎样对付可能触及灵魂的各种软弱。我们不必通过推测寻求关于这些应对方法的知识，我们有很多途径了解它们，那经过长期而大量实验从而获得了这方面专业知识的人会告诉我们。在任何事上，年轻人一般都是轻率的向导，若不请老年人来，吸取他们的深思熟虑，就很可能分辨不清什么事是大事。就是在其他工作中，我们也必须根据它们的重要性大小，加倍谨慎，避免失败；因为在这些重大之事上，年轻人未经思考的设计很可能导致损失，比如财产上的损失，或者迫使放弃世上的地位，甚至名誉。但在这伟大而崇高的事业中，起关键作用的不是财产，也不是短暂的世俗荣誉，不是任何外在的运气——这些东西，不论它们是否安排得好，智慧者都不拿它们当回事——"这里"，草率可能影响灵魂本身；我们冒着可怕的危险，不是失去那些还有可能复得的东西，而是可能毁灭我们自己、使灵魂崩溃的危险。人只要立足于生存的土地，就是花完或失去了祖传财产，也不会绝望，或许经过筹划，还会时来运转，恢复先前的富有；但人若是把自己排除在这种呼召之外，也就完全丧失了重获美好事物的希望。因而，由于大多数人在年幼、悟性尚未完全成熟的时候就开始信奉贞洁，他们首先应当做的事情就是找到这方面的合适的导师，免得由于他们目前的无知而偏离正道，在原本没有路的荒野里自己开辟出新路来。传道者说："两个人总比一个人好"①；一个人容易被侵扰通向神的道路的仇敌制服；并且，实在说，"若是孤身跌倒，没有别人扶起他来，这人就有祸了"②。有些人在此之前就已在热烈追求严谨生活的过程中表现出了一种敏捷和轻快，但是他们太傲慢，似乎在他们选择的一瞬间就已达到了完全，这种傲慢受到大大的打击，使他们疯狂的自我欺骗挫败，不得不认为，他们自己的心所倾向的东西才是真正的美。这类人就是智慧称为的"懒惰人"，使自己的"道"布满"荆棘"③；他们认为为守诫命而忧心忡忡是一种道德上的损失；他们从自己心里抹去了使徒的教诲，没有吃自己诚实挣得的面包从而巩固别人的诚实，反而使他们的懒惰本身成为一种生存之道。从这类人中还生出做梦者，他们不是相信福音书的教义，倒更相信自己幻想的梦境，并称自己的幻觉为"启示"。由此也有了那些"偷偷潜入家里"的人，还有其他以为美德就是像野蛮人一样粗暴、根本不知道心灵的长期忍耐和谦卑的果子的人。谁能一一列举种种陷阱呢？人若拒不诉求于有神样名望的人，就很可能陷入这样的陷阱。我们知道有些隐修士就是这类人，他们坚持禁食，直至饿死，似乎"这样的祭是神所喜悦的"④；还有一些人则刚好走向另一个极端，只是名义上保持独身，实际上却过着与俗人毫无区别的生活；他们不仅沉溺于餐桌上的饮乐，还公开把女人养在家

---

① 《传道书》4：9。
② 《传道书》4：10。
③ 《箴言》15：19。
④ 《希伯来书》13：16。

里，竟然还把这种关系称为兄弟之间的爱，似乎真的可以用一个神圣的术语来掩盖他们向恶的念头。正是由于他们，贞洁这种纯洁而神圣的事业"在外邦人中受了亵渎"①。

第二十四章

所以，年轻人不可在自己将来的一生中放弃这一事业，这对他们来说必定是有益的。事实上，在现存的世代中并不缺乏可令他们效仿的圣人的例子。须知，一直以来，我们的世界都有许多的圣洁充盈，并渐渐发展到了完全的顶点；人只要在自己的日常生活中跟随这样的足迹，就可以获得这样的荣光；人只要循着这种香气的历史痕迹，就可以浸淫在基督本身的甜美味道中。我们知道，当一个火把点燃，把火传给边上所有的火把，第一个火把的光没有丝毫减损，被点去火的地方也不显得与其他地方光芒有异。同样，生命的圣洁是从已经成就圣洁的人传给那些来到他身边的人的。先知的话②是有道理的，凡与"神圣"、"清洁"、"高尚"的人同住，自己也会变成那样的人。如果你想要知道明确的记号，好使你获得真实的范型，那么我们可以从生活中了解概况，这并非难事。如果你看到一个人立在生死之间，为沉思选择双方的帮助，既不让死亡的气息麻痹他坚守一切诫命的热心，也不把双脚放在生气勃勃的世界中，他已经摒弃了世俗的种种野心——这样的人在一切显然是为肉身而活的事上表现得比死人更加迟钝，而在美德之果上却显出杰出的生机、活力和强壮这些灵性生命的确切标记——那么就把他作为你生活的准则，让他成为引导你走向虔敬之路的光，就像从不固定的星云之于飞行者；效仿他的青春和练达，或者毋宁说，像他那样把老年人的智慧和

① 参《罗马书》2：24。
② 《诗篇》18：25、26（七十子译本）。

青年人活力结合起来；就是现在，在他垂暮之年，他灵魂里的热情活力也毫不减损，而在他年轻时候，也并没有在年轻人普遍涉足的领域里表现过一点积极性；他在生命的两个季节里都对矛盾双方进行了巧妙的结合，或者更确切一点说，对每一阶段的独特品质进行了置换；年老时在良善之事上表现出年轻人的热情，而在年轻时，在邪恶之事上显得毫无热情。如果你想知道他那种荣耀的青春之热情究竟是什么，那会使你的效仿更深一步，并获得他虔敬的对智慧之爱的光芒，这爱在他孩提时代就与他一同成长，一直伴随他进入老年。但如果你不能凝视他，就如弱视者无法凝视太阳一样，那么无论如何请观察那在他之下的圣人一族，他们以其生命之光成为这个时代的典范。神使他们作为我们这些住在他周围的人的灯塔；他们中有许多还是风华正茂的年轻人，但在坚持不懈的节制和禁欲中已经非常成熟；他们的年纪不大，理智却很老练了；生理上年轻，品性上却很成熟，超出了年龄的范围。他们所品尝的唯一的爱就是智慧之爱，并不是他们的自然本性有什么异于他人之处，事实上，在任何人里面都有"情欲与圣灵相争"①，但他们为了某个目标听从那说节制"与持守她的作生命树"②的智慧；他们跨过存在的汹涌波浪，在这生命之树上翱翔，就像扬帆远航，并在神的旨意这码头上靠泊，经过如此惬意的航行之后，如今他们的灵魂令人羡慕地安息在阳光灿烂、万里无云的平静宁和之中。他们安全地停泊在美好盼望里，远离飓风骇浪；对其他跟从的人，他们放射出璀璨的生命之光，就像高高望台上的灯火一样照亮前行之路。我们确实有一个记号，可以引导我们安全地通过试探之海。所以何必过于刨根究底，追问某个具有这样念头的人为何仍然没有堕落；何必绝望，似乎这样的成就根本无法企及？看看那已经成功的人，他大胆地踏上旅程，相信前面必一帆风顺，在圣灵

---

① 《加拉太书》5：17。

② 《箴言》3：18。

的微风吹拂下，在基督的掌舵下，划着美好心情的双桨航行。因为那些
"坐船下海在大水中经营"的人不会让曾临到别人头上的海难来破坏他
们的美好心情；他们用这满怀的信心使自己斗志昂扬，大踏步地前去成
就必胜的战斗。世界上最荒唐的事情不外乎是，对在一种要求极其谨慎
而精确的事业上跌倒的人予以指责，而对那些全部生命都在失败和错误
中渐渐老去的人却认为他们选择了好的道路。如果一次跌倒就如此可
怕，使你相信根本不去树立这种高尚的目标才是更完全的，那么终其一
生都在犯错，并因而对圣洁的事业始终一无所知，这岂不更加可怕！你
如何能在你一生中遵从被钉十字架的基督？你既浸淫在罪里，怎可能顺
从那向罪而死了的主呢？你既没有向这世界钉十字架，也必不会接受禁
欲，那怎可能服从那命令你跟从他，以自己的身体背负十字架，如同从
仇敌得来的战利品的人呢？你既"效法这个世界"，不更新心意；你的
"一举一动"既没有"新生的样式"，而仍在追随"旧人"的路线，怎
可能听从保罗对你的劝告："将身体献上，当作活祭，是圣洁的，是神
所喜悦的？"① 你虽为担任祭司一职受了膏抹，但你如何能成为神的祭
司，为神献上礼物呢？须知，这礼物绝不是别人的，不是从你自身之外
来的仿造的礼物，这礼物恰恰就是你自己，也就是"里面的人"②，这
人必是完全而毫无瑕疵的，就像羊羔要求毫无斑点和皱纹一样。你既不
听从律法所说的不可将不洁净的东西拿来祭献，又怎能献上这样的活祭
呢？如果你希望神向你显明出来，那为何不听从摩西的话？他吩咐百姓
远离婚姻的污点，就可能在异象中看见神③。如果这一切——与基督同
钉在十字架上，向神祭献你自己，成为至高神的祭司，使自己配得万能
者的异象——在你眼里都看为渺小，如果你真的使这些结果都变得无足
轻重，那么我们还能为你设想出怎样的比这些更高的恩福？与基督同钉

---

① 《罗马书》12：1、2，6：4。
② 《以弗所书》3：16。
③ 《出埃及记》19：15。

在十字架上的结果就是我们将与他同住，与他同荣，与他一同做王；把我们自己献给神的结果是我们将从人的本性和人的尊贵转变为天使的本性和尊贵；但以理这样说："在他面前侍立的有万万。"① 凡在真正的祭司之职上有分并立在大祭司旁边的，总是保守祭司的本分，永远不会再滞留在死里。再者，人使自己配见神所产生的结果就等于他已经成为配见神的人。事实上，每一个盼望，每一种欲望，每一种祝福，神的每一个应许，以及我们相信存在于我们感知觉和知识之外的一切无法言表的喜乐，这一切最终得到的冠冕就是这个，即得见神的面。摩西热切地想要看见神的异象，许多先知和王切切向往的就是要看见神，但是配看见的唯有那些清心的人，他们被称为"有福"的人，事实也确实如此，正因这样的原因，"他们必得见神"②。由此我们希望你也成为与基督同钉在十字架上的人，成为立在神面前的圣洁的祭司，成为一次全然清洁的祭，以你自己的圣洁迎接神的到来；希望你也能有一颗清洁的心，按照应许得看见神。荣耀归于神和我们的救主耶稣基督，直到永远永远。阿们。

---

① 《但以理书》7：10。
② 《马太福音》第五章。

| 论婴儿的夭折 |

每一位作者和作家都会对您这至善者（most Excellent）洋洋洒洒地发挥他的口才；你的神奇性质就像一条宽广的赛道，他们在上面尽情驰骋，各显神通。一个高贵而有寓意的题目在有才华的人的笔下确实可以产生一种庄严的风格，使它与伟大实在（the great reality）的高度相匹配。只是我们已经像一匹老马，只能停留在这既定赛道的外围，竖起耳朵聆听人们展开的对你的争先恐后的赞美比赛，盼望文学之车在驶过这样的奇迹的全速前进中能有一些声音传到我们耳中。但是老马虽老，却也常常会被赛手们你追我赶的喧哗声惊起内心的激情，于是昂起头颅，露出热切之色，喘着粗气，显出激动之态，时而腾跃，时而刨地，尽管它身上的激情也只剩下这么多，时光已经耗尽它的能量。同样，我们的笔也只能停留在争论的外围，年龄大了，它不得不顺服于如今正血气方刚的年轻教授们；然而，尽管这些活跃的修辞家们正处于年富力强之时，我们这支上了年纪的笔仍然存有余力，渴望加入到赞美你的行列中，能够表达自己的情感。但是，无论我怎样表达对你的热情，也没有真正传颂出对你的赞美；任何风格，无论多么刚健有力、周全稳妥，都很难做到这一点。所以有人若是试图描绘你性格中那种令人困惑又完美和谐的对立面的融合，就必然会发现自己根本无法说出你真正价值的万分之一。实在地说，大自然在耀眼的光线面前伸出睫毛的阴影，使眼睛所接受的光变弱，从而阳光就成了我们可以忍受的东西，因为它事实上已经根据我们的需要混合了眼睫毛的阴影。同样，你品性中的辉煌和伟大在你心灵的谦逊和降卑下有所收敛，所以不仅没有使观看者的眼睛变瞎，反而成了一道令人愉悦的风景；然而这种心灵的谦卑并没有使伟大的光辉有所暗淡，使它潜在的力量被人忽视，而是彼此相互映衬，你的谦卑更显出你的高尚，你的低下反衬出你的威严。其他人必描述这一切，还赞美你心的多视界（many-sightedness）。也许可以说，你的心眼实在是多得如同头上的毛发；它们洞悉一切地注视着万事万物；远处的事可以预见，近处的事也不会忽视；它们不会期待经验来告知处事方法；它们以盼望的观点看事物，要不就以记忆的观点看事物；它们扫视一切，先看一物，再看另一物，丝毫也不会把它们的秩序弄乱，你的心始终按需要以同样的精力同样的注意力工作。关于你如何使贫穷变得富裕，如果在我们这个时代真的有人把这作为赞美和惊叹的主题，那他也必记下自己对此的敬慕。若说以前从来没有过这样的事，那么可以肯定，现在真有了这样的事，即对贫穷的爱借你变得丰富，你的财富必比克罗苏（Croesus）的金块更令人羡慕。你因拒斥了属世的财富而变得真正富有，那么海洋陆地及其一切自然出产之物为谁而丰丰富富呢？人们擦去钢上的污点，使它闪亮如银；同样，你仔细洁净财物上的尘土，使你生活的光辉更加明亮。这一点我们留给那些能够对此详尽说明、也能细说你关于事物的杰出知识——这样的知识获得比不获得当然要更加荣耀——的人去讨论。然而，请原谅，我得说，你并不是无视一切获得物；有一些事物虽然你的祖先没有一个能够抓住，但你——也唯有你——用双手紧紧抓住了；因为你拥有、抓住的不是服饰、奴仆、金钱，而是人的灵魂，把它们贮存在你爱的宝库里。作家们必定会去涉猎这些问题，因为他们的光荣就源于这样的颂词。但我们的笔头如今已是贫瘠，只能在你的智慧所提出的问题上前进一小步，这问题就是——我们该如何看待那些早产的几乎一出生就死亡的婴儿。有教养的异教徒柏拉图（the cultured heathen Plato）曾站在那个已经复活的人①的角度说了很多关于另一世界的审判庭的哲学，但他对另一个问题也就是婴儿夭折问题只字未提，显然认为这个问题太大，无法靠人的推测能力来解答。如果在我们的这些著作中有什么东西能够澄清这个问题的模糊之处，毫无疑问你必会欢迎对它提出新的解释；不然，无论如何你也会原谅我们年事已高，即使没有提供什么好的阐释，也请接受我们的善良愿望，就是希望你有几分欢喜。据历史记载，薛西斯（Xerxes）一世，就是几乎使全天下的土地成为一个巨大军营的伟大国王，当他在向希腊进军的时候高兴地接受了一个穷人的礼物，那礼物就是水；不是装在罐里的水，而是合在手掌里的水。你出于天生的仁慈，也必像他一样；在他，愿望成了礼物，我们的礼物可能也只是像可怜的水那样的东西。就天上的神迹来说，人无论是通过训练观察它们，还是未经训练单纯地凝视它们，都能"看见"它们；但对它们的"感受"，在从哲学角度沉思的人，和在只是以感官感知的人是不一样的；后者可能对阳光感到喜乐，相信星辰之美值得惊叹，看到了月亮一个月内的不同变化；而前者因为有心灵的洞察，经过特定的训练，知道如何理解诸天的现象，所以不会去注意所有这些头脑简单者的感官所喜乐的东西，而是看到整体的和谐，甚至审视环形旋转中相反的运动所奏出的和声；这些内圈如何使相反的轨道变成围绕恒星旋转的路线②；那些可观察到的天体如何在这些内圈里根据各自的靠近、偏离分成各种不同的星系，它们彼此消长、迅速运动，结果总是一成不变地产生显著而永恒的和谐。那些有心之人对最小星辰的位置也不会忽视，他们的心灵训练有素，能同样充分地注意到它们。你，我宝贵的生命，也是这样观察着神的适当安排；你放弃

---

① 即阿尔米纽斯之子厄洛斯（Er the Armenian）。见柏拉图 Repub. x. ξ 614，&c.

② 这当然是托勒密体系（Ptolemaic system），太阳、月亮以及众星都是围绕地球这个中心旋转的"行星"，直到第八层，星辰才在那里固定不动；这之上是清澈透明的晶体层，再上面就是第十层天，也是最外层天体。

那些众人苦心经营、孜孜以求的东西，也就是财富、奢华和虚荣——这些东西就像阳光闪烁在愚拙者脸上，使他们头晕目眩——却不会对世人看作最微不足道的问题视而不顾，反而要问个究竟；你极其仔细地审视人类生活中的不平，不只是关于财富和贫穷，地位和出身的不同（因为你知道它们算不得什么，它们之所以存在并不是因为有什么内在实体性，而是由于那些愚拙人被虚幻之物所迷惑，以为它们是真的；一个人如果只能从某个荣光闪耀的人身上看到那些凝视着他的人的盲目崇拜，那么就算全世界的财富都埋在他的地窖里，他除了有膨胀的傲慢使其洋洋得意之外，别的什么也没有），但是有一件事令你忧虑，就是你知道神圣统治的每一个细节都有目的，那么为何有的人寿命很长，寿终正寝，有的却刚能张口呼吸就夭折了。若说这世上一切事情的发生都是出乎神的，一切都与神的旨意相连，而且神是灵巧而谨慎的，那么可以说，这些事上也必然存在着某种计划以表明他的智慧和他神意的关爱。盲目而毫无意味的事件绝不可能是神的作为，因为如《圣经》所说，神所造的"都是用智慧造成的"。① 那么我们能在以下的情形中看出什么智慧呢？一个生命形成了，出生了，呼吸空气了，以一声带着痛苦的啼哭开始生命的进程，以眼泪回报大自然，在还没有品尝生命的甜美，情感还没有获得任何力量之前就先啜饮了生命之愁苦；他的所有关节都还脆弱、稚嫩、多肉、不稳；总而言之，他还不是一个真正的人（如果人独有的礼物是理性，而他从不曾拥有），这样的一个生命，除了看到了空气之外，他并不比母腹里的胎儿有多大优势，却在刚出生不久就死了，生命刚复合而成又分裂成碎片；或弃于户外而死，或窒息而死，或因体弱活不下来。我们该怎样看待这样的生命呢？对这样的死有什么感触呢？这样的灵魂要见它的法官吗？是否要与别人一起站在审判台前呢？它要为自己一生中所做的事接受审判吗？是否要照着福音书所说的

---

① 《诗篇》104：24。

话，在火里得洁净，或饮恩福之甘露得恢复？但是，就这样的灵魂来说，我实在不明白如何能这样设想。"报应"这个词暗示必然有什么已经给定了；但根本没有活过的人原本就没有质料可以给予什么。既没有报应，也就不可能有善恶的指望。"报应"旨在善有善报，恶有恶报，但那既找不到善性也找不到恶性的，就根本没有什么性质，因为善恶之间的对立是一种没有中间状态的截然对立，人既没有善恶之开端，当然也就没有善恶之对立。因而可以说，既没有落在善端之下，也没有落在恶端之下的，就是不曾存在的。不过，如果有人说，这样的生命不仅存在，而且是作为善者存在；还说，神虽然没有报应但把善赐给了这样的生命，那么我们就要问他提出这种偏见有什么理由，这样的观点怎么显出公正性，他能否用福音书的话来证明自己的观点？主说，那些被认为与天国相配的人，作为报应，要得着天国。"你既行了这样的事，那么你就应当得着天国作为赏赐。"然而在这里，事先根本没有作为或立意，那凭什么说他们也必从神领受所指望的回报？如果有人毫无保留地接受以下这样的说法，大意是说这样进入生命的人必归入善者之列，那么他必会认为，死比生更快乐，因为就是出生于外邦人家庭，或者非婚生的，也毫无疑问享有善，而存活了一定寿命的人却受到多少混合在生活中的恶的玷污，否则，如果他要完全排除这种玷污，就得付出非常痛苦的努力和代价。美德的获得不是轻而易举的，禁行快乐之道对人性来说也不是毫无痛苦的。这样说来，活得长一点的人总有一两处过犯，这是不可避免的，不是在美德之田地里艰难争战，就是受到邪恶生活的痛苦报应。然而在夭折的婴儿这里却全然没有这样的事；如果那些持这种观点的人所说的果真如实，那么夭折的婴儿应该立时就获得了福分。由此也必然推出，有理性还不如无理性；若如此，那么美德显然是毫无意义的。如果从未拥有美德的人毫无损失，那么为了享有恩福而付出的辛劳必是毫无益处且愚蠢无聊的；这样，从神的判断来看，最佳状态就只能是白痴了。出于这些以及诸如此类的原因，你要求我细查这个问题，目的是通过理性的深入拷问，找到我们关于这个问题的思想可以依凭的坚实根基。

就我来说，考虑到该题目的诸多困难，我想使徒的感叹非常适用于现在的情形，他在论到不可猜测的难题时说："深哉，神丰富的智慧和知识！他的判断何其难测！他的踪迹何其难寻！谁知道主的心？"① 但另外，使徒既说"看透万物"② 乃是属灵的人的特性，并举荐那些因神的恩惠"凡事富足，口才、知识都全备"③ 的人，我就放胆认为，我们不可忽略能力所及的查考，不可对这里所提出的问题不作一点探讨，或者没有任何看法；否则，这篇文章就像我们所提出的实际题目一样，只能毫无效果，还没有成熟就被那些不会鼓足勇气追求真理的人的极端懒怠所败坏，就像新生的婴儿，还没有看到光明，也没有获得任何力量。我还认为，一下子就面对并应付很多异议不是很好，似乎我们是在法庭上辩护，而应当按照一定的顺序一点点地引入讨论。那么应该按照什么顺序呢？首先，我们想要知道人性是从哪里来的，是如何形成的。如果我们获得了这些问题的答案，就不会找不到所要的解释了。须知，神之外的一切存在，无论是理智世界的，还是感觉世界的，都是出乎神，这是众所周知的，无须证明；任何人，无论对事物的真理性的洞察能力如何小，都不会否认这一点。因为谁都承认宇宙关联于第一因；宇宙里面的一切都不会将存在归于自身，也就是万物都不是自因的，而是认为有一种单一的非受造的永恒本质，它始终如一，超越于我们关于距离的任何概念，没有增损，无法界定，时间和空间以及它们所产生的一切，在此之前思想所能把握的超凡的理智世界里的任何事物，都是这个本质的产物。既如此，我们断言，人性就是这些产物之一。圣灵启示的教义里的一句话帮助我们证实了这一点，它说当神造了万物之后，人才在地上

---

① 《罗马书》11：33、34。
② 《哥林多前书》2：15。
③ 《哥林多前书》1：5。

存在，他混合了神性，是神的理智本性和由几种属地元素构成的形体的结合，他是由造物主按照神圣超然的大能的样式造成的形体。不过引用这句经文岂不更好："神就照着自己的形像造人。"① 至于这活物得以造成的原因，我们之前的一些作家已经作出如下的解释。整个造物界分成两个部分，用使徒的话说，就是"可见的"和"不可见的"（后者是指理智的、非质料的；前者是指感性的、质料的）；根据这样的划分，天使和属灵者，也就是属于"不可见的"，就住在世界之上、诸天之上的地方，这样的居所是与他们的结构相一致的，因为理智之物是精致的、清澈的、轻盈的、灵巧的；天体就是精致、轻巧、永恒运动的，而地则相反，位于感性之事的末端，永远不可能成为理智之造物逗留的适宜之地。试想，轻盈、飘浮与沉重下坠的事物之间能有什么对应性呢？为了使地不至于完全没有理智而无形之造物在其上居住，这些作家告诉我们说，至高者按预见造出了人，他除了属地部分之外，还有理智的、神一样的灵魂本质。这个复合体中包含的质料重量使灵魂能够住在地上，这地与肉身的实体有一定的关联。这样说来，一切存在之物的设计都是为了使那超越于天地宇宙的大能者可以借助理智之物在一切受造物中显现出荣耀，借助一切受造物中的同一官能的作用指向同一个目标，也就是仰望神。正是这种对神的仰望为理智本性提供了相应的生命滋养，因为物以类聚，同类相通。正如地上的这些物体是靠地上的营养得以保存的，并且我们可以看到，无论是兽类还是人，都有一种质料性的生命机能；同样，也可以设想存在一种理智上的生命营养，使理智本性得以维持生计。要说有形的食物虽然来来去去，循环往复，却仍能给人一定的生命能量，更何况始终保持不变的真正的食粮呢？岂不更能保守进食者的存在吗？既然这食粮，也就是所分有的神性，是理智本性的生命营养，那么非理性的东西必不可能得到这种营养，因为分有者总是与被分

---

① 《创世记》1：27。

有者有几分相似。眼睛能享有光，是由于它自身里面有光，能抓住外面相似的光；手指或其他肢体不能产生看的行为，是因为它们里面没有这种天生的光。同样，我们分有的神性也必然要求分有者的结构与那被分有者有某种相似性。因此，如《圣经》所说的，人是按照神的形像造的；我认为这意思是说同类物才能看见同类物；而看见神，如以上所说的，乃是灵魂的生命。然而对真善的无知就像一层云雾笼罩在心灵的视觉面前；如果那云雾变厚变浓，真理之光就无法穿透这些无知的幕障。由此可以进一步推知，如果光线被完全剥夺，灵魂的生命也就不复存在。我们已经说过，灵魂的真正生命体现在对至善的分有上，但是一旦无知阻止了这种对神的领会，灵魂也就不再分有神性，于是就只能停止其生命。但是谁也不能强迫我们给出这种无知的家族史，询问它从哪里来，生它的父是谁；他应当从"无知"、"知识"这些词本身来理解灵魂的一种关联；只是任何一种关联，无论是否表达出来，都不能说明实体（substance）究竟是什么，因为关联与实体毕竟是两种完全不同的描述。如果知识不是实体，而是灵魂的一种完美功能，那么我们必须承认，无知就更加远离实体，更不能说明实体了。而远离实体、不在场的东西就是根本不存在的，所以去费力寻找它来自何处只能是徒劳无益的。既然道①宣称说，灵魂的生命在神里头，既然这生命就是与各人的能力相应的知识，而无知不包含任何东西的实体，只是对认知功能的否定，既然不分有神性就意味着灵魂不再有生命，这是众恶中最恶的一种——鉴于这些原因，众善之主要在我们里面运作，以根治这种恶。一种治疗方法就是一种善物，但人若还没有趋向福音的奥秘，就依然对这种治疗方法一无所知。我们已经指出，偏离神——他就是生命——就是一种恶，所以，根治这种恶就是重新与神友好相处，从而获得新生。因为这样的一种生命总是在盼望中展现在人面前，所以不能说这种生命的获

---

① 《约翰福音》1：4。

得完全是对良善生活的回报，得不到则是对邪恶生活的惩罚；我们所坚持的观点类似于眼睛的例子。我们不说某人有清晰的视力是他能够看见物体的一种奖赏；也不会认为有眼疾的人无法看物体是某种刑罚判决的结果。眼睛天生就有看的能力；患了眼疾自然就无法正常看物了。同样，有福的生命对那些保持灵魂之感官清洁的人来说就是一种熟悉的第二本性；但是当无知的盲流阻止我们分有真光，我们就必然失去真光，而享有真光，我们就可以说享有了生命。

既然我们已经定下了这些前提，接下来就当根据它们来考察提出来的问题了。这问题的大意类似于以下这种说法。"如果恩福的回报是根据公正原则安排的，那么那些婴儿时期就夭折、未曾在此生建立任何根基（无论好的或坏的）的人，应当放在哪个层次，使他们也符合这按功受报的原则？"对此我们要立足于上面定下的原则，回答说，这种将来的喜乐，虽然本质上是人性的遗传，但也可以在一定意义上称为报偿。我们可以举出以前的那个例子来阐明我们的意思。假设有两人患了眼疾，一人一心一意地求医治疗，只要有药可用，不管有多痛苦，都积极尝试；另一人则毫无节制地纵情沐浴、酗酒，不管医生对治疗他的眼睛提出怎样的劝告，他都充耳不闻。这样，当我们看到两人的结局，就会说，各人得着了自己所选择的应得之果，一个失去光明，另一个重见光明；我们实际上确实在把那必然发生的事称为一种报应，尽管这是对这个词的误用。关于婴儿的这个问题我们也可以作这样的解释。我们可以说，享有将来的生命确实是人的权利，但由于无知的瘟疫侵袭了几乎所有如今住在肉身里的人，人如果通过必要的治疗课程洁净自己，就会得到这份勤勉所应得的报偿，即获得真正符合本性的生命；人若拒绝美德的洁净，沾染无知的瘟疫，沉溺于种种享乐，使自己的病状难以治愈，陷入一种不符合本性的状态，从而与真正的本性生命格格不入，也就不能分有理应属于我们并与我们一致的真实存在。然而清白的婴儿因为心眼还不能辨别光的大小，自然没有这样的疾病，所以它一直处在那种自然生命之中；它既从未使灵魂沾染疾病，当然也不需要从洁净中得恢复。进一步说，在我看来，此生是我们所盼望的将来生命的一种类比，因而是与来生密切相关的。稚嫩的婴儿起初是靠吮吸乳汁维生的，后来可以吃另外的食物了，于是就根据他的需要一点一点喂养，一直到最后他长大成人。同样，我想，灵魂分有那真正的本性生命也是循序渐进，一点一点地适应，有规则地进步的；根据自己的容量和能力接受适量的恩福之乐。事实上，我们从保罗就可以知道这一点，他对已经在德性上长大的人和不完全的"婴孩"是用不同的食物喂养的。他对后者说："我是用奶喂你们，没有用饭喂你们。那时你们不能吃，就是如今还是不能。"① 但对那些智性上完全成熟了的人，他则说："唯独长大成人的，才能吃干粮，他们的心窍习练得通达，就能分辨好歹了。"② 须知，说成人和婴儿处在类似的状态中是不对的，就算两者都安然无恙，没患疾病（显然，那些不分有完全相同的东西的人怎可能处在同样的享有状态呢？）；因为虽然两者都不患疾病，都远离病痛的影响，这一点可以说是相似的，但当我们论到喜乐问题时，他们所享有的就毫无共同之处了。成人有讨论问题的自然之乐，有处理事务的成功之乐，有承担职位的荣誉之乐，以帮助需要者而闻名的喜乐，与所爱的妻子共同生活并治理家庭的喜乐，此生种种娱乐活动中所找到的快乐，欣赏音乐和艺术表演，狩猎，沐浴，体操，宴乐，以及诸如此类的事。而对婴儿来说，自然之乐在于所吃的奶，乳母的臂膀，使他甜甜入睡的轻柔地摇晃。除此之外的其他快乐在他稚嫩的年龄自然是无法体会到的。同样，那些在有生之年通过美德课程使其灵魂诸力得到滋养的人，用使徒的话说，心窍习练得通达的人，如果转向超然的生命，脱离身体的生命，必会按照他们所获得的状态和力量分有神的喜乐，必根据所获得的容量拥

①《哥林多前书》3：2。
②《希伯来书》5：14。

有或多或少的属神的财富。但从未品尝美德的灵魂，虽然也可能完全不遭受源于恶的种种痛苦，不曾患邪恶之疾，但一开始只能按这婴儿所能接受的程度分有来生（依据我们上文的界定，这种生命在于认识神并在神里头）；直到它茁壮成长，能够沉思真正的存在，就像能吃真正的食粮一样，同时接受的容量增大，自愿从真正存在所提供的丰富供给中获取更多的东西。

考虑到所有这些因素，我们认为那已经拥有了一切美德的灵魂，以及生命内容简单到一无所有的灵魂，都同样远离那些源于邪恶的种种苦楚。然而，我们并不是在同一个层次上谈论这两种生命的。一者听到了天上的宣告——用先知的话说，这些宣告"述说神的荣耀"① ——穿越造物界，领会那造物的主；他拿真智慧作自己的老师，这真智慧乃是宇宙的景象所提示出来的；当他看到了质料阳光的美，就借助类比领会那真实阳光的美②；他从这地的坚实看到造它的主的不变性；当他看到诸天的广袤，眼前就展现出包围宇宙的那个权能的无限广阔；当他看到阳光从如此崇高之处降临到我们，就开始从这些现象相信，神圣理智的活动也会从神的高度降临到我们每个人身上。一个发光体尚能以光之力量照耀它之下的万物，并且不止于此，它把自己借给万物使用，却能仍然保持自我中心，没有一点分散，更何况造这发光体的主，岂不更要如使徒所说的"在万物之上，为万物之主"，万物能接受多少影响，他就在多大程度上进入万物？只要看一看麦穗，看看某种植物的嫩芽，看看成熟的葡萄，看看早秋的美，无论是花还是果，看看一望无际的草地，高耸入云的山峰，倾泻而下的瀑布，蜿蜒流过幽谷的小溪，容纳百川、满而不溢的大海，大浪拍岸，却从不逾越那些固定的疆界；看看这些以及诸如此类的景象，理

---

① 《诗篇》19：1。

② 格列高利的这种神秘主义是奥利金观点的延伸。奥利金认为，有形世界与无形世界之间有直接的关联或可类比性。

性之眼怎么可能看不到我们以实在（Realities）为目标的教化所要求的一切？看到这样的景象，人是否努力为自己获得一点力量享有那些属天的喜乐呢？不必说那些强化心灵的道德之善的学习，即几何学，天文学，以及数学所提供的真理性知识，一切探求未知领域和证明对已知事物的信念的方式与方法，以及圣灵启示而写的作品中所包含的哲学，使那些在神的奥秘上自我教导的人得到一种完全的洁净。但是人若是一点也没有得到关于这些事的知识，甚至不曾从质料宇宙的景象中体会到超然的美，终其一生，心灵处于稚嫩、未成形、未受训状态，那他就不可能被放在我们在上文所指出的另一类人所处的环境之中。由此看来，我们再也不可以为，在两种所设想的完全相反的情形中，不曾分有生命的人比分有了高贵生命的人更有福。当然，与一生陷于罪中的人相比，不仅清白的婴儿是有福的，甚至根本不曾出生的人也是有福的。我们还可以从犹大（Judah）的例子，从福音书里对他的审判①了解这一点，即，当我们想到这样的人，宁愿从来不曾存在过，也好过在这样的罪中存在，就知道哪种人更有福了。因为就后者来说，由于罪恶根深蒂固，洁净的鞭子必然要抽到永远；而对从未曾存的，能有什么痛楚触及得到呢？——然而，尽管如此，人若拿婴儿未长成的生命与有完全美德的生命相提并论，必会被认为是幼稚无知的。由此，你是否会问，年幼如此就在存活的人中间悄悄消失的原因何在？你是否会问，神圣智慧对此作何沉思？如果你想到那些作为非法关系之证据的婴儿，想到他们被自己的亲生父母想方设法处理掉，你就不会为这样的罪恶解释说这是神所为的，因为神必对不义的行为作出审判。另外，假设婴儿的父母喂养他，并且还竭尽全力照顾他，但他仍然无法存活，染病死了，对此我们放胆作以下的分析。神不仅治愈已经生成的疾病，还规定某些病永远不得混进他所禁止的事

---

① 《马太福音》26：24。

物里，这是神意完全的记号。也就是说，可以合理地认为，知道将来并过去的神因为预见到婴儿将来的生命中要产生邪恶，所以阻止他长大成人，免得所预见的邪恶真的产生，免得赐给人的一生（他的恶习必延续终生）成为滋养其邪恶的实际质料。我们可以用一个例子来更好地解释我们的想法。假设有一个为一定数量的客人准备的极其丰盛的宴会，主持人是他们中的一位，天生就准确地知道他们每个人独特的结构，知道什么食物最适合各人的脾性，什么食物有害无益，不适用哪个；此外，他还在他们中间拥有绝对的权威，可以随己愿让谁留在桌边，或者把谁赶出去，还采取一切预防措施，保证每个人只吃最适合自己结构的食物，这样，原本体弱的人不会因所吃的食物而加重疾病，致自己于死地；而原本强壮的人也不会因吃了无益的东西招惹疾病，因吃得太多感到不适。设想在这些人中有一位好饮之士在席间甚至在宴席刚刚开始之际就被驱逐了出去，或者让他留到最后，这一切都是主持人为了尽可能保证整个席间有良好的秩序，不出现暴食、嗜酒、醉倒这些不良现象。正因为如此，当那个人被逐出宴席，离开满桌的美味佳肴，不能享用自己喜好的酒水，就很不高兴，于是就会指责主持人处事不公，把他赶出宴席是出于嫉恨，不是出于任何预见；但是如果他看到一些人因为一直不停地饮酒，举止开始失常，恶心呕吐，把头俯在桌上，语无伦次，也许就会对主持人在他还没有陷入这种境况之前把他赶出去而感谢他。如果理解了这个例子，我们就可以轻松地把这个例子所包含的规则应用于我们面前的问题中。那么问题是什么呢？既然父亲们尽最大的努力要保存自己的血脉，神为何常常任这血脉后裔早在婴儿时期就离世？对于提出这个问题的人，我们要用宴席的例子来回答，即，可以说生命之席摆满了极为丰富、品种多样的美食；请务必注意——美食学的实践也表明——并非所有的美食吃起来都是甜美的，有时候某种食物只吃了一口就带来极其糟糕的倒霉事，因为餐饮业的专家总想着怎样才能用辛辣的、苦咸的、生涩的菜肴来刺激客人的食欲；同样，我得说，生命并非在任何时候都是像蜜一样甜美的，有时候唯一的味道就是咸，有时候涩味、酸味、辣味太浓，很难再吃出其他丰富的美味。试探的杯里也盛满各种各样的饮料，有的因傲慢产生出膨胀的虚妄，有的引诱人致力于某种鲁莽的行为；还有的时候，它们会激起一阵呕吐，于是，经年累月中的一切非法所得都会不好意思地交付出来（即不应该吃进去的东西都被可耻地吐出来）。因而，为劝阻过分纵情狂饮的人不再逗留于如此豪华奢侈的餐桌，就要迫使他早早地离开宴酒之群，从而免除那些由毫无节制的暴饮暴食所引发的种种邪恶。这就是我所论到的完全神意所成就的，即，不仅治愈已经患上的恶疾，还在未患疾病之前就预先警示他们。我们推测，这就是新生婴儿夭折的原因。安排好计划的每一细节的神出于对人的爱而收回恶的材料，把他的预见显现在他所爱的人的记号里，即使恶的倾向自发显露，也不让真正的邪恶有机会展现出它的本质来。这生命之宴的安排者还常常借助类似的安排揭示出所谓的爱财有"迫不得已之原因"（constraining cause）的诡计，从而剥去一切似是而非的托词，让这种恶显现于光天化日之下，再也没有误导人的幕布遮掩。大多数人都会说，他们想方设法追求更多的东西是为了使他们的子孙更加富裕；然而，他们的恶是出于他们自己的本性，而不是出于某种外在的必然性，那些没有孩子的人照样表现出难以遏制的贪欲，这就是明证。许多没有后裔也不可能指望有的人，由于辛苦挣来的巨大财富，虽然没有养出孩子，心里却滋生了大量的需要；神不给他们留下一条传递这种无法治愈之疾病的通道，但他们自己却不明白，找不到一种必然的原因来解释这种缺陷。再看看有些人，终其一生，性情暴烈，飞扬跋扈，受制于各种诱惑，疯狂至极，就是极端邪恶之事也毫不收敛，抢劫、谋杀、叛国，更有甚者，杀父、弑母、害子、疯狂追求违背自然的交配。试想带着这样的邪恶成长的人会怎样呢？有人也许会说，这岂不是与我们前面的考察结果自相矛盾了吗？如果为了不使生命继续吞噬自己，在它还未展开之前就把它带走，按照我们关于宴席的例子，就是预先从宴席上除去生命的放纵机会，那么具有这种品性的人，谁还能任其纵情欢宴直到老年，使其自身以及与他一起寻欢作乐的好友都沉溺于其放荡的毒火之中？总而言之，你会问，神为何在其安排中使某人还未长成恶性之前就取了其性命，而任由另外的人长成这样的怪物，以至于他若根本没有出生倒对他更好一些？为回答这个问题，我们要给那些愿意欣然接受的人如下的理由，即那些过着良善生活的人的存在往往惠及他们的子孙后代；《圣经》里有成百上千的段落证明这一点，它明确教导我们，神对那些配得之人的深切关爱也惠及他们的后代，也让我们知道，对行为确实恶劣的人就是成为其邪恶之路上的障碍也是一种好的结果。不过，我们的理性在这个问题上只能是在黑暗中摸索，所以如果它的推测使我们的心灵得出多种结论，谁也不能有所抱怨。这样说来，我们不仅可以说，神就像某个家庭的创立者，如果哪个成员要过败坏的生活，就把他的生命收回，使其不能展开邪恶生活，而且还可以合理地推测，即使就夭折的婴儿来说，其生命中还没有这样的经历，他们很可能会比那些实际上已经因其邪恶而臭名昭著的人更深地陷入一种邪恶生活中去。我们从许多资料知道，没有什么事是在神之外发生的，相反，神的安排里没有一点偶然和混乱，叫人知道神就是理性、智慧、至善、真理，不可能包含非善的和与他的真理不一致的东西。所以，无论婴儿的夭折是否出于前述的原因，是否除此之外还有另外的原因，我们都应当承认这些事的发生都是最有益的。我还可以给出另一个理由，是我从一位使徒的智慧中学到的，来解释为何一些因自己的邪恶而赫赫有名的人痛苦地生活在自我选择的道路上。使徒在与罗马人的讨论中对与此类似的一个思想在一定程度上作了充分阐述，还从对立的观点来反驳自己——由那样的观点必然推出，如果罪人犯罪是神的安排，那他受到责备就是不公正的；如果这违背那统治世界的神的旨意，那他就根本不会存在——然后，使徒借用更加深刻的观点来印证这一结论，解决这种反驳。他告诉我们，神按各人应得的份额把自己彰显给他，有时甚至为了好的目的也给恶人一个机会。比如，神允许埃及王出生并活到他的寿命之年，目的乃是为了使卓越伟大的以色列民族能够从他的灾难中得到教训。神的全能彰显在各个方面，它有力量赐福给配得福的人，也能恰如其分地惩罚作恶的人。这样说来，由于那独特的百姓完全脱离埃及是必须的，这样才能防止他们因被误导的生活之路而感染埃及的罪恶，因此，藐视神、臭名昭著的法老在那些将要受益的人的有生之年兴起、成熟，好叫以色列对神的双重力量——它确实在两个方向上都发挥作用——有一个公正的认识；他们越是从自己人身上学到益处，就越是看到它严厉地施行在那些被自己的邪恶围困的人身上，因为神至高的智慧能够将恶变成善的合作者。匠人（如果我们的话可以确证使徒的论证）——匠人以自己的技能把铁打成某种工具为日常所用，他不仅需要有自然延伸性的材料供他发挥技艺，假如铁不是这么硬，不是这么难以在火里软化，甚至太硬无法打成任何有用的工具，那会怎样呢——所以他的技艺还需要这些东西的合作；他必将它当作砧来用，把柔软可用的铁放在上面敲打，做成有用的东西。有人会说："并非所有作恶的人都在今生收获恶行的果子，并非所有行善的人都在生活中获得善行的益处；那么请问，就这些终其一生未得报应的人来说，其存在有何意义呢？"我要提出一种不容置疑的理由来回应你的这个问题。伟大的大卫曾在一处宣称，有德之人的福气之一在于看到恶人的报应就想到自己的喜乐。他说："义人见仇敌遭报就欢喜，要在恶人的血中洗手"[①]；倒不是他们真的幸灾乐祸，看到那些受惩罚者的痛苦就欢喜，而是由此彻底认识到美德将会有怎样丰厚的报偿。他借那些话表明，让仇敌的痛苦与义人

---

① 《诗篇》58：10。和合本《圣经》译为"……洗脚"。——中译者注

的喜乐比照，这必使义人的喜乐更大更深。说义人"要在恶人的血中洗手"，这话所传递的思想是"恶人的遭报已经明明白白地说明了义人在自己生命中的行为的清白"。因为"洗"这个词就表示清洁的意思；但在血里谁也不可能洗清，只能更加污秽；由此可见，正是通过与严厉的惩罚形式相比较，更显出美德的福分。

现在，我们要概括一下整个讨论，以便更轻松地记住我们已充分阐明的思想。婴儿的夭折丝毫不表示人这样终结生命是某种令人忧愁的不幸，也不能与那些在此生中已经以各样美德洁净了自身的人的死相提并论；神更富远见的旨意为那些若活着就必然要陷入大恶里的人减去了大量的罪。诚然，有些恶人仍然活着，但这并不能推翻我们所提出来的这个理由，因为就他们来说，恶已经因对其父母的好意而得到遏制；倘若他们的父母从来不曾分给他们求告神的力量，那么与这样的力量相伴随的这样一种神圣的好意就永不可能传递给自己的子女；否则，如果恶没有受到任何遏制，如今因死而没有成长为恶人的婴儿就会展现出比最臭名昭著的罪人更深重的恶来。考虑到有人已经爬上了罪的顶端，使徒的观点对这个问题提供了令人欣慰的答案，因为那用智慧成就一切的神知道如何借助于恶来促进某种善。再说，即使某人罪恶滔天，按我们前面的阐释来说，神也会用技巧把它用于好的目的；这样的事例使义人的喜乐更甚，如先知的话所暗示的；可以说，它绝不只是那种快乐微不足道的一个元素，也不只是神无足轻重的一种安排。

论朝圣

我的朋友，既然你在信里向我提出了一个问题，我想我就有义务按照适当的顺序从与这个问题相关的各个方面来回答你。在我看来，对那些义无反顾地致力于更高生命的人来说，把注意力持续地放在福音的话语上是件好事；正如有人拿一把尺子来规范一切给定的材料，利用尺子的正直来纠正手工测量的歪曲，使其工作保持正确的方向，同样，我们也当用一把（可以这么说）严格而没有瑕疵的尺子——我当然是指福音的生命之尺——来衡量这些问题，并依照这把尺子的指示把我们自己引到神的面前。在那些已经开始过隐修生活的人中，有一些人把觐见朝拜耶路撒冷我们主道成肉身时的纪念物看作是他们奉献的组成部分。那么就来看看这把尺子怎么指示。如果它的戒律之手指示说，要把这样的事作为我们主的真实命令来遵守、照行，那这样做就很好；但如果它们与主的诫命毫不相干，那我就不认为还有什么必要去热心地履行这些事。当主呼召有福者去承受他们在天上的国时，他并没有把到耶路撒冷朝圣包括在他们的善行之列；当他论到八福时，也没有提到这种奉献。至于那既不能使我们得福，也不能使我们走向天国的东西，为何还要对之孜孜以求，就请聪明的人去思考吧。就算他们所做的事有一些益处，即便如此，那些完全的人也会尽其所能避免热切地践行之；然而这一件事，只要深入考察，就会发现它给那些已经开始过严肃生活的人带来了一种道德上的危害，所以它绝不是值得人热烈追求的事，相反，我们务必要万分小心，免得让已经致力于侍奉神的人受到它的有害影响。那么它究竟有什么害处呢？圣洁的生命向众人开放，男女都一样。沉思生活的独特标志就是节制（Modesty），而要在社群中保持节制就得孤立独行，不可与异性见面和交往；男人不是在与女人相处时突然要守节制原则，女人也不是在与男人相伴时赶快这样做。但出门旅行有种种局限，很可能会不断侵蚀这种严谨的道德自律，甚至到了忘记要守这些规则的地步。比如，女人若没有向导几乎不大可能完成这样的长途跋涉；由于她天生软弱，所以得坐马行走；坐上去还得下来；在困难的境遇中得有人帮助。不论我们设想哪种情形，她都得有个熟人来帮忙，或者雇个助手来做这些苦活，无论如何，接下来她不可能不受到外界的种种诱惑；无论她是依仗陌生人的帮助，还是依靠自己的仆人，都再也无法遵守正当行为之律法；东方的酒馆、旅店和城镇有多少放荡的例子，对恶无动于衷的例子，常在河边走，怎能不湿脚呢？经过这样的乌烟瘴气，怎能不迷惑眼睛和耳朵呢？眼睛和耳朵既被污染了，心也接受了通过眼耳传入的污秽，岂能幸免于难，不染上这样的传染病？而且，人就是到了那些著名的地方，究竟能得到什么益处呢？他无法想象我们的主今天还活在肉身里，却抛弃了我们这些外邦人；也无法设想圣灵丰丰盈盈地充溢于耶路撒冷，却不能到达我们这里。就是有形的符号真的可能暗示着神的存在，我们也当更合理地认为神是住在卡帕多西亚（Cappadocian），而不是其他地方。因为那里有多少圣坛荣耀着我们主的名呢！把世界的其他地方的所有坛都加起来恐怕也没有那么多。再说，倘若神圣恩典在耶路撒冷比其他任何地方都多，那么罪就不可能在那些住在那里的人身上如此肆虐；然而事实上，那些人中间没有哪种不洁是他们所不做的[①]；到处充斥着无赖、奸淫、偷盗、拜偶像、放毒、争吵、谋杀行为；尤其是谋杀这种恶行极其盛行，世界上没有哪个地方的人像那里的

---

① 西里尔（Cyril）的"教义问答"（Catecheses）曾于公元 348 年与圣城的不道德行径作斗争。

人那样随时准备彼此杀戮；那里，同胞像野兽一样相互攻击，只是为了没有生命的财物就争个你死我活。试问，在一个上演着这样的丑剧的地方，有什么证据表明有丰富的神圣恩典？当然，我知道许多人会反驳我所说的话，他们会说："你为何没有为自己立这样的规则？如果到那里虔敬地朝圣没有任何回报，那你为何又要不辞辛苦地去长途跋涉呢？"我就来解释这个问题，请他们听好了。第一，由于赐给我生命的主给我安排的那个职位，为了圣公教会已经立定的正统性，我有责任去阿拉伯教会（the Church in Arabia）所在的地方；第二，由于阿拉伯与耶路撒冷地区相邻，所以我也答应了要与圣耶路撒冷各教会的领袖磋商，因为那里的事情一团糟，需要一位中间人来协调；第三，我们最虔敬的皇帝答应通过邮递为我们的旅途提供方便，这样我们就无须忍受其他人所忍受的种种不便；事实上，我们的马车非常舒适，就像是我们的一个教堂或者隐修院，在整个旅程中我们所有人都唱着圣歌，为主守斋。但愿我们的经历没有给别人带来麻烦，相反，希望我们的建议有更多的人听从，因为这建议是针对我们实际遇到的问题提出来的。我们承认显现出来的基督就是神，以前这样认为，到了耶路撒冷之后也是这样认为；我们对他的信心既没有增多，也没有减损。我们未看见伯利恒（Bethlehem）之前就知道他是借着童贞女成肉身为人的；我们未看见他的坟墓之前就相信他要从死里复活；我们没有看见橄榄山（the Mount of Olives），但我们认信他是真的升天了。因而，我们从旅程中得到的益处只是这样一点，即通过相互比较我们知道我们自己所在的地方比其他任何地方都要圣洁得多。所以，敬畏主的人哪，请在你现在所在的地方赞美他吧。改变处所并不能使你更靠近神，无论你身处何地，只要你的灵魂里有神能居住和行走的空间，神都会来到你身边。如果你使你里面的人充满恶念，就算你在各各他（Golgotha）地，就算你在橄榄山，就算你站在复活的纪念石上，你也不可能领受基督进入你的里面，就像还没有认信主的人那样。因而，我最亲爱的朋友，请劝告弟兄离弃身体到我们主那里去，而不是离开卡帕多西亚到巴勒斯坦（Palestine）去；如果有人引证我们的主对他的门徒所说的话，即不可离弃耶路撒冷，那请他务要正确理解这话的真实含义。因为当时圣灵的恩赐和分配还没有降临到使徒，所以我们的主命令他们留在原地，直到拥有来自上天的力量为止。须知，如果刚开始时所发生的事，就是圣灵以火的形式分配他的各份恩赐，一直持续到现在，那么众人都应当留在原地，就是分配恩赐的地方；但是如果圣灵是边"听"边"吹"的，那么在这里成为信徒的人也一样分有那种恩赐，并且这是照着他们分有信心的大小，而不是看他们是否到耶路撒冷朝圣。

辩护类著作

大教义手册

概　述

三位一体

前言和第一章——信仰神是基于世界秩序中展现出来的技艺和智慧，而信仰神的"统一性"则基于权能、良善、智慧等方面的完全必然属于神。但与多神论争战的基督徒仍需谨慎，免得在反对希腊主义的时候不知不觉地陷入了犹太教。神包含一种逻各斯（道），否则他就会没有理性。当然这逻各斯不可能只是神的一种属性。我们要想到神怎样大过我们，他所包含的一切也都怎样大过那些属于我们的东西，由此我们就可以对逻各斯产生更高尚的观念。我们的逻各斯是有限的，短暂的；而神的逻各斯的存在（subsistence）必然是不灭的，同时也是有生命的，因为理性的东西不可能像石头一样是无生命的。它还必然有一种独立的生命，而不是分有的生命，否则它就会失去单纯性；它既是有生命的，就必然有意志力。逻各斯的这种意志必然与它的权能同等，因为选择和无能合在一起也同样会破坏它的单纯性。他的意志因为是神圣的，所以必是良善的。从这种作为的能力和意志必然可以推出良善的实现；由此经过智慧和技艺安排的世界就形成了。进一步说，由于关于道的逻辑概念在一定意义上是个关系概念，由此，说道的神也就是道的父与他的道一起必然被认为是存在的。由此信心之奥秘既避免了犹太教一神论的荒谬性，也避免了异教多神论的荒谬性。一方面，我们说，道有生命和行动；另一方面，我们断言，我们发现在逻各斯这道——他的存在源自于父——里有父的全部属性。

第二章——人的呼吸不过就是吸进并呼出空气，即一种外在于我们的东西，通过这个类比表明神的灵与神的本质是合一的，但是圣灵的存在仍是独立的。

第三章——由此，从犹太教里保留了神性的统一性，而从希腊哲学中保留了位格的差异性。

第四章——从《圣经》证明犹太人是错误的。

道成肉身的合理性

第五章、第六章——神借理性和智慧造了世界；他不可能从非理性开始创造世界；不过，如上所表明的，他的理性和智慧不可认为就是说出来的话，或者只是知识的拥有，而应看作是有人格的有意志的潜在。如果整个世界是由神的这个第二位格创造的，那么人也自然是这样受造的；但不是出于必然性，而是"出于无尽的爱"，所以应当存在分有神性之完全的存在者。如果人能接受这些，那么他的本性必然包含与神相似的要素；具体来说，他应当不朽。因而，人是照着神的样式造的。所以，他不可能没有自由、独立、自决这些恩赐；他对神的恩赐的分有最终依赖于他的美德。由于这种"自由"，他可以作出有利于邪恶的决定，邪恶不可能源于神的意志，只能出于我们内在的自我，由于自我背离了善，就产生了恶，也产生了善之缺乏。邪恶只是作为善之缺乏才与美德对立。因为凡受造的都是可变的，所以在最初受造的灵中，很可能有一个灵的眼睛移开了善，从而变得忌妒；而从这忌妒就生出向恶的意向，这意向按照自然顺序，为其他所有的恶预备了道路。他破坏了神所安排的人的感性与理性之间的和谐，引诱最初的人愚蠢地偏离良善，狡猾地在他们的意志里掺入了恶。

第七章、第八章——神并没有因为预见到恶要从人的造成中产生就没有把人造出来；因为与其根本不造人，还不如造出人，然后让犯了罪的人悔改，遭受肉身上的痛苦，将罪人带回到最初的恩典，这样更好。使堕落者上升这是赐予生命者能够胜任的工作，因为他就是神的智慧和大能；为了这样的目的，他成为人。

第九章——道成肉身并非与他不配；因为唯有恶才产生堕落。

第十章——有反对观点说，有限的不能包含无限的，因而人性本身不可能接受神性，这种观点建立在错误的前提之上，即认为道成肉身意味着神的无限性被纳入到肉身的有限性里，如装进一个容器一样。——关于火与罪的比较。

第十一章、第十二章、第十三章——至于神性如何与人性结合起来，这是我们的理解力所不能企及的，但我们不可怀疑这一联合体现在耶稣身上，因为他行了那么多神迹。那些神迹之超然特点表明它们都源自于神。

第十四章、第十五章、第十六章、第十七章——进一步勾画道成肉身之计划，表明这种救人的方法比起神只发一个旨意要更可取。基督取了人的软弱；但这是肉身上，而不是道德上的软弱。换言之，神的良善并没有变为它的对立面，也就是邪恶。在他，灵魂和身体先是联合，然后分开，这些都是符合自然顺序的；但当他洁净了人的生命之后，就在复活中更普遍地为众人重新把它们永恒地联合起来。

第十八章——有些人不再崇拜魔鬼，于是就接受基督教的殉道、耶路撒冷的毁灭，视之为道成肉身的见证。

第十九章、第二十章——但这些人不是希腊人和犹太人。接着回到它的合理性问题上。无论我们谈论的是神的良善、大能，抑或是智慧、公义，任何一个都表明是所有这些被认可的品性的联合，如果缺乏其中一个，就不可能是神。因而，神的完全确实是这样的。

第二十一章、第二十二章、第二十三章——那么，它的"公义"

是什么呢？我们必须记住，人生来必然是要变化的（或者变好，或者变坏）。他的自由意志原本应该指向道德之美；但后来被那种美的一种假象所迷惑，走向毁灭。我们如此自愿地把自己出卖给欺骗者之后，那出于仁慈力求使我们恢复自由的神，因为他也是公义的，不可能为这个目的而诉诸武断强暴的措施，因而，付一笔赎金是必不可少的，并且它的价值要大于被赎回的东西的价值。由此神的儿子必须把自己交给死的权能。也就是说，神出于公义，不得不选择交换的方式，并在这个过程中显示出他的智慧。

第二十四章、第二十五章——那么权能怎样呢？神从高处降到低处这比所有自然宇宙中的奇迹都更显著地展现出神的大能。这就如同使火焰朝下喷流。基督这样出生之后，就征服了死。

第二十六章——把神性藏在人性里，这事实上就是对恶者撒旦的一种欺骗；但对他来说，因为他自己就是一个欺骗者，所以唯有让他也受骗，受到同样的报应，这样才显得公正。但最后，当人之大敌也体验到道成肉身的好处的时候，他就会发现，所遭受的一切患难都是公义而有益的。他也必与人一样得洁净。

第二十七章、第二十八章——要治好病人的病，必须接触病人，同样，基督必须触及到人性。人性不是在"天上"，所以唯有通过道成肉身，才能治好人性的病。此外，穿戴人性并不比"天上的"身体更不符合他的神性；一切受造的存在物都在神之下的同一层次上。甚至"丰富的荣耀"也是由人出生的方式产生的。

第二十九章、第三十章、第三十一章——关于道成肉身的延迟。在拯救的工作开始之前，人的堕落必须已经发展到极点，也就是要等到人降到了最低点才能开始救人。然而，因信而来的恩典还没有降临到众人头上，这一点必须从人的自由中寻找解释；如果神通过暴力手段迫使我们服从，那么人的行为的价值就荡然无存了。

第三十二章——就是十字架上的死也是崇高的，因为在神爱的计划里，这是最高的也是必需的顶点，随着这死而来的就是人类这整"块"（lump）的幸福复活；而且十字架本身还包含某种神秘的意义。

圣礼

第三十三章、第三十四章、第三十五章、第三十六章——洗礼的拯救性质依赖于三样东西：祷告、水和信。（1）表明祷告如何保证神的临到。神是真理之神；他曾应许只要人"以某种方式"求告，他就会到来（如诸多神迹所表明的，他已经到来）。（2）表明神如何从水里赐给生命。在人的生育过程中，就是没有祈求，他也从一个小小的种子赐给生命。在更高级的生育中，他把质料转化为灵（spirit），而不是灵魂（soul）。（3）人的自由表现在信心和悔改上，对重生也是必不可少的。在水里浸三下这是我们最早的行为；从水里出来就预示将来可以轻松地在幸福的复活中恢复纯洁。这整个过程就是对基督的一种仿效。

第三十七章——圣餐把身体与神联合起来，就像洗礼把灵魂与神联合起来一样。我们的身体因为接受了毒品，所以需要一种抗毒剂；唯有通过吃喝才能让这药进入身体。而有神住在里面的身体，就是这种抗毒药，所以我们要领受它。但它怎能完整地进入每一个信徒里面呢？这需要举例说明。水注入皮袋，使它显出满鼓鼓的形体。同样，营养物（饼和酒）变成血和肉使人体形成模样，这营养就是身体。正如就其他人来说，我们救主的营养（饼和酒）原本就是他的身体；但这些东西，他的营养和身体，因住在他里面的道而变成了神的身体。也就是说，因道（神圣的恩惠）成圣的饼和酒同时变成了那道的身体，这身体在所有信徒中间广为传播。

第三十八章、第三十九章——相信圣子和圣灵不是受造的灵，而是与父神同性的，这对重生是至关重要的；因为他若把拯救之事依赖于受造的东西，那就是信托给某种不完全的东西，某种其本身也需要救主的东西。

第四十章——唯有清除自身中的一切邪恶，从而表明自己得了重生的人，才真正成了神的儿子。

正　文

前言

教牧"敬虔的奥秘"① 的教长（presiding ministers）需要一套教学体系，好让不信主的人深切地体会到关于信心之道的教诲，从而使教会因主将得救的人加给她②而显荣耀。但是我们知道，同一种教学方法并非对所有接近这道的人都适合。教义问答手册因为必须对付各种不同的宗教敬拜，所以确实要留意这一体系的统一目标和目的，但并不是要用同一种方法来解释每一种个别情形。浸淫于犹太传统的人（Jucaizer）自有一套先入为主的观念，深谙希腊主义（Hellenism）的人也有另一套观念为先入之见；同样，亚诺摩安（Anomoean）、摩尼教徒（Manichee）和马吉安（Marcion）③、瓦伦廷（Valentinus）、巴西里得（Basilides）④ 的门徒们，以及其他落入异端邪说的人，每一个都事先充塞着各自特有的观念，因而必然使他们的一些观点引起争议。要治愈疾病，必须针对具体病情采取相应的方法，才能有效治疗。你用来对付希

---

① 《提摩太前书》3：16。

② 《使徒行传》2：47。

③ 马吉安是塞尔多（Cerdo）的一个门徒，在他老师所教导的两个原理之外又加了第三个原理。第一个是无名的、无形的良善之神，但不是创造主；第二个是有形的创造之神，即得穆革（Demiurge）；第三个是介于无形之神与有形之神之间的魔鬼。得穆革是犹太人的神和审判官。马吉安断言唯有灵魂能复活，拒不承认律法和先知是从得穆革来的；唯有基督从无名无形的父下来拯救灵魂，并废除犹太人的这位神。他只承认《路加福音》是福音书，并把开头详述我们的主如何出生、如何道成肉身的部分删除。他还对中间和结尾部分作了剪辑。除了这部被他剪得支离破碎的《路加福音》之外，他还保留了十封使徒书信，但对它们也作了删节处理。格列高利曾在别处论到，优诺米斯（Eunomius）的门徒就是从马吉安那里得到他们的"两位神"的，与他不同的是，他们否认独生神即"福音的神"有本质上的良善。

④ 关于瓦伦廷和巴西里得的诺斯底主义理论，H. L. Mansel 的 *Gnostics* 和 *Dictionary of Christian Biography* 中论到他们的条目有极为可靠而适当的阐述。

腊人的多神论的有效措施，不可能同样有效地解决犹太人对独一神的不信；对于那些落入异端邪说的人，你也不可能在任何情况下都用同样的论证来驳倒他们在信心原理上误导人的虚妄说法。对亚诺摩安有益的教训，不可能对撒伯流（Sabellius）① 也同样有用。与摩尼教徒的争辩不能有效地驳斥犹太人②。因而，如我所说的，我们必须考虑各人已经接受的观点，针对每个人所犯的错误来构建论证体系，在讨论每种错误时都提出一些原理和合理的前提，这样，找到双方都合意的契合点，才可能最终拨开云雾露出真理之光。所以，如果一个讨论得到某个赞赏希腊思想的人的认同，那么在推论之前最好先弄清以下这一点，即他是预先承认神的存在，还是同意无神论的观点。他若认为根本不存在神，那么考虑到宇宙的精巧而明智的安排，他不得不承认这些现象背后存在着一种超凡的主宰力量。如果相反，他对神的存在毫不怀疑，但倾向于接受多神论的假设，那么我们就要采用这样的思路来驳斥他："他是认为神是完全的，还是有欠缺的？"如果他证明神性是完全的（他很可能会这样做），那么我们就要求他承认神性在一切可见的事上都是完全的，免得把神看成既有缺陷又完全的矛盾体。至于与我们所思考的题目紧密相关的是权能，还是良善，或者智慧、不朽、永恒存在，或者其他与神性一致的概念，他必会承认完全是神性所应有之意，如这些前提所必然推导出来的那样。我们若认可了这一点，就不难把多神论的这些分散观念综合起来，建构一种统一的一神论。如果他承认在任何方面都应当把完全归于我们面前的这个题目，因为虽然有多个完全的事物，但它们全都是同一个完全之神的体现，那么他必须按照逻辑规律的要求，或者指出这些并无明显差异、倒常常显明为同一事物的各自的特性，或者如果他

---

① 撒伯流异端盛行于公元前一世纪，在它看来，认为神有位格只是出于人类语言的困难，结果，当论到特别类似于父的作用和事工时，神就常常被定位为父。子和圣灵也同样如此，在论到救赎或成圣话题时就赋予他们位格。

② 比如，驳斥二元论的讨论只会使犹太人更加坚信其严格的一神论。

做不到这点，并且心灵根本找不到它们中有什么特性，那么就抛弃关于差异的观念。因为既然在"多少"上看不出有什么差异（完全的观念是不可能包含这样的差异的），在"善恶"上也没有（假若"恶"这个词还没有去除，那么人就根本不可能拥有神的观念），在"古今"上也没有（因为非永恒存在的东西也是与神的观念格格不入的），相反，神性的观念是始终如一、完全同一的，凭任何理由也不可能在任何方面找到任何特异之处。既然如此，就必然要抛弃多神论的错误幻想，转而接受统一的一神论。既然良善、公义、智慧、权能这些都可能是对它的论断，那么不朽、永恒存在，以及任何一个正统观念都可能是它所包含的。这样，任何方面的分别和差异都渐渐取消了，由此，多神论也必然随之从他的信念中剔除出去，普遍的同一性使他不得不信服一神论。

第一章

不过，由于我们的宗教体系习惯于在神的统一性中观察各位格的区别，为避免我们的论点在与希腊人的争论过程中坠入到犹太教的层次上，我们在表述时还是需要有一种区分的手法，以便纠正这个问题上的所有错谬。

须知，就是那些不接受我们的教义的人，也承认神是有逻各斯（Logos，即道）的①。他们的这一承认完全可以使我们的论证得以展开。人若承认神不是没有逻各斯，就必须承认一种不是没有逻各斯（或道）的存在自然拥有逻各斯。另外，我们可以看到，这个词也表示人所说的话。既如此，如果他说他是根据我们周围之事物的类比来理解神的逻各斯是什么的，那么他必由此引向一个更高尚的观念，这观念必使他相信这个词正如别的东西一样，是与本性相对应的。也就是说，尽管在属人的题目上可以看到某种力量、生命、智慧，但没有人能从这些术语想象

---

① 《约翰福音》一章 1 节不是说"太初后有道"，而是说"太初有道"，也就是说，太初从来没有缺乏过道即逻各斯。格列高利据此来论证逻各斯（道）的永恒性。

神的生命、力量和智慧，所有这些词的意义都因我们的本性而降低了水准。因为我们的本性是可朽的、软弱的，我们的生命是短暂的，我们的力量是渺小的，我们的话语是不可靠的①。而就那超然的神性来说，因着所沉思之题目本身的伟大，关于它所论说的一切东西都必然提升到与它对应的高度。因而，虽然提到了神的道，但不可以为它就体现在我们所使用的语词里面，随后就像我们的言语一样消失不见，归于虚无了。相反，就像我们的本性确实要走到尽头，它所赋有的语言也同样要归于虚无一样，不朽而永存的本性所拥有的语言也是永恒而不灭的。这样说来，如果逻各斯要求他承认神的道具有这种永恒的存在（subsistence）②，那么他也必须承认道的存在在于一种活的状态；因为设想道像石头一样没有灵魂，那是不敬的。它既作为某种有理智但无形的东西存在，当然必定是有生命的；它若失去了生命，就自然不能存活了。但是这种认为神的道不能存活的观念显然是渎神的。由此可见，必

---

① "不可靠"即希腊词 "apages"。后来人的话语就被称为 "epiknros"。参阿塔纳修（Athanasius）（《驳阿里乌主义》3 节）："既然人是从非存在来的，他的 '话'也是短暂的，而非永久的。我们听到人每天说着许多各不相同的话，因为已经说过的话并没有留下，而是被遗忘了。"

② "hypostasin"。关于这个常常用到的词存在着一个问题：究竟是基督徒还是柏拉图主义者第一次发明出这个词来表示既不是指 "substance"也不是指 "quality"的东西？亚伯拉罕·图克（Abraham Tucker, *Light Nature*, ii. p. 191）对柏拉图的三合一，即良善、理智和活动大胆地提出以下看法，"性质"不能作这些原理的一般性名称，因为观念和抽象本质存在于理智里面，而性质不可能彼此存在，比如黄色不可能是软的；"实体"也不可能是囊括这三者的术语，否则它们必然就是存在（the Existent）的组成部分，而这就破坏了神的统一性。"于是，他（柏拉图）就称之为本体（Hypostases）或实存（Subsistencies，或位格），表示介于实体和性质之间的东西……"但他又说："我不想向任何人推荐这一想法。"他也没有说这种柏拉图意义上的使用有什么权威性。事实上，如果这个词曾用来表示柏拉图的三合一原理，表示它们各自是 "同一个 'ousia'中的不同位格"，那就会歪曲第一个概念即至善，因为这个概念从来不是相对的。所以目前看来，这个词似乎是强调基督教与柏拉图主义之间的对抗性。苏格拉底见证古希腊哲学中并没有这个词："在我们看来，希腊哲学给了我们关于 'ousia'的多种定义，但对 'hypostasis'却根本没有注意。……古人几乎没有论及，只是偶然有几次提到，那也是在与今天（即五世纪）完全不同的意义上使用的。……虽然古代哲学家很少注意这个词，现代哲学家却更多地使用它，而不是 ousia。"不过，从我们可追溯的源头来看，正是奥利金凭着准确无误的第六感第一次用新的术语即 "hypostasis"（除 homoousios 和 autotheos 之外）来包含 "Logos"，这样后来才可能向希腊语世界表明第二位格是一个平等而不可见的三位一体成员。

须认为这道处于一种活生生的状态。另外，我们可以合理地相信，逻各斯的本性是单一的，绝不会表现出多样性或复合性，所以，我们不能认为有生命的逻各斯的存在全在于对生命的分有，因为这样的一个命题，即说一物在另一物里面，就不能避免复合的观念。既然我们承认了单一性，就必须认为逻各斯具有一种独立的生命，而不只是分有生命。这样说来，逻各斯作为生命是活的①，它就自然有意志力，凡活的东西不可能没有这样的官能。而且虔敬的心灵必能得出结论说，这样的意志也有行动的官能。因为如果你不承认这种能力，就是证明了相反情况的存在。但相反的情形不可能存在，因为我们关于神的观念里彻底剔除了无能的特点。神性里面看不到任何不一致的地方，所以必须承认道的力量与神本身是一样大的，否则，就会在非复合的存在中出现对立双方的混合；比如，我们若是在神性里面看到无能和大能并存，也就是说，有能力行这事，却没有能力行别的事，那么情形就会是这样。我们还必须承认，这意志虽然有能力行一切事，但并不倾向于任何邪恶之事（因为向恶的冲动是与神性格格不入的），但凡良善的事，它都立意去行，既立意，就能施行，既能行，就必不会落空，而且必使自己的一切为善意向卓有成效地实现。须知，世界是良善的，它里面的一切事物看起来都是明智而灵巧地安排妥当的。因而，所有这一切都是道的作品，这道有生命，活生生地存在，因为他是神的道；他也有意志，因为他是活的生命；他有力量实现自己所立意的事，他所立意的无不是全然良善、智慧以及高贵的。而我们都承认世界存在良善的事物，并且如我们上文所说

---

① 这种教义与斐洛（Philo）的，即亚历山大学派哲学（Alexandrine philosophy）完全不同。圣约翰在福音书里的第一句话表明"Logos"除了从神出来的运动之外，还有一种回到神的运动；它原本在那里，但被一种他称为爱的力量派遣出来，所以向世界的最初运动不是源于"Logos"，而是源于父本身。这里，Logos是道，而不是理性；他是某种活的原因的活的结果，不是理论或假设立在某种无法解开的奥秘之门前。Logos说话是因为父说话，不是因为至高者不能并不愿说话。但他们的关系在斐洛那里却常常相反。父时常成为Logos与世界之间的中保，把人引向自己，使受造物顺服地行在他的道上。

的，世界乃是道的作品，这道既有意志，也能实现良善，所以这道不是别的，就是神的道。在某种程度上，这也是一个"关系"词，因为思考道的父时必须与道一起思考，因为道若不是某人的道，它就不是道。如果听众能从这个词的相对意义来区分道与流出道的主体，那么我们就会发现，福音的奥秘在与希腊观念相争斗的过程中，不会有与那些更愿意接受犹太人的信念的人混为一谈的危险。它必远离任何一方的荒谬，既承认神的活生生的道是有效果、能创造的存在，这是犹太人拒不接受的，也承认道本身与发出道的神在本性上并无分别。就我们自己来说，我们认为话语是出于心灵的，既不完全等同于心灵，也不完全区别于心灵（它既然是从心里出来的，就不是心灵本身，而是另外的东西；但又因它是心灵的表露，所以也不能认为它完全不同于心灵。由此，在本质上它与心灵是同一的，但作为经受者，它又不同于心灵）；同样，神的道因其自立性不同于为它提供生命的神，但它所展现的那些性质就是神性，所以它与根据这些独特记号得以认识的神又是同一本性的。因为只要我们用良善、能力、智慧、永生，无有恶、死、败坏，完美无缺，以及诸如此类，来标示关于父的观念，就必然同样地借这些术语看到从父生出的道。

第二章

这样，通过更高更神秘的途径，从关于我们自身的事上升到那超然本性，我们就获得了关于道的知识，通过同样的方法，即通过观察我们人性中留下的无以言表的神的大能的一些影子和相似性，我们还能形成圣灵的观念。在我们，灵（或生气）就是呼吸的空气，它与我们自身有所不同，是为维持身体存活所必不可少的吸气和呼气。从话语的言说上看，这就是表达词义的一种言说。而就神性来说，我们虔敬的观点之一就是相信有一个神的灵，正如承认有一个神的道一样。因为既然把我们的话（我们的这个道）看作是与灵相关的，而认为神的道却与灵完全无关，这就显得神的道与我们的道相比是有缺陷的，是不一致的。若说有某种东西像我们的呼吸一样从虚无流入神里面，并在他里面成为圣灵，这实在是与神的观念不相适合的想法；事实上，当我们思考神的道时，我们并不认为这道是某种非实体性的东西，也不认为是教导的结果，是声音的发出，是发出之后就消失不见的东西；它不是像我们的话语那样受制于种种条件，而是本质上自存独立的，具有永不疲倦的、全能的意志力。关于神的灵我们也接受了同样的教义。我们认为它与道同行，并显明它的能量，而不只是气息的发出；否则，倘若这样来思考伟大的神圣权能，也就是把圣灵看作与我们的灵一样，那会降低和贬损它。所以，我们认为它就是一种本质的权能，在其自身特有的位格中是自我中心的，同时不可能与神相分离，因为神是它的源头，也不可能与神的道相分离，这道与它相伴随，否则就要化入虚无；它像神的道一样，作为一位格而存在，有意志，能自动，有效果，甚至能选择良善，因为它的任何一个目标都使它的力量符合它的意志。

第三章

这样，非常严肃地研究这奥秘之深邃的人，就在自己内心里获得了关于神性教义的相当部分的领会，然而这种领会只可意会不能言传，他无法用清晰的语言把这个难以言表的深刻奥秘阐释出来。比如，这奥秘如何能被计数，又拒斥计数，[①] 为何可以看到区别又要理解为一元的，为何在位格上可分，在本质上又不可分。在位格上，圣灵是圣灵，圣道是圣道，两者各不相同，同时与那生出这两者的本源也非同一。但是你一旦认识到这三者各自的不同，就发现神性又是同一的，不可分别的，

---

① 这话指的是三位一体的两个"数"的理解。"三"意味着能被计数，"一"意味着拒绝被计数。——中译者注

也就是说，至高无上的第一因只有一个，他不可分割成各不相同的几位神（否则就成了希腊人的多神论）；这种说法也不同于犹太人的教条，真理是处于这两种观念（即希腊人的观念与犹太人的观念）之间的中庸之道，剔除两者的异端部分，吸取各自于它有益的部分。我们接受道，相信圣灵，这就摒弃了犹太教条；同时，我们认为神性是统一的，由此就取消了希腊流派中的多神论错误，正式废除了这种虚幻的多样性。另外，我们保留了犹太教中关于神性统一的思想，又把希腊思想中的多样性归于位格上的分别。这样，对两端的渎神观点都按要求进行了纠正。因为可以说，肯定三位是对那些在统一性问题上犯错的人的纠正，而坚持统一性又是对那些相信多个神的人的纠正。

第四章

万一犹太人拒不接受这些观点，我们与他的讨论也必不会再像与希腊人讨论那样困难，因为真理将从他自小就接受教导的那些教义里显明出来。须知，有一个神的道和神的灵，这两种权能本质上都是存在的，既具有创造万物之能力，也有领会存在之物的能力，这些都非常清楚地显明在受圣灵启示而写的《圣经》里面。我们只要提到一个证据就够了，更多的见证就留给那些愿意不辞辛苦的人去找。经上说："诸天藉主耶和华的道而造；万象藉他口中的气而成。"① 什么样的道？什么样的气？这道不只是言说，这气也不只是呼吸。倘若认为宇宙的造物主是用了这道和这气，并视之为一个教义，那岂不是把神降到了我们人性的层次？言语、呼吸发出的力量哪能如此巨大，竟可以造出诸天及其里面的种种权能？倘若神的道就像我们的言说一样，他的气就像我们的呼吸一样，那么相似的事物必生出相似的力量，神的道就只有我们的言语所具有的力量，不可能有更大的力量。然而，

---

① 《诗篇》33：4，七十子译本。见和合本《诗篇》33：6。

我们说出的话语以及伴随话语的说出而发出的气息都是没有效果，也没有分量的。由此，他们若把神降低到与我们的言语相提并论的程度，就必然使神的道和灵也一并成为无效果的，没有分量的。然而，果真如大卫所说的："诸天藉主耶和华的道而造；万象藉他口中的气而成"，那真理的奥秘就得到了确证，这让我们知道，所谓的道是本质上的，所谓的气是位格上的。

第五章

如此说来，关于神有道有气这一点，希腊人因其"内在固有的观念"，犹太人因其《圣经》，都可能不会否认。但关于神道的分配，道成肉身，双方都可能视之为不可思议和与他们所理解的神不相吻合而予以拒斥。因而，我们要从另一点开始，使这些否认变成相信。他们应该相信，万物的生成都是出于那造出宇宙体系的神的思想和技艺；要不然，他们就持相反的观点。但倘若他们不承认是理性和智慧指导着世界的生成，就必然把非理性和不灵巧（笨拙）加给宇宙之王。这当然是荒谬而不敬的。由此就非常清楚地表明，他们必须承认统治世界的是神的思想和技巧。如前所述，神的道不是指这种实际上的言表，也不是指拥有某种科学或技术，而是一种本质意义和实体意义上存在的权能，它心怀一切良善，拥有把一切愿望付诸实施的力量；一个良善的世界，就是这种喜爱良善并创造良善的权能造出来的。这样说来，整个世界的存续依赖于这道的权能，如我们的论证所表明的，那么我们必然不可能再有这样的想法，以为世界各部分的形成不是出于道本身，而是另有其因。至于称呼，无论人们想要称之为道、技艺、权能、神，或者其他任何高贵而荣耀的名称，我们都不会与他争论。因为无论造出什么词、什么名称来描述这个主题，都是意在表达一样东西，即神的永恒大能，它创造了存在之物，发现了非存在之物，维系着所生成之物，预见到还未生成之物。这一事物，无论是称之为神、道、技艺、大能，都可以通过推理知道，他就是造人的主，他造人不是出于迫不得已，而是出于丰富的爱才造出这样的受造物。因为事实上，他的光芒并非没有看见者，他的荣光并非没有见证者，他的良善也并非没有享有者，他的其他种种神性都不是枉然无用、无物分有、无物享用的。因而，人既是在这样的环境中受造的，即成为神的诸善的分有者，那么他的形像必然是适合于对这种善的分有的。眼睛由于生来就包裹着明亮的光线，所以与光相通，借其固有的能力把与自己相类的事物吸取到自己身上；同样，人性里必有与神的某种相似性，好叫它通过这种相应性致力于它天生就有的目标。就是非理性受造物的本性也是如此，无论是生在水里的，还是活在空中的，每一个都有与自己的生活类型相适应的结构，这样，由于各不相同的身体形式，对一个来说，空气是其特有的、适合的生活环境，对另一个来说，水才是与它相宜的自然环境。因此，人既然是为享有神的良善而生的，其本性里就必然有某种东西是与他所分有的对象相似的。为了这个目的，他得以赋有生命、思想、技能，以及我们归于神的一切优点，以便借助它们把他的欲求对象定位在那些他并不陌生的事物上。另外，与神性相关的优点也包括永恒存在，所以完全可以说，我们人性的装备里不应没有这种属性的更高恩赐，而应当在其自身中拥有不朽，好叫它借助其内在的能力既能认识上面之事，也怀有对神圣而永恒的生命的渴望。事实上，《圣经》在描述宇宙起源时已经用一个高度概括的表述说明了这一点，因为它说人是"按着神的形像造的"①。在形像这个词所暗示的这种样式里，囊括了带有一定神性的一切事物。摩西以历史的方式叙述这些事，以故事的形式阐述教义，但无论他怎么叙述，都与同一种教训相关。因为他所论到的乐园，连同它特有的果子——吃了这果子不是使品尝者的食欲得到满足，而是使其得到知识和永生——与我们现在关于人的思考是完全一致的，即我们的人性起初是良善的，并

---

① 《创世记》1：27。

处在良善之中。不过，人若是只留意事物现在的情况，就可能会认为上文所说的话是自相矛盾的，因为人如今显然不再处在那些原初的情形中，而是处在几乎完全相反的情状中，由此断定我们的话是不可信的。"灵魂哪里与神相似？身体哪里免受痛苦？永生在哪里？人是短暂的存在，受制于各种情欲，容易败坏，身体和心灵都可能遭受任何一种痛苦。"反驳者提出诸如此类的论断，直接攻击人性，并由此自以为已经把尊重人的理由给推翻了。为保证我们的论证在展开过程中始终不偏离正道，我们要简单地讨论一下这些观点。诚然，人的生命目前受制于不正常的环境，但这并不能证明人原本不是在善中间受造的。因为人是神的作品，神借着自己的圣善把这样的受造物造出来，谁若推测他——良善是其构成的原因——是造物主在邪恶中间造出来的，这岂不是荒谬至极。我们目前的环境之所以如此，我们的存在之所以失去了原初的状态，是有另外的原因的。这里我们还可以看到，我们答复这一质疑的起始点，我们的对手也是接受和认可的。因为造人使他分有其独特之善的神，把追求美好之事的本能一并放入人里面，好叫他的欲望借助一种相应的运动在任何时候都指向自己的同类，这样的神永远不可能使人丧失最美好、最宝贵的善，我指的是这样的恩赐：作自己的主人、有自由意志。无论如何，假若人的生命是以必然性作为主人的，那么这"形像"就是虚假的，因为它与原型不一样，在原型之外。试想，那负在轭下、捆绑于各种必然性的本性，怎能称之为导师存在（Master Being）的形像呢？由此岂不完全可以说，在一切方面都与神相似的，其本性中就当拥有一种自治和独立的原理，诸如能够使分有善成为对它的美德的奖赏之类的？你必会问，人既然曾经以最美好的装饰著称，那为何将这些好事换成了坏事？原因也是很显然的。恶的生长绝不是始于神的旨意。邪恶若是刻有神的名字作它的造物主和父，那它就会成为无可指责的。但在一定意义上邪恶确实是从里面产生，一旦灵魂有了退出美善者之意愿，邪恶就产生了。正如看是符合本性的活动，而瞎就是那种自然功能的丧失，美德与邪恶之间的对立也是如此。事实上，邪恶的产生就是美德的丧失，此外不可能有别的理解。就像光线没有了，黑暗就笼罩了；只要有光，就毫无黑暗；同样，只要本性中有良善，邪恶就不可能有内在的存在根据；而一旦良善状态消失，其对立状态就出现了。因为拥有自由意志就有这样的特性，它选择的是自己喜欢、令自己高兴的东西，所以你会发现，引发目前种种邪恶的不是神——因为神只是使你的本性成为自主和自由的——而是作出弃善从恶选择的草率。

第六章

你也许会追寻造成这种错误判断的原因，这正是我们的讨论进展到这里所必然要追问的。再者，我们也有理由指望找到能阐明这个问题的起点。根据教父传统，我们做出以下这种论证；这种论证一点也不神秘，而是很自然地使我们产生信赖。对一切存在的事物，都有一种双重的理解方式，即对它们的思考可分为理智的和感觉的两类；除此之外，在现存的事物之本性中再也找不到任何东西可以延伸到这种划分之外的。而这两个世界被一个宽广的空间彼此分离，可感知的事物就不具有那些属理智之物的性质，属理智的也同样不具有那些属感知之物的性质，双方各自从彼此相反的性质中获得形式特点。思维的世界是无形无象，不能感知的，而感知世界顾名思义就是包含通过感觉器官获得的感知觉。不过，在感觉世界本身中，尽管存在着很多彼此对立的原子，那治理宇宙的智慧却使那些对立面之间保持一种和谐，从而产生了整个造物界自身的和睦，本性上的对立面也不会破坏这种统一的链条；同样，由于神的智慧，感觉世界与理智世界之间也有一种联合和贯通，使万物都能同样地分有美善，凡存在的，没有一个不分有那高级世界的美。出于这样的原因，理智世界所在的地方是一个精致而可动的本质，这种超凡的居所基本上是与理智世界的本性相似的。由于至高心灵的命定，理智世界与感觉世界之间要有一种相互联合，好叫凡神所造的物，如使徒所说的，没有一个被看作无价值的而弃之一旁①，或者一点都没有获得神的友谊。因此，神就使理智与感觉的结合成就在人身上，如宇宙起源说所告诉我们的。据它说，神从地上拿起泥土，造出了人，然后从自己口里吹出一口气，把生命赋予他所造的作品，好叫这属土的上升到神的高度，由此，整个造物界都充满了一种价值等同的恩典，低级物与超凡物彼此混合在一起。我们知道，理智之物原本就具有一种先在性，并且每种天使权能都赋有一定的作用，这是主宰万物的主为整个宇宙的结构而安排的，所以也有一种权能受命对地进行连缀和统治②，管理宇宙的权能为这个目的设置了这样一种权能。于是就用泥土造了一个东西，按至高权能复制了一个"像"。这有生命的"像"就是人；在他身上，借助一种难以言表的力量，混合了像神一样的理智之美。神把地上的管理权交托给他，他却因此而不高兴，认为既然他获得的是这样的本性，那它所展示的一切都应当是他非凡之尊贵的样式，那就不应当来治理地上的万物。不过，这个问题，即构成宇宙体系的神出于良善、毫无恶意地造出人，这人为何还是堕落到嫉妒的情欲里，目前还不是急着讨论的时候；当然，为那些乐意接受奉劝的人提供一种解释并不是很难的事，并且也不会拖得太久。因为我们并不认为美德与邪恶之间的分别是两种真实存在的现象之间的分别；正如是与不是之间存在着一种逻辑上的对立，可以说，就存在而言，那不是的东西当然与那是的东西不同，但我们说虚无与实体的对立只是逻辑意义上的。同样，邪恶这个词是与美德对立的，但不是说邪恶本身有什么实体性，它只是对善之缺乏的一种可想象状态。就如我们说瞎（看不见）与看见的对立是逻辑上的对立，而不是说瞎本身具有一种自然存在，之所以看不见只是因为失去了看的功能；同样，我们也可以说，邪恶就是良善的丧失，正如影子挡住了阳

---

① 见《提摩太前书》4：4。

② 这不是要使魔鬼成为得穆革，只是使其成为"地上的天使"。因为天上和空中已经派给"诸天使权能"管理，所以地以及地上的各国就指派给了次级天使。

光的通道。须知，非受造的本性不可能包含诸如转动、变化、更改这样的活动，而一切受造而成的事物则可变可化，因为造物的存在本身就是在变化中产生的，即原本不存在的，因为神的权能变成了存在的东西。另外，上述的这种权能也是受造的，可以通过自发的活动选择他所喜欢的东西，当他对良善和慷慨闭上眼睛，就像人在阳光下任自己的眼睑垂下，只看见黑暗，这时候，他就是不愿意认识良善，既然如此，那就只能认识良善的反面了。这反面就是邪恶。不可否认，任何事情的开端就是由此引起的其他事情的原因，比如，健康所引起的是身体的好习惯、活泼、快乐的生活，而疾病所导致的必然是虚弱、没力气、悲惨的生活。在其他事情上也莫不如此，万事万物都是从其特有的开端展开的。所以，远离情欲的煽动就是美德生活的开端和基础，偏向嫉妒所产生的邪恶就为此后种种邪恶的展开铺平了道路。人一旦叛离良善，在心里生出了这种忌妒，就接受了这种向恶的偏向。就像一块岩石，一旦离开山体，就因自己的重量一头滚落下来；人一旦离开自己原初向善的本性，就因其身体的重力笔直地坠向邪恶，直坠到恶的极处；至于他原本从造物主得来的协助良善装饰的理智力，他转而使它成为为邪恶目标出谋划策的帮凶，同时用自己的诡计欺骗、陷害人，劝他用自己的双手成为杀死自己的凶手。我们知道，人因神的恩福曾被提升到高尚而卓越的位置（因为他受命管理全地并地上的一切；他的外貌是美的，是按照原型的美造出来的像；他的本性中毫无情欲，他乃是毫无情欲者的肖像；他通身清白，与神面对面相见，喜乐无比）——这一切都是抵制他的忌妒之情欲的因素。然而，他不可能发挥任何力量实现自己的目标，因为护佑之大能远远大于他自己的力量，主宰着他。因而，他的计划就是使人脱离这种大能之力，这样他就可以轻松地逮住他，使他受制于他的诡计。就像一盏灯，当火焰着了邪，人无法吹灭它，就把水混到油里，想要借此弄暗火焰；同样，仇敌因为无法使恶顺利进来，就用计谋在人的意志里混入恶念，于是就在恩福里生出一种熄灭和昏暗。生的对立面就是死, 力量的对立面是软弱, 祝福的对立面是诅咒, 清白的对立面是羞耻, 一切善都可以想到其对立面。因此人性如今处在邪恶的境况中, 因为那样的开端引入了导致这种结局的起因。

第七章

然而, 诸位必会问: "既然神预先看见了因人缺乏思想将要临到他头上的不幸, 那么他为何还把他造出来? 我们岂不可以说, 他若没有生出来岂不是比处在这样的邪恶之中与他更有益吗?" 那些被摩尼教的虚假教义带离了正道的人才会提出这样的问题, 以便确立自己的错谬, 从而表明造出人性的造物主是邪恶的。因为如果神对一切存在的事都不是不知的, 而人如今却处在邪恶之中, 那么关于神是良善的论证就脚不住脚; 也就是说, 如果神造出的人是要进入这样的邪恶的, 那神就不可能是良善的。他们说, 如果与善相应的作用力完全是善的, 那么这痛苦而可朽坏的生命就不可能是善者的作品, 而必须认为这样的生命另有其主, 人性就从这造物主分有了悲惨的命运。在那些完全浸淫在异端邪说, 如同深陷污泥的人看来, 这些话以及诸如此类的说法因其表面上的合理性而具有一定的力量。但那些对真理具有更深洞见的人则清楚地知道, 他们所说的都是毫无根据, 似是而非的, 可以迅速揭示出它的错谬所在。在我看来, 在这些问题上还是抬出使徒来为我们辩护, 给他们定罪为好。使徒在给哥林多人的书信里区分了灵魂的属肉气质和属灵气质。我想, 他所说的话表明了用感觉标准来论断什么是道德上的良善和邪恶是不对的; 我们必须使心灵退出外在的表象, 根据心灵并从它本身来断定真正的道德之善以及它的反面。使徒说: "属灵的人能看透万事。"[1] 我认为, 那些人之所以炮制出这些骗人理论, 其原因必定在于, 当他们界定良善时, 只是留意到身体享受的甜美, 然而, 因为身体是复合的, 总是倾向

---

[1] 《哥林多前书》2: 15。

于分解，所以它不可避免地要遭受痛苦和疾病；又由于这样的痛苦情形必然产生一种痛苦的感觉，于是他们就宣称人的构造是出于恶神的作品。倘若他们的思想采取一种高贵的观点，不让心灵依附于感官的满足，他们就会冷静地看到现存之物的本性，就会明白除了恶性（wickedness）再没有别的恶（evil）。而一切恶性就表现为善的丧失，恶性本身并不存在，并且不能视之为一种实体。因为没有哪种恶存在于意志之外，独立于意志，恶就是所谓的善之不存在。凡不存在的，当然没有任何实体性的存在，而造出没有实体性存在之物的造物主也不是造出有实体性存在之物的造物主。因而，一切存在之物的神不是形成邪恶之物的原因，因为他不是那非存在之物的造物主。神造出的是视力，他没有造出瞎子。神显明的是美德，他没有显明美德的丧失。神既把众善赐给那些行为端正的义人，作为对他们在自由意志争斗中的奖赏，就绝不会让人类屈从于某种强大的必然性之轭，似乎人把它当作无生命的工具，不愿意把它拉向正道。但是，当清澈的天空阳光灿烂时，人若出于自愿闭上眼睛，挡住视线，那么他看不见阳光责任当然不在太阳。

第八章

然而，只关心身体分解的人感到非常不安，认为我们的生命要因死而消失这是一件十分痛苦的事。他说，我们要因这种必死性而消失不见，这是极端的恶。那就请他透过这种令人沮丧的前景看看神的仁慈吧，他也许会因此而更加深切地知道神如何慈爱地关注着人的事务，就会更加仰慕神。分有生命的人应当活在心灵的享受上；如果活在身体的痛苦上，那还不如不活，不活也比这样活着更加可取。我们来探寻一下，赐给我们生存装备的神除了考虑到怎样使我们的生命在最合理的环境中度过之外，是否还有别的目的。须知，由于我们自我意识的运作，我们与恶交了朋友，由于某种感官上的满足，使这种恶混进了我们的本性，就像某种有害成分败坏了蜂蜜的味道，于是，我们远离了无情无欲的思想里所包含的那种恩福，坠入了邪恶的深渊——因此之故，人就像土制的陶瓷碎片，重新分解归入尘土，以便保证他与如今所变成的泥土相配，也使他借助复活更换一新，恢复原型；至少使他能在此生中保存那些属于神之像的东西。这样的理论是摩西以历史的方式向我们揭示出来的。而这种历史的形式包含着最清楚的教义。他告诉我们，当主最初造的造物吃了禁果，由此被剥夺了原初的有福状态之后，主就使他们穿上兽皮做的衣服。在我看来，我们不可从字面意思来理解这里的兽皮衣服。试问，为这两人设计的衣服是用杀了什么样的动物、剥了它的皮制成的？须知，任何兽皮，一旦剥离了兽身，就是死的。既如此，我明确地认为，治愈我们的罪的神出于预见就使人有了死的特性，而死原本只是属于兽类的特性。但这死不是永远的，因为衣服只是穿在我们身上的外物，只是暂时借给身体用一用，并非是它的本性所固有的。这样，这种取自兽类的可死性就暂时成为原本为不朽而造的人的外壳。这外壳是从外面包裹他，而不是从里面缠绕他。它抓住的是人的感性部分，对于神的像没有一丝触及。然而，这感性部分不是消失了，而是分解了。消失乃是进入非存在，而分解则是重新成为组成它的各种原子。而各原子所包含的东西是不灭的，只是我们的感官无法认知。

至于这种分解的原因，从我们所给出的例子里可以明显地看到。因为感官与粗重、属地的东西有密切关联，而理智相比于感觉活动，本质上具有更尊贵、更崇高的品性；由此可以说，如果评判是通过感官作出的，就会在什么是道德之善的问题上出现错误的论断，而这种错误导致一种相反情形即道德之恶的出现，我们身上生来就无益的那一部分就因接受这种相反情形而分解了。为证明这一点，我们举以下的例子。假设某个器具是由泥土做成的；后来出于恶作剧，在这器具里装满融化了的铅，铅凝固并保持在一种非液体状态；再后来器具的主人想要使它复原，因为他掌握制陶技术，所以就把装铅的陶泥打碎，再按照其原先的样子重新做好，为自己专用。这样，原本混在它里面的物质就被清除一空了。造我们的器皿的工匠也是这样做的。虽然如今我们的感性部分——我是指身体部分——混合了恶，但他会把接受恶的质料分解，借助复活重新塑造它，使它不包含任何相反的质料，会重新把各原子组合成具有原初之美的器皿。既然灵魂和身体在各自参与的淫邪情欲中有一种共同的联合纽带，那么灵魂的死与身体的死之间也有一定的相似性。就肉身而言，我们认为，与感性生命的分离就是死亡；相类似的，就灵魂而言，我们把离开真实生命称为死亡。如我们前面所说的，在灵魂与身体里都可以看到恶的成分，这是它们相同的品性，因为邪恶原理正是借着两者才真正展开其效用的，但兽皮衣服的分解对灵魂并没有影响。因为灵魂是非复合的，非复合的东西怎么可能分解呢？只是由于罪在灵魂里所产生的污染也必借着某种治疗过程得以去除，因而美德所提供的药物已经在此生中应用于治疗这些疾病上。然而，如果灵魂始终没有治愈，治疗就要延续到来世进行。须知，身体上的病痛是各种各样的，有的容易治好，有的很难治好。对于难治的顽疾，要使用手术刀、烧灼剂、苦药来根除身体所染上的疾病。将来的审判所宣告的也是类似于治疗灵魂疾病之类的事，这对没有头脑的人来说不啻是一种威慑，一种可怕的纠正，好叫他们因对这种令人痛苦的纠正的畏惧获得智慧，脱离邪恶。而那些更富理智的人则相信这是神所规定的使人——就是神所独有的造物，恢复他原初的状态的一种治疗过程。要使用手术刀或烧灼剂去除身上额外生出来的瘤，诸如粉瘤或肉瘤之类的，所使用的治疗方案当然不可能毫无痛苦，但尽管医生手上拿刀，却丝毫没有伤害患者之意。同样，不论什么质料性的瘤在我们灵魂上变硬，因与肉身的情欲交往而变得荒淫无度，到了审判的日子，可以说都要被神那难以言表的智慧和大能切除、刮去，这位医生①如福音书所说的，"有病的人才用得着"②。他还在

---

① 指马可。——中译者注

② 《马太福音》9：12。

另一处又重复了这样的话："康健的人用不着医生，有病的人才用得着。"① 因为灵魂里滋生了一种强烈的向恶倾向，所以它必然感到痛苦，正如身上长了一个肉瘤必然使皮肤感到剧痛一样。因为本性中若是滋生了与之相悖的东西，就是使自己附属于某种感觉联合体，由此就产生我们的本性与外来属性的畸形结合，而当脱离这种不正常生长的时机到来之际，感觉就会产生受伤、被撕裂的痛苦。因此，当灵魂因纠正自己的罪而憔悴、衰弱时，如预言在某处所告诉我们的，由于它与邪恶有深刻而亲密的关系，所以必然产生一些难以言说、无法表达的阵痛，这种痛苦之难以描述，就如同我们所盼望的美好之事一样。两者都无法用言语表达出来，也不是我们所能领会的。所以，如果有人趋向那引导宇宙之秩序的神的智慧的终极目标，却还以为造人的主也是生恶的主，或者说造物主对未来一无所知，或者指出，若说造物主知道未来却又造了这样的人，那他就不是不受恶之冲动的影响的——他若这样认为，就会显得极不合理，显得心胸狭隘。神原本就知道将来要发生的事，但并没有阻止事情真实地发生。事实上，神既能借自己的预见领会万事万物，他的眼睛看将来的事是与看过去的事一样的，当然不可能不知道人终究是要偏离善的。正是因为他预先看到了悖逆，所以设计了人向善的回归。这样说来，哪种方法更好呢？是从来不曾将人引入存在——因为他预见到受造出来的这种存在物将来要堕落离开道德之美；还是使这种造物借助悔改回归，并使他患病的本性恢复原初之美？但是，由于身体的痛苦和患难是其不稳之本性所必然产生、不可避免的事件，所以，若是因此就断定神为恶的造主，或者认为他根本不是造人的主，企图以此避免得出神就是给我们带来痛苦的主这样的结论——那么所有这一切都只能表明那些根据感觉来论断道德之善和之恶的人极其狭隘的心胸。这样的人不明白，唯有本质上的善是感觉无法企及的，唯一的恶就是对善的疏远。

---

① 《马可福音》2：17。

把苦乐作为道德之善恶的标准，这是非理性造物的一个特点，它们因为缺乏理智和悟性，根本无法领会真正的善。人是神的受造物，具有道德上的高贵性，是为最高尚的目的而造的，这不仅可以从以上所述显而易见，而且还可以从大量别的证据看出来，只是因为这样的证据实在太多了，这里我们只能省略不说。但当我们称神为人的造物主时，切不可忘记刚开始时我们是如何小心翼翼地使我们的观点区别于希腊人。在那里我们表明，神的道是一种实体性的、人格化的存在，他本身既是神，又是道，在自身中拥有整个创造权能，或者更确切地说，他就是带着向善之冲动的权能本身；他希望什么，什么就成为现实，因为他的权能与旨意相吻合；他的旨意和事工就是现存之万物的生命；人因他而存在，并照着神性的样式装饰至高的美德。但由于唯有那不是从创造中产生的才是不变的本性，而凡被非受造者从非存在中造出来的，都要经历变化；如果它照着自己的本性行动，变化就朝向好的方向行进，如果它偏离正道，运动就朝着相反方向前进——我是说，因为人处于这样的境况中，并且他本性里的变化因素已经滑向完全相反的方向，所以，离开善就使它一路上引入了种种邪恶，与善对抗（比如，缺乏生就引入了死；缺乏光线，就渗透了黑暗；没有了美德，邪恶就取而代之，反对任何一种善就能引发对应的恶），请问，是谁使人借自己的轻率陷入了这种以及相类的邪恶状态（他既疏远了谨慎，就不可能还保留谨慎；他既离开了智慧，就不可能采纳任何明智的建议）——是谁使人恢复他原初状态的恩典？是谁使跌倒的爬起来，把迷失的找回来，将流浪的牵回来？岂不就是他的主吗？此外还会有谁呢？唯有最初赐给他生命的，才有可能，或者才适合在他迷失的时候把他找回来。我们从关于真理的启示里所学到的教训就是，神起初造了人，又在人堕落之后救了人。

第九章

在这一点上，跟从我们的讨论思路的人也许会表示同意，因为他看不出我们所说的一切有什么与神的特有观念不一致的地方。但是关于真理启示中最强有力的部分的内容，他就不会同样乐意承认了；我指的是人性的诞生，从婴儿长成大人，吃喝、疲乏和睡眠，悲伤和眼泪，错误的指控和可恶的审判，死在十字架上，埋葬在坟墓里这些事。所有这些事事实上都包括在这种启示中，这在一定程度上使心胸狭隘的人的信心变弱，所以他们拒不接受这些前提必然得出的结论本身。他们不承认从死里复活与神有什么相合之处，因为死包含种种极不体面的情状。我想，首先必须将我们的思想暂时去除粗俗的属肉原子，集中注意道德之美本身，留意非存在之物，留意使各物得以领会的显著标记。我想，凡在思考的人都不会驳斥这样的论断，即在万事万物中，唯有一件事是可耻的，那就是邪恶的软弱；而凡与邪恶不相关的都与耻辱不相干；凡不包含任何耻辱的，当然就出现在另一边即美者之列；凡真正美的都不包含自己的反面。而凡被认为呈现于美之领域的，就成为神的特点。所以，请他们证明主的出生、长大成人、本性渐趋完全、经历死并从死里复活，这些事中究竟有什么恶性存在；或者，如果他们承认上述的主的生命情状始终在邪恶领域之外，那就不得不承认，这一切事都与邪恶格格不入，没有任何可耻之处。这样说来，既然剔除了一切可耻可羞性质的东西就能完全显示出道德上的美，那么对于那些发表观点说道德上美善的事物不能成为神之属性的人，谁还能不为他们的愚拙而唏嘘呢？

第十章

有人说："人性是狭隘而有限的，而神是无限的。无限的神怎么可能包含在有限的质料①里呢？"但是谁说神的广袤包裹在像器皿一样的肉身里了？就是我们自己的理智生命，也没有局限在肉身的界限之内。相反，尽管身体的容量局限于它特有的范围，灵魂却能借着自

---

① 这里指人的身体。

己的思想活动自由地与整个造物界相吻合。它升到诸天，深深地扎根；它穿越广阔的世界，永不安静的好奇心使它探索地下的世界；它还常常沉迷于对天上奇异景象的琢磨，一点也没有感觉到附加之身体的负荷。既然人的灵魂出于其本性之必然要渗透在身体里，然而仍然可以随己愿出现在任何地方，那怎能说神会受制于肉身的环境？我们为何不可以用我们能够理解的例子形成关于神的拯救计划的合理想法？比如，有一个关于灯之火焰的比喻。这火焰看上去包含着提供给它的质料，但理性会把在这质料上燃烧的火与点燃火的质料区分开来。当然在实际操作上，要把两者截然分开来，使火独立于质料而显现为纯粹的火是不可能的，它们已经彼此混合在一起了。不过，我恳请诸位不可将这个例子与关于火之可灭性的观念联系起来；请你只接受与所比喻之对象合适、贴切的内容，把与之无关的、不一致的内容统统抛弃。从这个例子我们完全可以说，没有什么东西能阻止我们设想（就像我们看到火焰附在质料上，而不是封闭在它里面）神性与人性有某种统一或接近，同时相信在这种接近中仍然保持神所特有的观念，即神性可以体现在人身上，但不受身体的任何限制。

第十一章

然而，假如你追问神是怎样与人结合的，你就得探究灵魂与肉体怎样结合这个初级问题。如果你对灵魂与身体如何联合的问题一无所知，那就不能设想你会对另一个问题有所理解。事实上，正如在灵魂与身体的统一中，我们虽然有理由相信灵魂是不同于身体的东西，因为一旦肉身脱离了灵魂就成为僵死的、没有活力的，但我们对这种结合的方式仍然毫无确定的认识；同样，在神与人的联合问题上，虽然我们完全知道，神性与可朽坏的人性在伟大程度上是大相径庭的，但我们仍然无法知道属神原子与属人原子是怎样结合在一起的。经上所记载的神迹不允许我们对神以人的形式出生这一点心存怀疑。但是这究竟是怎样实现的，却是推理过程所无法揭示的，所以我们不想去考察它。因为我们虽然相信一切有形、属理智的受造物都是从无形、非受造的神获得生命的，然而"从哪里"或者"如何"这样的问题我们不把它当作考察的对象，而当作我们的信仰本身。我们只是接受事实，把宇宙形成的方式看作不可能凭严谨探究就可解决的、完全是无法理喻、令人费解的问题而放置一边。

第十二章

如果人要求我们提供神以肉身形式向我们显明出来的证据，那么请他看看神的各种活动。关于神的存在，我们不可能找到比那些神圣活动所提供的更好的证据了。也就是说，当我们环视宇宙，思考世界的秩序和我们生命中所体现出来的神的种种仁慈的时候，我们就明白了有一种遮盖一切的权能，它是创造万物使之形成的力量，当万物形成之后又保守它们使之存续的力量。根据同样的原理，关于神在肉身里的显明，我们把神所行的那些奇迹确立为对神的有力证明，因为如事实所表明的，从他所做的一切事中我们都可以认出神性的特点。赐给人生命、护佑现存万物存活，这都是神的特性。为那些还在肉身里时就从他领受了生命之恩惠的人提供吃的喝的，使需要的人得益，使曾因疾病而扭曲的本性恢复健康，回归自我，这都是神的作为。以同等的权势统治整个造物界：大地、海洋、天空，以及天上的领域，这是神的工作。拥有在万物之中并在万物之上胜过死和败坏的权能的，也是神。如果关于神的记载中缺乏这些或诸如此类的特性中的某一个，在信心之外的人就有理由对福音启示提出异议。但如果关于神的每一种观念都可以在神所行的事迹中找到，那么还有什么能阻挡我们的信仰呢？

第十三章

有人说，生生死死是属肉的人所特有的情况。我承认这一点。但是在出生之前就在的以及死之后到来的，就没有我们共同的人性之标记。如果我们来看一下人类生命的两个端点，就会明白我们是从哪里开始的，以及在哪里结束的。人的存在开始于一种软弱，也结束于一种软弱。但在道成肉身里，其生并非始于软弱，其死也并非终于软弱；因为出生之前没有感官之乐，死之后也没有败坏相随。你不相信这种神奇之事吗？我非常欢迎你绝不轻信的态度。这样你就完全承认，那些神奇的事实是超乎自然的，按照你的思维方式来说，上述之事是超乎可信范围的。那么就让这样的事实，即这奥秘不是用合乎自然的话语来宣告的，向你证明神的显现。倘若关于基督所叙述的是合乎自然之道的，那怎能说他是属神的呢？正是因为所叙述的是超乎自然的，所以你觉得难以置信的事实就表明了这样宣告出来的原来就是神。人的生育是出于两性的结合，人死了尸体就腐烂分解。如果福音书所讲的不过就是这些，那你当然不会相信这样的人就是神，这些话所传达的不过是我们人性特有的见证。然而，当你听说他虽然是出生的，但他的出生方式却是超乎我们共同的人性的，他也永远不会腐烂败坏，你就会感到不可思议，由此很可能使你对另一点也不相信，从而拒不认为他只是那些显然只是作为人而存在的存在者中的一位。因为如果你不相信如此这般的存在者只是人，那就必然相信他就是神。没错，记载他出生的作者还记载了他是生于一位童贞女。因而，若说基于所述的证据，把关于他出生的事实确立为信仰之事，那么基于同样的证据，他以这样的方式出生是完全不可思议的。另外，记载者除了提到他的出生时补充说，生他的是一位童贞女之外，还在记叙他的死时进一步证明他从死里复活了。因而，如果你从这些记载承认他既生了也死了，基于同样的理由你必承认他的生和死都是独立于人性之软弱的——事实上，可以说是完全超乎人性的。因而，结论就是，他既如此出生在超乎人性的情形之中，他本身自然不可能受制于人性。

第十四章

有人问："那么神为何要降到这样卑微的状态？一想到神这个难以理解、不可思议、无法言喻、超越一切伟大荣耀的实在竟然穿上了卑微的人性之外衣，使他至高无上的能力也因与匍匐在地上的受造物的结合而成为卑劣可羞的，我们的信念就崩溃了。"

第十五章

就是面对这样的质问我们也不会找不到与我们关于神的观念相一致的回答。你问为何神要出生在人中间。如果你从生命中拿走神赐给我们的种种益处，你就无法告诉我你还有什么方式获得关于神的知识。我们从其仁慈地对待我们的方式中认识恩惠者；也就是说，通过观察发生在我们身上的事，我们可以推测发动这些事的神的品质。所以，如果爱人就是神性的独特品质，那么这就是你所要寻找的原因，这就是神来到人中间的理由。我们生了病的本性需要一位能治愈它的医生。堕落的人需要一位引导他改邪归正的导师。丧失了生命之恩赐的人需要一位生命给予者，离开了善之团契的人需要一位能使他恢复善性的朋友。陷在黑暗里的人渴望光明的临到。俘虏寻找能给他带来解放的人，囚徒希望有人替他坐牢，希望有人把他从奴隶的捆绑中释放出来。人类既然处在如此可悲又可怜的境况中，这些需要岂是琐碎、无足轻重的，是强求神降下来审视人性的？有人回答说："但人已经得了益处，而神仍然处在无情无欲的状态。神既用自己的智慧创造了宇宙，并且只要他高兴，只凭借一念就使原本不存在的东西进入了存在，对他来说，岂没有可能借助于某种直接的神圣命令把人从敌对权能的势力范围内拉回来，使他恢复原初的状态？然而，他却是等了很长时候才再度降临，他把自己交托给某个人体，他出生、经历生命的各个阶段，然后品尝死的滋味，最后只有借他自己身体的复活才实现他的目标，似乎不放下他至高的神圣荣耀来成全自己的目标，只用一个简单的命令来拯救人，而不去扰烦那些漫长的世代，这不是他可以选择的。"因而，要驳斥这样的异议我们必须把真理的对立观点充分勾画出来，免得那些仔细审查福音启示之合理性的人的信心遇到什么障碍。首先，如前面曾作过一定讨论的那样①，我们要根据对立原理思考美德的反面是什么。黑暗是光明的反面，死是生的反面，美德的反面显然不是别的，就是邪恶。我们知道，造物界有许多事物，比如光明或生命，它们的对立面并不是与其对立而实际存在的事物，它们的对立面只是特有的观念，如黑暗和死亡——不是石头、木头、水、人，或者世上的其他东西——同样，就美德来说，不能说可以把哪种受造物设想为它的反面，唯有邪恶的观念是它的对立面。如果我们的信仰传讲神原本是在邪恶的环境下生出来的，那就给对手提供机会来贬损、破坏我们的信心，如那些关于神性提出荒诞不经之观点的人所做的。须知，神就是智慧、良善、不朽，是所能想到或言说的一切高尚的事，若说这样的神经历了向对立面的转变，这实在是渎神的。既然神是真实的、本质的美德，绝没有一点逻辑上与美德相对立的东西存在；既然唯有可恶的软弱是不体面的，羞耻的——神既不是带着这种软弱出生的，他被生的本性里也不包含这样的软弱——既然在他作为人的结构中找不到任何与美德相反的东西，那么他们为何因认信神成了人而受到羞辱？须知，人的本质所特有的理性、悟性、接受知识的能力，以及其他诸如此类的东西，没有一样是与美德原理对立的。

第十六章

有人说："我们身体天生的这种变化就是一种软弱，凡在这种情形中出生的，都是在软弱中出生。而神是没有软弱的。因而，当人们宣称本质上没有软弱的神却成了软弱的朋友，这种神观实在是令人稀奇

---

① 指第五章。

的。"为答复这种异议，我们要采取前面的论证，即"软弱"这个词部分是在专有意义上使用，部分是在某种相应的意义上使用。也就是说，凡影响意志并使它离开美德转向邪恶的，是真正的软弱；而凡在本性上是循着自身特有的连续之链一步步展开的，更应称之为作用，而不是软弱。比如，出生、成长、吃喝拉撒维持生命的存续，身体的各组成原子合在一起，另外，各组成部分又分解，回到各类原子中去。那么，我们的奥秘所说的神进入并与之接触的是哪种"软弱"呢？是专门意义上的软弱，即邪恶，还是作为自然运动之结果的软弱？如果我们的信仰断定神是在所禁止的情形中出生的，那么我们就有责任避免对神作出这样亵渎而不当的描述。但它若是断言，神所拥有的我们的本性，其最初的产生与后来的存续都源于神，那么我们这样传讲有什么不敬、渎神之处？我们关于神的观念以及我们对他的信念中没有任何倾向软弱的东西。当病人请医生来看病时，我们不会说医生处于软弱之中。因为他虽然接触了病人，自己并没有染上病患。既然出生本身并不能认为就是软弱，那么谁也不能说生命是软弱的。但对感官之乐的感受确实出现在人出生之前；至于一切活人中向恶的冲动，就是我们人性的一种疾病。然而，后来福音书奥秘地指出，那取了我们人性的神纯洁无瑕，这两种情感都没有。既然他的出生与感官之快乐不相关，他的生命也与邪恶不相交，那么我们所虔信的奥秘所说的神取了人性又有什么"软弱"之处呢？假若有人称身体与灵魂的分离为软弱，那还不如把这两者的结合称为软弱更为恰当。因为如果原本相连的事物彼此分离是一种软弱，那么彼此隔开的事物联合起来也应是一种软弱。因为无论在分开事物的联合中，还是在原本一体的事物的分开中，都有一种变动感。称呼最终运动的术语也适用于最初的运动。如果最初的运动，也就是我们所说的出生，不是一种软弱，那么第二种运动，就是我们称为死亡、使灵魂与身体的联合分开的运动，也不是一种软弱。我们认为，神出生也服从我们人性的这两种运动；首先，灵魂与身体结合，后来灵魂与身体分离；当两种原子——我指的是感性原子和理智原子——通过难以言表、无法表达的结合形成了具体的人，道成肉身也就随之出现；灵魂与身体一旦联成一体，这种联合就持续到永远。但是，我们人性循着自己特有的轨道，就是在神里面时就已开始走向灵魂与身体的分离，后来神又把分离的原子重新联结起来，可以说用他神圣的权能之黏合剂把它们粘在一起，把分离的原子重新结合成一个永不破裂的统一体。这就是复活，也就是那些原先连在一起的原子彼此分解之后，又通过相互合并重新构成一个不可分解的整体；好叫我们回想赐给人的原初的恩典，当曾与我们的人性混合的邪恶因着我们的分解而消散，就如同装着液体的容器破了，里面的液体就流失消散了，容器里再没有剩下一点这种液体，我们就恢复了永生。正如死之原理在一人身上兴起，在整个人类身上延续，同样，复活生命的原理也从一人进入到整个人类。因为神把自己曾拥有的灵魂与自己特有的身体重新联合起来，是借助起初把这两种原子结合起来的权能，可以说，他是在更普遍的意义上把理智本性与感觉本性结合起来，新的原理顺着自然顺序自由地进入到两极。就神为自己所取的具体的人形来说，当灵魂在身体分解之后又会重新回到身体，到那时，这种分离部分的联合就如同借助一种新的原理，以同等的力量临到整个人类中间。这就是神关于他的死以及从死里复活之计划的奥秘所在，也就是说，不是不让他的身体因死和自然本性的必然结果而分解，而是要使两者在复活中回到彼此的原状；好叫他自身成为生与死的汇合，在自身中重新确立了因死而分解的本性，又使自己成为把那些分开之部分联合起来的生产原理。

第十七章

有人会说，前面提出来的异议并没有解决，相反，我们所说的一切倒巩固了不信者所提出的反对观点。因为如我们的讨论所表明的，他拥有的权能既能毁灭死，也能引入生，既如此，他为何不仅仅施行他的意志来实现自己的目标，而要通过这样迂回的方式，作为一个人出生、成长，甚至为了救人而品尝死之滋味，来成就拯救我们的工作？须知，对他来说，不顺从于这样的情形达到救人的目的并非不可能。对于这位以及所有坦率的人，我们只要这样回答就够了：病人不能告诉医生用什么方法来给他们治病，对那些提供有益于他们的治疗方案的人也不会吹毛求疵，比如，他们自己以为是这一部位不好，而医生为何觉得是那一部位有病，并为去除那种病设计出这样那样的具体治疗方案；相反，病人留意的是良善工作的目的和结果，并心怀感谢地接受恩惠。然而，如先知所说①，神丰富的恩惠把自己的用处藏在隐秘处，在此生中不可能非常清晰地看见——否则，如果眼睛能看见所盼望的一切，不信者的一切异议就都可以不攻自破了——事实上，它等候将来的世代；现在只能用信心之眼看见的，到那时必将一一显明出来。所以，我们必须尽我们所能，借助于我们所能达到的最有说服力的讨论，努力为这些难题找到与前面所述相一致的答案。

第十八章

不过，在那些确实相信神逗留在此生中的人看来，反对神的显现方式，视之为缺乏智慧或理性，这也许太过荒唐。因为人只要不是完全与真理对立，就可以找到许多可以证明神已经留在此世的证据；我指的是如今展现在来生开始之前的此生中的证据，这是基于事实的证据。请问，谁不知道世界的每一部分都充满着魔鬼的诡诈，它借助疯狂的偶像崇拜主宰着人的生活；人们在偶像形式下崇拜魔鬼，在他们的祭坛上献上活的牲畜和玷污了的祭品，这怎么成了统治一切民族的习俗？但如使徒所说的，到了"神救众人的恩典已经显明出来"，神取了人性住在我们中间的时候，所有这一切就都像轻烟一样飘散，归

---

① 这里的先知即大卫，见《诗篇》31：19。

于虚无，他们疯狂的谕示和预言没有了，他们一年一度血淋淋的大献祭连同它的浮华和污秽终止了，同时在大多数民族中祭坛完全消失不见了，连同门廊、院落、神龛，以及侍奉那些魔鬼的祭司为欺骗自己和所有按常规来敬拜的人所执行的种种礼仪，都一并不复存在。有许多地方甚至根本没有留下能使人回想起曾发生过的那些事的痕迹。取而代之，整个世界都兴起了以耶稣为名的圣殿、圣坛以及圣洁而洁净的祭司职事，还有一种高尚的哲学，它以行为和典范而不是用言语教导我们要轻视肉身生命，视死如归，那些圣徒——暴君们企图强迫他们背叛自己的信仰——表现出来的显著的鄙视，使施加在他们身上的残暴甚至死亡变得轻如鸿毛。然而显然，他们若不是有清晰而无可争辩的证据，能证明神就居住在人中间，是不可能如此逆来顺受的。再者，以下这一事实足以驳斥犹太人，证明他们所不相信的神就在他们中间。直到基督显现的时代，耶路撒冷的皇家宫殿都还处在全盛时期，辉煌至极，那里有名声远播的圣殿，有终年祭祀的习俗，律法书里所记载的、在那些知道如何解读其奥秘的人看来是作为象征符号的一切事，一直到那时都一丝不苟地为人遵守，其敬拜方式也与最初定下时一模一样。然而，当他们最终看见了一直在寻找、他们的先知和律法一直在传讲的神时，却因为他们对神更多的是猜测而不是相信——他已经如此地显明自己，以至那将来的事也变成了一种可耻的迷信，因为他们错误地理解了它，并根据习俗的规定而不是理智的命令固守律法，只遵守它的字面意义——因此就拒斥了已经显现出来的恩典，这时，就是那些代表他们的宗教的神圣纪念物也只能封存于历史之中，事实上也确实如此，就是他们的圣殿也找不到一点可辨认的痕迹，他们那曾经辉煌一时的城市只留下一堆废墟。所以，古代的建筑留给犹太人的只有虚无，而他们如此崇敬的耶路撒冷却成了他们的禁地，那些统治他们的人不许他们涉足。

第十九章

然而，无论是那些采取希腊观点的人，还是坚持犹太观点的首领，都不愿意使这样的事成为证明神显现出来的证据。对于这些损害我们的论述的态度，我们满可以对神性为何与人性结合，神性为何要借自身来救人性，而不是只凭一个命令实现既定目标的原因作更加具体的讨论。那么我们必须从哪里开始，从而使我们的思路沿着逻辑顺序推导出预定的结论？唯有对神的虔敬观念作简明扼要的说明①。

第二十章

大家普遍承认，我们必须相信神不只是大能的，还是公义的、良善的、智慧的，任何美好的东西都是他的属性。因此，在万物的现有秩序中，不存在这样的情形：神的这个属性自由地呈现在造物界中，那个属性却没有呈现出来；因为彻底地说，那些高贵的属性，任何一个如果与其他属性分离，仅凭其自身不能成为一种美德，比如，良善如果不与公义、智慧和大能联合起来，就不是真正的善。（因为如果脱离公义和智慧原理，就成了不义、不智或无能，从美德角度来看，当然都不是善，也不是真正的力量，要说是力量，也是野蛮、残暴的力量。其他属性也莫不如此。智慧若超越了公义的界限，公义若不是与能力和良善并驾齐驱，那样的情形更确切一点说就是邪恶了；不完全的东西还能算作良善之物吗？）既然我们关于神的观念必须把所有这些美好属性都结合起来，那么让我们来看看关于人的这种安排是否缺乏我们应当有的那些神的观念。我们探讨神的问题的目的首先是要显明他的良善。要证明他的良善，最明显的证据莫过于他使曾背叛投身到敌人阵营里去的人重新回

---

① 希腊教父和大部分英语神学家都只限于表明道成肉身在道德上是与神性适合、一致的，并不想证明它的绝对必然性。

来宣称信靠他，而没有任其本性中固有的善受到人变化不定的意志的影响。如大卫所说的，他天生拥有的"慈善"若没有这样的目标，他就不可能来拯救我们①；然而，他的目标若不借助智慧使他对人的爱得以实现，他的仁慈也不可能展现出来。就好比生了病的人，可能会有很多人希望他尽早脱离这种可恶的困境，但唯有那些有医术为病人医治的人才能使他们的善良愿望转化为现实，所以，良善必须与智慧结合，并且是绝对必需的。那么在现实中，也就是已经发生的事件中，智慧是怎样与良善结合的呢？因为人不可能在无形者身上看到良善的目的；目的若要显明出来，必须要由一些事件来揭示。这样，所成就的事就按照既定的顺序和逻辑展开，揭示出神圣计划的智慧和谋略。另外，如前面已经说过的，智慧一旦与公义结合，就完全成为一种美德，但如果它与公义分离，其自身不能独自成为良善，所以，在讨论关于人的神圣安排中，专门思考一下智慧和公义这两种品性及其相互关系应该会更好。

第二十一章

那么，什么是公义？我们清楚地记得，我们在本文开头的论证过程中所说过的话，即人是按照神性的样式造的，除了保留神的其他美德之外，还在拥有自由意志上也与神一样，只是人的本性是必变的。因为一个源于某种改变的存在物不可能完全摆脱可变性的倾向。从一种非存在状态变成一种存在状态就是一种变化；也就是说，存在借照神的大能取代了虚无。在以下这个特殊方面，在人身上也同样必然看到变化，即因为人是神性的像，这像必与原型有所区别，不然，它就会与原型完全同一；而就人来说，我们可以看到，在"按神像所造"的与造它的原型之间确实有一种区别，这就是，一个不变，一个可变（如以上所述的，它是因某种变化而进入存在的），可变的就不可能永远保守着存在状

---

① 《诗篇》106（105）：4、5，119（118）：65、66、68。

态。变化就是一种不断从当下状态走向另一种状态的运动；这样的运动有两种形式，一种始终朝着良善方向前进，这种进程永远不会停止，因为不会出现必须越过的目标。另一种则朝着相反方向前进，对于这种运动，可以说它的本质不具有存在性（subsistence）。因为如上所述的，与善相反的状态包含某种对立观念，比如，是的东西与不是的东西逻辑上是对立的，存在与非存在也是对立的。由于这种变化的冲动与运动，顺服于这种变化的事物不可能保持自我中心，不可能不变动，意志总要倾向什么东西，倾心于道德之美就自然驱使它朝着那个方向运动，这种美有时在它本性上是真美，有时则不是，而只是装点在表面的虚幻的美。判断真美和假美的标准就是我们里面的心灵。在这些情形中，我们是碰巧选了真美，还是被外表所蒙骗，偏离了这样的选择，因而滑向反面，这是一件生死攸关的事。就像我们在异教的寓言里所看到的，一只嘴里叼着食物的狗疑惑地看着水面下自己的倒影，然后就张开大口狂吠，想去吞噬那个影子，结果丢了真的食物，仍然饿着肚子。既然心灵在追寻真正的善过程中感到失望，就被倡导、炮制大邪恶的人的花言巧语所迷惑，转向真正的善的反面，这反面就是假美（因为假若没有美之光辉笼罩在邪恶之上，就像鱼钩上的诱饵一样，这种花言巧语的骗人伎俩就不可能得逞）——我是说，一方面，人若是因放纵而受制于生命的仇敌，使自己陷入这种不幸的境地；另一方面，我请你考察那些与我们的神观相和谐相协调的品性，诸如良善、智慧、大能、不朽，以及其他打上了美好之印记的事物。因为良善，神对堕落的人心怀怜悯；因为智慧，他知道怎样拯救人；而公正的裁决必然也是智慧的一部分；因为谁也不会把真正的公义归属于那没有智慧的人。

第二十二章

那么，在这些情形下，公义是什么？就是对统治我们的人不作出任何武断的判决，也不通过暴力使我们脱离他的统治，这样，对他通过感官之快乐奴役人的抱怨就会显得是合理和可信的。正如为钱出卖自己自由的人就是买了他们的人之奴隶（因为他们自己就是出卖自己的卖主，所以无论是他们自己还是别人都不可能为他们祈求自由的帮助，即使那些把自己降低到这种悲惨境地的人出身高贵也无济于事；如果有人为了这样出卖自己的人而使用暴力攻击买了他的人，那么显然他的行为是不公正的，就是武断地搭救已经合法地卖作奴隶的人；相反，如果他希望用钱把此人赎出来，那就没有律法会阻止他），同样，既然我们已经自愿地出卖了我们的自由，就不可以任何武断的方式重获自由，而当按照那出于良善已经担当了拯救我们的担子的神所设计的符合公义原理的方法①。在一定意义上这种方法是这样的，奴仆的主人愿意为其所辖制的奴仆接受怎样的赎金，就把怎样的赎金交给他。

第二十三章

那么奴仆的主人可能会接受怎样的赎金呢？通过推理，我们可以对他在这件事上的意愿作出一定的猜测，也就是说，如果我们对所寻求的问题掌握了明显的证据，我们就可以据此推测。如我们在本文开头的论述中所说的，一个因忌妒别人的幸福就对善人闭上眼睛视而不见的人，一个在自己心里萌生了不义之黑云的人，一个患了迷恋统治权——这是滋生恶的最初最根本的原因，也可以说是一切不义之母——之疾的人，试想，这样的人会接受怎样的赎金来交换他手上的东西？可以肯定，只能是更大更好的东西，这样他才能在交易中获利，从而生出更多的他所特有的傲慢之情。毫无疑问，迄今为止的历史人物中，他从不曾在哪个人身上看到过如自我彰显之神周围的这种情形，比如，怀胎没有交配，出生毫无不洁，母亲

---

① "符合公义原理的方法。"这种救赎观，即与撒旦达成协议，并使他成为事件中的一方或辩护方，是极其引人注目的。《约伯记》的序幕里也讲到撒旦与神的协议，显然为这种观点提供了一种基础。

充满贞洁，神有声音从上面下来表明超凡的价值，治愈自然疾病无须借用中介和非常规手段，他只说一句话，发一个旨意，死者就复活，恶者就弃绝，他使恶魔充满畏惧，他的大能胜过大风暴，他行在海上，不是叫诸水分立两边，而是如摩西的奇异大能那样，只使它的深处为那些过海的人存在，而在他的脚下，水面如同陆地，坚固而厚实，以便他健步如飞；然后，他不吃不喝，想坚持多长时间就坚持多长时间，他在旷野设的丰盛宴席却使成千上万的人得饱足（尽管诸天既没有降下吗哪给他们，地上也没有自然地长出谷物供应他们，那样的丰厚全是出于他神圣权能里不可言说的宝库），分到饼的人把它放在手上，似乎他们真的是在收获，并且使越来越多的人吃饱；然后是鱼宴，不是海供给他们所需，而是使海里蓄满鱼的神。关于福音书里的神迹，我们怎能述说得完呢？因而，仇敌看到他有这样的大能，也看到有为自己所掌握的东西提价交换的余地。于是，他就决定选他作为那些囚禁在死之牢狱里的人作代赎。然而，凭他的能力不可能看到神的真身，他必须在神身上看到属肉的那一部分，就是他借助罪长期捆绑的人性。因而，神穿上肉身正是为了使仇敌能在他身上看到某种与其自身相类并一致的东西，从而毫无畏惧地靠近那超凡的大能，并通过认识那大能，彰显——当然只能是渐渐地——越来越多的神迹之辉煌，相信所看见的不是畏惧之对象，乃是渴望之对象。由此你就可明白良善如何与公义联合，智慧如何与它们两者不可分。因为神设计把神圣权能包裹在一个身体里，免得我们因为看到神真实地显现出来而惊恐不已，从而阻挠神的计划，他这样安排恰恰把所有这些品性都显明出来了：良善、智慧、公义。他既决定救人，这就证明了他的良善；他既决定要通过交换来赎回被俘者，这就表明了他的公义；而他设计使仇敌能够理解其原先无法理解的东西，这就是他具有至高智慧的明证。

第二十四章

不过，一直留意前面的论述的人也许会问："神的大能，神圣权能的不朽性在你的描述过程中体现在哪里？"为了使这一点也清晰可见，我们不妨考察一下福音奥秘的结局，因为那里特别突出地体现了权能与爱的联合。首先，神性的全能应该有力量降低到卑微的人性，这甚至比神迹的伟大和非凡更加清楚地证明了那种全能。因为非常伟大的事物是借神性创造出来的，这在一定意义上是与神性相一致，并且是出于神性的结果；说整个受造的世界，一切被认为是可见事物之外的东西，都是由神的大能维系的，神出于善意仅凭自己的旨意就使它们存在，这样说并不令人吃惊。然而，他屈尊降低到人的卑微状态，却是一种对权能的极大极多的发挥，因而，就是在与本性相背的方向上也没有任何阻挡的力量。火的本质是向上，这是它独特的属性，所以，看到火的这种自然运动，谁也不会感到稀奇。然而假若有人看到火向下流动，就像沉重的物体那样，那就会认为是一种奇迹；也就是说，火仍然还是火，但它改变了自己的运动方向，使自己的本性朝下运动。同样，诸天的广袤，星辰的明亮，宇宙的秩序，对万有的持续管理，所有这些相比于降卑为人，都不足以清楚地表现出神圣权能的超凡卓绝；事实上，高贵存在于卑微里面的方式确实可以在卑微里看到，但它并没有从自己的高处坠落；神仍在高处，与人性并列为二性，既成了人性，但仍是神性。因为如前所述的，仇敌的本性不可能直接触及神的真实面目，不可能经受住神毫不掩饰地显现，因此，为了保证我们的赎金能够为对方轻易地接受，神就把自己藏在我们人性的帕子后面，这样就让贪婪的鱼把神的钩连同肉身的诱饵一起吞进肚子，于是，生命潜入了死的家里，光明照进了黑暗，那与光明和生命截然相对的东西就会因此消失。因为一旦光明来了，黑暗的本性就不可能留存，一旦生命活跃起来，死就无法存续。现在，让我们概略地阐述一下关于福音奥秘的讨论，从而结束对那些质疑神的这种安排的人的答复，并向他们表明神为何要以亲自介入的方式来实现救人的目的。毫无疑问，我们关于神的观念在任何方面都必须与神本身相称，并且不能说这个观念因与他的至高无上性相匹配就保留，那个同样表述神的价值的观念却要剔除；相反，每一个高尚的观念，每一种虔敬的思想，都必须进入我们关于神的信念里，每一个都必须以必然的顺序依赖于另一个。然后，我们指出，神的良善、智慧、公义、大能、不朽，全都在关于我们的神圣计划的教义里彰显出来。他决定拯救迷失的人，表明他的良善；他拯救我们的方式表明了他的智慧和公义；他虽然按照人的样式出生，处在人性的卑微地位上，并像人一样被死所辖制，然而他仍然发挥了神所特有、唯他才有的作用，这就是他的大能。正是光明的独特作用驱走了黑暗，正是生命的独特功能摧毁了死亡。因为我们误入歧途，偏离了正道，抛弃了起初属于我们的生命，为死亡辖制，所以在福音奥秘教导我们的教训里还有什么是不可能的？因为这教训乃是：那些沾染了罪的人要得洁净，死人要得生命，迷途的人要得向导，好叫污秽洗净，错谬纠正，死人恢复生命。

第二十五章

人的心灵只要不以狭隘的眼光看事物，就不应当认为神生为我们这样的人有什么奇怪之处。人只要环顾一下宇宙，谁还会无知到不相信神的无所不在，渗透万物，拥有万物，并在万物里面？因为万物都依赖于那自有永有的①，不可能有什么事物不因那自有永有的而存在。既然万物都在他里面，他也在万物里面，那么他们为何对启示的计划嗤之以鼻呢？它不就是教导神出生在人中间，我们所相信的这位神就是现在也并非在人类之外吗？神显现在我们中间的这种最后样式虽然与先前的显现不同，但无论是那时，还是现在，他存在于我们中间这一点是同样显而易见的；

---

① 《出埃及记》3：14。

所不同的只是，现在那自有永有的充满在我们里面，成了我们中间的一位，而那时他是充满在我们的本性里，好叫我们的本性因神性的充满而成为神圣的，脱离死的辖制，远离仇敌的魔爪。因为他从死里复活就是宣告我们必死的人类要回到不死的永生。

第二十六章

另外，有人在考察这种神圣计划所体现出来的公义和智慧时，可能会产生这样的念头，神正是借助某种欺骗才替我们实现了这个计划。因为神不只是靠神性，而是靠穿着人性外衣的神性，在他的仇敌毫无所知的情况下，来到辖制着人的仇敌的阵营，这在一定意义上就是一种欺骗和突然袭击；而这是那些想要蒙骗受害者，使其转而指望另一方面的事物，并且成就某种与这些人所指望的完全不同的事情的人所特有的方式。但凡关心真理的人必会同意，公义和智慧的本质属性先于所有这些事，即公义就是按各人应得的份给予各人；智慧就是不悖逆公义，同时不让爱人的仁慈目标与公义的判决分离，而是把这两种要求巧妙地结合起来，在公义方面，归还应得的补偿，在良善方面，不偏离爱人的目标。那么我们就来看看这两种品质是否体现在所发生的事件中。那与债务相当的赎价，就是欺骗者得到它就交出被骗者的赎价，表明了交易中的公正原理，而这样做的目的则表明了成就这件事的神的良善。事实上，把各人播下根基和原因的事的具体结果分配给个人，这就是公义的属性，正如地根据种在它里面的不同的种子长出不同的庄稼作为回报；而智慧则以它自身的方式因果报应，不脱离仁慈宽容之道。比如，有两个人都把毒药放进了食物里，但一个意图害命，另一个意在救命；一个把它用作毒药，另一个只是以毒攻毒。我们知道，不论采取什么方式治疗，绝不可破坏预定的有益目的和目标；就拿这两个人来说，他们都可以做到在食物里放毒，但一看他们的动机，我们就会对一个义愤，对另一个赞赏。在这个例子里，根据合理的公义原理，骗人的人必得到被骗的报应，这是他出于自己的自由意志播下的种子所结的果子。先用感官之快乐这种诱饵骗人的，随后其自身也被人性的表象所蒙骗。至于所发生之事件的目的和意图，自然在于引导人向高贵者转化。因为仇敌的欺骗是为了摧毁我们的本性，而公义、良善而智慧的神利用自己的计谋——其中包含欺骗——则是为了拯救已经可灭的人，因而不仅把恩惠带给迷失者，还对他这个制造我们的毁灭的仇敌有益。因为由于死与生、黑暗与光明、朽坏与不朽之间的这种接近，导致的结果必然是恶的一方消失，归于虚无，而脱离了那些恶的人则受益无穷。正如某种毫无价值的质料与金子混合，炼金之人的熊熊大火就把异质、杂质部分焚毁，使珍贵质料恢复自然光泽（并不是说这种分离的实现是毫无困难的，因为火要花时间用自己的熔化力烧尽劣质质料，但总的来说，把夹在它里面损害它的美的质料熔化消散是对金子的一种洁净）。同样，一旦死亡、败坏、黑暗以及其他邪恶子孙成长为主宰者，神圣权能的进入就像炼金之人的火[1]，使那种违背自然本性的增长停止消失，借着对恶的洁净，使之成为一种福气，当然这种分离是令人痛苦的。因而就是仇敌本人，只要他获得了关于恩惠的认识，也不可能会否认所发生的事既是公义的，也是圣洁的。这就如同有些人因为病情要动用手术刀和烧灼器；他们可能会对医生发怒，对开刀的疼痛本能地畏惧，但如果这种治疗的结果是健康的恢复，烧灼的疼痛消失了，他们就会对那些施行这种方案的人感恩戴德。同样，我们本性里的恶如今混在本性里，并已发展到旺盛阶段，但到了遥远的将来，当恶被驱逐出去，那些如今躺在罪里的人得以恢复其原初的状态，到那时，一切受造物，无论是那些在洁净过程中经受了鞭策的人，还是那些根本不需要任何洁净的人，都会不约而同地产生感恩之情。这些以及诸如此类的益处都是神圣的道成肉身之奥秘所给予的。因为他确实经历了人性所特有的各种事件，体现了他与

---

[1] 《玛拉基书》3：2、3。

人性的结合：出生、养育、成长甚至受死；他既成全了所有这些事件，就使人脱离了恶，甚至使引恶入室者本人也得了洁净。因为对道德之疾的治疗，不管如何痛苦，总能根除它的软弱。

第二十七章

这样说来，把自身注入我们人性里面的神在一切事件上都接受这种结合，这是与以上所说完全一致的。人洗衣服，不会洗掉一些污渍，保留一些污渍，而是把整件衣服彻底洗净，从头到尾，不放过一个斑点，这样，通过彻底清洗的衣服就亮白如新了；同样，因为人的生命被罪玷污了，需要一种洗涤剂渗透到它的头、尾以及所有中间环节，不可只清洗、修复某一部分，而不注意另一部分的污点。正是出于这样的原因，又鉴于我们的生命处在两个端点之间，一端是开始，另一端是终结，所以那能够改正我们人性的力量就渗透在这两个端点，依附在起始点，延伸到终点，并触及这两端之点的中间状态。须知，对所有人来说，进入我们的这种生命唯有一个途径，那么，那使自己住在我们中间的神是从哪里进入我们的生命之中的呢？也许有人会说，是从天上，因为他轻视这种属人的出生，认为它是卑劣而可耻的。但天上不包含任何人性，在那种非凡的存在中，不曾孕育出任何恶之疾病；而将自身注入人里面的神之所以接受这种结合，就是为了有利于它。既然天上没有恶，也没有人的生命，那么我们怎可能在那里搜寻这种神包裹在人里，或者不是人，而是包裹在某种类似于人的幻象里的情景呢？虽然生了病需要救治的是地上的受造物，但神却住在属天的存在者中间，也就是说，感受到与神同住的却是另外的受造物，若如此，我们人性的恢复如何能实现呢？病人要康复，他得病的肢体必须接受治疗，否则怎么可能康复？这病体在地上，全能者却不去触及它，只考虑到自己的尊严，只沉迷于与我们毫不相干的事情，果真如此，那就不可能对人有任何益处。至于神的尊严的丧失，我们实在想象不出还有什么比邪恶更有损于神的尊严的。但是，人既对神性的伟大形成了这样狭隘的观点，认为它不可接受与我们人性中诸品性的结合，就必然主张神在任何方面都不能有所降低，只能有天上的样式，不能有地上的形体。没错，因为任何受造之物都是同样低级的，所以与那至高无上者全然不同，他的高贵存在是理性所无法企及的。事实上，整个宇宙在价值上都等距离地在他之下。绝对不可接近的东西不会进入此物，却不允许彼物靠近，而是以一种同等的高度超越于一切存在者。因而，地并没有离这种尊严更远一点，诸天也并不靠它更近一点，存在于天地之间的事物在这方面也全然没有分别，不存在有些可以接触到这不可企及之存在，有的禁止靠近这种情形。否则，我们就只能认为统治宇宙的权能并不是同等地渗透于整体之中的，而是有些地方太多，有些地方不足。若这样，神若有质或量上的多少，那他就必然表现为某种复合之物，从而与其本身不一致；也就是说，如果我们可以设想，他远在我们之外（从他的本质来看确实如此），住在另一种受造物旁边，并因这种接近而易于被那种受造物领会，那他就自相矛盾了。对于这个至高至尊的论题，真正的理性在使用类比方法时既不会向下类比也不会向上类比。因为万物都在那统治宇宙的权能之下，所以，如果他们认为地上的受造物不配与神有亲密的关系，那么也不可能在其他地方找到配得上这种关系的受造物。但是，若说万物都同等地缺乏这种尊严，有一件事却是无损于神的尊严的，那就是向需要的人行善。这样说来，如果我们认信，哪里有疾病，治病的权能就当临到哪里，请问，这种信仰有什么地方是与神的高贵观念相冲突的？

第二十八章

但是，他们嘲笑我们的本性，喋喋不休地告诫我们的出生方式，以为这样就可以使奥秘成为笑柄，似乎神将自身与人的生命相结合，以这样的方式进入世界在他是不体面的。其实我们前面已经触及这个问题，因为我们曾论到，本质上可耻的事物只有一件，就是道德之恶或者与这种恶有渊源关系的东西，而大自然的有序过程是照着神的旨意和律法安排的，不可歪曲为恶，否则，如果与大自然相关的东西被看作是可耻的、可羞的，那不就等于是在指责大自然之主吗？既然神性就是完全与恶分离，不包含任何恶的东西，而奥秘就是宣称神生而为人，而不是生而为恶；既然对人来说，获得生命唯有一种途径，就是通过怀胎生育登上生命舞台，那么他们还能为神指定另外的进入生命的方式吗？我是说，这些人一方面认为神圣权能临到因恶而变得软弱的存在者身上是正确而适当的，另一方面又指责这种特定的临到方式，忘了身体的整个构造从头到脚的价值是同等的，凡它所有的，构成生命体之延续的一切原子，都不可指责为没有价值或者邪恶的。因为身体器官和肢体的整个结构之所以这样形成，都是出于同一个目的，那就是维系人的生命。一方面，身体的各个器官保护着人目前的现实生命力，每一个都有天生的特定官能，感官和行为的功能都借助它们发挥出来；另一方面，生殖器官包含对将来的预见，使我们人类得以代代相传，繁衍生息。因而，看看它们的用处，那些被认为是高贵的肢体不就包括了这些看起来低下不体面的肢体？[①] 不仅如此，无论如何，有哪些肢体可以看作比它们更高贵的？我们人类的延续不是通过眼睛、耳朵、舌头或者其他感觉器官实现的。这些器官，如所指出的，与现世的享受有关。但通过生殖器官可以保证人的不朽，这样，死虽然仍然作用于我们，却在一定程度上变得无力和无效，因为可以说，大自然通过那些不断生成的人冲击他、妨碍他、阻断他。所以，神借助那些大自然用来与死争战的方式与人的生命结合，请问，我们的这种启示观何耻之有？

第二十九章

但是他们提出另外的理由从另一个角度诋毁我们的信仰。他们问，

---

① 参《哥林多前书》12：14—24。

如果所发生的事并非神的羞耻，或者与他不配，那他为何要将益处拖延这么长时间？既然恶已经开始，神为何不断绝它的进一步膨胀？对此我们可以简明扼要地回答，关于益处的延迟是出于智慧的考虑，也是为了将来使我们人性可能获得益处。比如，拿身体的疾病来说，当某种恶瘤还在毛孔下悄悄扩散，只要这种看不见的隐匿性还没有完全表现在皮肤表面上，遵循医学规律的救治者就不会使用药物使皮肉变硬，而是等到里面的暗流全都暴露出来，疾病症状一览无余之后才使用药物治疗。所以，一旦邪恶这种疾病潜入人性之中，宇宙的治疗者就要等候时机，等到人性中的恶全部暴露出来，再没有哪种恶还隐匿在里面的时候，才实施他的方案。正是出于这样的原因，他对该隐（Cain）的妒兄弑兄之恶并没有立即治疗，因为那些在挪亚（Noah）时代毁灭了的人的邪恶那时还没有燃起熊熊大火，所多玛（Sodomite）无法无天的可怕之病也还没有展现出来，埃及人与神的争战还没有展开，亚述人（Assyria）的傲慢，犹太人对神的圣徒的血腥逼迫，希律（Herod）对儿童的残忍屠杀，以及其他记载的或未记载的随后几个世代发生的事，以各种方式出于人的有意目的而迸发出来的邪恶之渊薮还没有完全长成。后来当恶达到了登峰造极之地步，再没有哪种恶是人不曾行、不敢行的，此时，治疗的药物就可以渗透到整个患病的系统，于是，神就给药治病；他不是一开始就这样做，而是要等到病症完全爆发出来之后才对症下药。

第三十章

然而，若有人想要基于这样的理由拒斥我们的观点，即就是得到了治疗之后，人的生命仍然因其错谬而处于混乱之中，那么让我们从熟悉的事物中举一个例子来让他了解真相。比如，拿蛇来说，即使它的头部受到了致命一击，尾部并不立即随之僵死；头死了，尾部仍然可以活着，还有其独特的灵气，没有完全丧失活力；同样，我们可以看到，罪受到了致命打击之后仍可以留有余力扰乱人的生命。不过，他们对启示论的这些观点不再吹毛求疵，而对它提出另一种指责，即这种信心并没有普及全人类。他们问："为什么并非所有人都得到恩典，而是虽然有些人信靠道，但不相信的人仍然是多数？是因为神不愿意将自己的恩惠无私地赐给一切人，还是因为他根本就没有能力做到这一点？"须知，这两种假设的原因都是站不住脚的，因为无论说神不愿意行良善之事，还是说他没有能力做到，都是与神不相配的。"既然信是一件好事，但为何它的恩典没有惠及所有人？"他们问。倘若我们在阐述福音奥秘的过程中有过这样的暗示，即神意将信心赐予人类是使一些人蒙召，另一些人无缘蒙召，那么对这样的启示提出这种指控是有理由的。然而，倘若呼召对众人都是平等的，不分高低贵贱、年老年幼、民族国家（正是出于这样的原因，那些侍奉道的人在刚刚开始传讲福音的时候受圣灵的启示同时都能说任何一个国家的语言，这样，任何人都有可能分有福音教训的恩福），那么他们有什么理由说神的道没有惠及全人类？统治宇宙的主，出于对人的极端关爱，允许某种东西为我们人自己支配，并且唯有我们人才有这样的东西，这就是意志，一种不受奴役的自决力量，因为它根植于思想和心灵的自由之中。因而，这样的指控若是转给那些不把自己交托给信心、不信靠那呼召他们信主的人，倒是更为恰当的。彼得刚开始在一大群犹太人中间传讲福音之际，当即就有三千人信了，当然不信的人在数量上还是多于相信的人，但即便如此，他们也没有因为自己的不信而指责使徒。事实上，当福音的恩福向众人释放出来之后，有人出于自己的意愿不接受，却把自己被排除在外的责任归咎于别人，而不自责，这样做是完全没有道理的。

第三十一章

然而，他们并不就此哑口无言，对诸如此类的解释总能提出争辩和反驳。他们坚持认为，神如果愿意，很可能会迫使那些不顺服的人接受福音信息。果真如此，他们的自由到哪里去了？他们的德行到哪里去了？他们配得的道德之师的奖赏在哪里？唯有无生命的或非理性的受造物才受制于他者的意志，为其目的服务；而有理性和理智的造物，如果把自己行动的自由弃之一旁，同时也就丧失了理智的荣耀恩赐。因为如果他那种根据自己的喜好选择的能力取决于别人的意志，那么他还能在什么事上使用思维能力？如果意志不具有行为能力，那美德就必然消失不见，因为意志被迫静止不动，美德就无立足之地了。这样，美德不在了，生命也就失去了意义，理性朝着宿命论的方向运动，道德看护者的赏赐没有了，陷入罪中也可以毫无风险了，两种生命道路的分别就抹掉了。谁还能合理地谴责淫荡，赞美端庄？每个人都可以这样回答，我们想做的任何事都不受我们自己支配，某种至高的统治力量迫使人的意志服从于支配者的目的。所以我们的结论就是，并非所有的人心里都产生信心，这一事实的责任不在于神，不能因此质疑神的良善，该责备的是那些接受传道的人的品性。

第三十二章

此外我们的对手还持有什么其他异议吗？有。其中他们最喜欢提出的观点是：神作为一种超越形体的存在，完全没有必要经历死，应当独立于死之外，只凭他的大能就可以轻松地实现自己的目标；还有，如果出于某种难以言说的理由，这样做十分必要，那至少他也不应当接受如此可耻的死亡形式。他们问，还有哪种死比死在十字架上更耻辱的呢？我们对此该怎样回答？我们得说，死是生的必然环节，他既决定一次性地分有人性，就必然要经历人性的每一特殊阶段。因为人的生命处于这两个端点之间，他既经历了一头，若不触及另一头，他所预定的计划就只能停留在半途中，因没有经历人性的第二个阶段而无法最终实现。然而，人若完全准确地理解这个奥秘，就会更加合理地说，死不是因为生而必然发生的，相反，他正是为了死才接受了生；因为他是永生之神，不会为了生的需要而降低到肉体状态，经历出生的阶段，他乃是为了把我们从死里呼召回来，使我们得生。这样说来，正是因为我们的整个人性需要从死里复活，他才把手伸向匍匐在地的人，屈尊靠近我们僵死的肉身，甚至亲自进入死的领地，触及死的状态，然后以他自己的身体赋予我们人性复活的力量，仅凭他的大能就使整个人类与他一同复活。因为肉体是人接受神性的器官，并在复活中与神一同起来，它不是出于别的源头，就是出于我们人性这团泥块①，因此正如我们这个身体的某一感觉器官的开动，同时就带动整个系统，因为它们原本是一体的，同样，这一肢体的复活力量也渗透到整个人类，好比整个人类就是一个单一的生命，这种本性上的持续和同一从这一肢体传到整个身体。既如此，这启示所教导我们的，即正直的神屈尊靠近堕落的人，以便把他抬升起来，脱离那种屈辱状态，有哪一点看起来是超出可能性的界限的？至于十字架，是否具有某种更深刻的含义，那些精通奥秘的人可以有另外的解释，但无论如何，我们所知道的传统的教训是这样的。我们知道，福音里的一切事，无论是行为还是话语，都有一种高贵的属天含义，这里面的一切都展现出人与神的完全联合，所说的话语，所做的行为是人的，但在神秘意义上却代表着神，由此我们可以推出，在这一点上也要与其他问题一样，不可只注重一个因素，而忽视另一个因素。不过，在死这一"事实"上，我们必须认为这是人的特点，而就它的"方式"来说，我们则要急切地寻找神的特点。须知，神性是渗透万物的，凡存在的实体，无论多远，无论多广，它都要延伸到它们的每一部分之中——因为事物若不在存在者之内就不可能存续；而最根本的存在者就是神，他在这世界的存在使我们不得不相信万物是持续存在的——这就是我们从十字架这个形像中得到的教训。十字架分为四个部分，从中心的枢纽区向外有四个伸出部分；因为到了自己预定的死亡时刻就被

---

① 参《罗马书》9：21。希腊教父比如阿塔纳修、克累索斯顿（Chrysostom）、大马士革的约翰（John Damascene）都用这个词来表示人体。

钉在十字架上的，就是把万物都捆绑到自己身上，借自身使现实存在的各不相同的事物达成和谐共处的一致的那位。在这些存在者中，有关高贵之物的观念，有关卑微之物的观念，或者界定两者之间的事物的思想。因而，如果你考虑诸天之上的事物系统，或者思考地下之事，或者宇宙两极之间的事物，任何地方都有神作为唯一可见的力量预见你的思想，这种力量在存在之物的任何部分保持它们的存在状态。不论我们应当称这种存在为神，或心灵，或大能，或智慧，或其他能更好地形容在万物之上的神的高贵术语，我们的讨论都不会就所使用的称呼或名称或表达式作任何争辩。既然一切受造的都朝向他，都属于他，围绕他，并借助他与自身统一，天上的事物因他与地上的事物联结，是的，我们不可能只凭听觉就能对神有完全的领会，在这些高贵的主题上视觉也应是我们的老师；伟大的保罗正是从视觉开始引导以弗所人进入了解奥秘之门，教他们知道那"何等长阔高深"的事物①。事实上，他用恰当的名称指明了十字架的各个伸出部分。上面部分是高，下面部分是深，左右两边是长和阔；在另一段落里，他向腓立比人进一步清晰地阐述了自己的思想，他对他们说："叫一切在天上的、地上的和地底下的，因耶稣的名无不屈膝。"② 在这段话里，他把中心和伸出的两臂③包括在同一个称呼里，把处于天地之间的一切都通称为"地上的"。这就是我们关于十字架的奥秘所得到的教训。接下来记载的事件是非常适当的，就是不相信主的人也必须承认，这些事中没有哪一点是与神的概念相悖的。他并没有停留在死里；他的身体虽因铁钉和长矛受伤，但伤口并没有影响他的复活；他复活之后如己愿向他的门徒显现，无论他想在什么时候与他们同在，他就悄然来到他们中间，无须通过门窗进入；他借圣灵启示

---

① 《以弗所书》3：18。
② 《腓立比书》2：10。
③ 教父们喜欢对十字架的形状寻找本性上和艺术上的类比，比如这里比作船的双桨，在艺术上比作鸟的振翅飞翔。

门徒，巩固他们的信心；他应许要来到他们中间，他与他们之间没有任何隔墙阻挡；在人眼里他升上了天，在人心里他无处不在；所有这一切，以及他的历史事实中所包含的诸如此类的事，都明白无误地表明它们都是神，一种至高无上、超然卓绝之权能的记号。所以，我相信，关于它们没有必要详尽论述，因为对它们的记载本身就显示了非凡的特点。不过，关于洗礼的性质（无论称之为浸洗，或者启示，或者重生，都可以，因为我们对名称不作任何争论）是我们所要阐述的教义的一部分，所以最好还是对这个话题也作些简单的论述。

第三十三章

当他们听我们讲说一些事，大意是：人进入生命之后，因为第一次生只能走向必死的存在，所以必须找到第二次生，这次生既不始于败坏，也不终于败坏，是引导人生而为不朽之存在的生，这样，必死的生必然包含必死的存续，而不朽的生就可以胜过死之败坏；我是说，当他们听到我们说诸如此类的话，还从我们了解了整个过程，即成就重生之奥秘的就是祷告、祈求天上的恩典、水和信心——却仍然不相信，眼睛只留意外在的和可见的事物，似乎按肉身方式发生的事与神应许的应验是不相一致的。他们问，祷告、祈求神圣权能、水这些东西怎么可能成为那些接受这些仪式的人的生命之源泉呢？只要他们不是冥顽不化的人，我们只需考虑一件事就足以使他们了解我们的教义。我们反过来问问他们肉身出生的过程，这是每个人都可以看到的。那为生命的最初形成而投射的东西是如何变成人的？这里，完全可以说，任何可能的推论，甚至真理，都不可能为我们找到任何解答方式。试问，人的含义与那东西里面所看到的性质有什么关联？人一旦形成，就是一种富有理性和智性的存在物，能够思想和认知；而那东西所表现出来的唯有湿润的性质，除了眼睛所能看到的，心灵对它一无所知。因而，当我们向他们提出这个问题，即如何相信人是从那种湿润的原子形成的，我们可以设想他们会作出怎样的回答；而他们的回答正是我们关于复活如何借着水发生这个问题的回答。须知，当问到人如何形成的问题时，任何人都会信口回答说，那原子成了人是借助某种神圣权能，若没有这种权能，那原子就是死的，起不了任何作用。因而，就此而言，既然不是这从属的质料变成了人，而是神圣权能把那可见之物变成了人的本性，那么在这种情形中他们证明神有这种权能，而在那种情形中（即借水复活）却认为神太软弱不可能成就自己的旨意，这是完全不合理的。他们问，水与生命之间有什么共同之处？我们反过来问他们，湿气与神的形像之间有什么共同之处？如果神按己愿将湿润的质料变成最高贵的受造物没有任何不可思议之处，那么同样，我们认为，只要神圣力量显现出来，就可以把生来可朽坏的本性变成不朽的状态，这没有什么稀奇的地方。

第三十四章

他们要求提供证明祈祷洗礼过程圣化中有神彰显出来的证据。请要求这种证据的人回想一下我们进一步反问所得出的结果。我们借推理明确认为，借肉身向我们显明出来的权能是真正的神圣权能，这种推理本身就是对我们现在所说的论点的辩护。当它表明那显明在肉身里后来又借各样他所成就的神迹展现其本性的，就是神，同时也表明了这位神显现在施洗过程中，人常常乞灵，他就常常显现。凡存在的一切事物总有某种特性指明其本质，而真理就是神性的独特属性。我们知道，他曾应许要永远与那些求告他的人同在，应许必在那些相信他的人中间，改头换面停驻在他们当中，并与各人有特殊的交往。这样，我们再也不需要别的证据证明神显现在洗礼所成就的事情中，因为我们从他所成就的那些神迹相信他就是神，知道神的特性就是与任何虚假毫不相干，并且充满信心地认为所应许的事必然按它所说的那样成为事实。所以，先于这种神圣安排的祷告和祈求就充分证明了所应验的一切事都是神所成就的。就人的另一种形成（即肉身的形成）来说，尽管父母可能并没有求告神，但他们的冲动行为却借助神的权能——如我们前面所述的——形成胚胎，如果没有这种权能的作用，他们的激情就是毫无效果，徒劳无用的。肉身的形成过程尚且如此，更何况属灵的生育方式所塑造的对象呢？神已应许要在这个过程中显现，如我们所相信的，把自身的权能施展在作品之中，此外还有我们自己的意志也影响那个对象，也就是说祷告得到了回应，祈求的帮助得到了贯彻。如果有人祈求神让太阳照在他们身上，虽然他的祈求绝不可能影响将来真实发生之事的速度，但谁也不会因为他们向神祈求的是必然要发生的事就说，那些这样祈祷的人的热情是毫无益处的；同样，信靠神的应许之真实性的人坚定地相信，他的恩典必然显现于那些在这个神秘安排中得了重生的人，这样的人或者以自己的实际行为为那恩典添砖加瓦，或者无论如何没有使既有的恩典受挫。要知道，存在着恩典，这是信心的事，因为那应许要赐给恩典的是神；而关于他的神性的证明，则可以通过各种神迹体现出来。因而，神显现在洗礼的整个过程中，这一点是毫无疑问的。

第三十五章

不过，浸入水里，以及人在水里的三一体浸礼（trine immersion），则包含了另一个奥秘。因为使我们得救与其说是通过神的戒命教义，还不如说是借助他的种种行为得以实现的，他已经实现了与人的一种真实关系，使生命成为一种活生生的事实，由此借助他所穿戴并同时神化了的肉身，使一切相类及相关的事物都可以与它一同得救，所以必须设计出某种方式，使得跟从的人与引领的神之间的亲密关系和相似性在洗礼过程中得以显现出来。因此，必须知道在我们的生命之主身上可以看到什么特点，这样才能制定出跟从者应该怎样仿效的法则，如使徒所说的，要学救我们的元帅的做法[1]。正如那些在娴熟的教练的指导下进行

---

[1] 《希伯来书》2：10，12：2。

实战练习，训练手臂的姿势和动作的人，才能根据他们眼睛所见的标准提高自己在掌握兵器上的灵巧性，而没有根据向他演示的动作进行实际练习的人始终缺乏这种灵巧和熟练；同样的道理，凡与主一样对至善热切追求的人，也必一板一眼地效仿引领我们得救的主，将他向他们显明的事付诸行为。事实上，人若不按照同样的道路行走，就不可能到达同样的目标。正如在迷宫前茫然失措，不知道如何穿越弯道的人，如果正好碰上已经走过迷宫的人，就可以跟在他后面穿过形形色色迷惑人的弯道，最终到达目的地；如果没有这个向导，不亦步亦趋地跟从他，他们就不可能达到终点。同样，我恳请你们注意，我们生命的这座迷宫仅凭人自身的能力是不可能顺利穿过的，除非跟从主的道路，因为他虽然也曾经经历其中，却把一切包围他的困难一一超越。我把这个迷宫的比喻用于死之囚牢，它围困着可怜的人类，没有出口。那么关于救我们的元帅，我们是怎么看的呢？三日处在死之状态，后来就从死里复活了。如此，必须安排我们身上有与这些事的一定相似性。那么使我们身上也有类似于他身上发生的事的这个计划是什么呢？凡受死影响的事物都有其独特而天生的处所，这就是地，它们都被放在、藏在地底下。而地与水彼此之间极为接近。光从原子本身来说，两者都有重量和向下坠落的重力；它们住在彼此里面，彼此限制。既然我们生命之主的死使他在土里埋葬了，并因此与我们的本性一致，那么我们对死的仿效就体现在相邻的原子即水中。因为他这从天上来的人①，亲自取了死的形式，被埋葬在地里，第三日复活了，所以每一个由于身体构造而与他相连的人都可以指望同样的事，即通过水——取代土——浇灌在身上获得重生，所以三次浸入水里就向他预示了三日之后的复活恩典。类似的意思已经在前面说过，即借助神的安排，死已经被引入人性里，这样，到了灵魂与身体的复合体分解的时候，罪就随之流逝，人就借助复活得到重生，变得

---

① 《约翰福音》3：31，《哥林多前书》15：47。

健康、纯洁、无情无欲，剔除了一切恶之痕迹。然而，这种死的安排在救我们的主的死里得到了成全，它的特定目的不折不扣地得到了实现。因为他的死不仅使原本统一的事物四处分散，而且使已经分离了的事物又重新合到一起；这样，在原本自然合一的事物即灵魂和身体的分解中，我们的本性得到了洁净，从而，当这些分开的原子又重新联合的时候，就可以保证它们不沾染任何外来的质料。至于那些跟从这位元首的人，他们的本性与他并不完全相似，但它如今能够接受多少，就已经接受了多少，同时有所保留，要等候将要到来的时机。那么这种仿效体现在哪里呢？在通过水所喻示的蒙羞形像中为了达到遏制罪之掺和的目的——当然这不是完全消除，而是对恶之持续性的一种阻断——有两件事可以导致罪的洁净，就是违背者的忏悔和对死的效仿。有了这两点，人在一定程度上就脱离了共同的向恶倾向；忏悔使他生出对罪的厌恶和回避，他的死使他实现对恶的压制。当然，倘若他可能在效仿中经历真实的死，那结果就不是模仿，而是完全同一了；我们本性中的恶因而就会完全消失，如使徒所说："他死是向罪死了，只有一次。"① 但由于如上所说的，我们目前的能力贫乏，只能模仿超然的权能，用水浇在身上三次，从水里浸升三次，以此来模拟主救人的埋葬和第三日所发生的复活，我们心里有这样的思想，就像我们有能力浸入水里并从水里起来一样，那主宰宇宙的主也有能力把自己浸淫于死，如我们浸于水，并恢复他自己的恩福。因而，人只要信靠理性的东西，根据双方各自的固有能力论断结果，就会发现这两种结果里面没有一点不相称之处，两种结果都是顺着各自天然的能力成就其力所能及的事情。人完全可以浸入水里而安然无恙，对神圣权能来说就更可能极其轻松地对待死亡，以至于浸淫其中而不会被它伤害和改变。请注意，我们预先在水里预演复活的恩典这是必需的，好叫我们明白，为了方便起见，我们在水里受洗，但它

---

① 《罗马书》6：10。

与从死里复活是同等的事。就我们现世生活中的事而言，有些在前，有些在后，没有先前的事就不可能出现后来的结果，尽管开端若与结局相比，似乎显得无足轻重（比如，人与作为他的肉身生命之结构的基础而设立的东西相比，哪有什么平等可言？然而如果那基础从来不曾有过，我们所看见的这个形体也不可能出现）。同样，那在伟大的复活中所发生的事，虽然从本质上看是更加宏大的，但它的开端和原因却在此生；事实上，若不是先有这个，就不可能发生那个；我的意思是说，没有重生的洗礼水，人就不可能有复活。但这样说时我不只是指我们这复合身体的重塑和更新——要达到这个目标，人性就绝对必须改进，不论它是受了洗礼的恩典，还是始终没有受洗，都受制于它自己的律法，这是主的规定和安排——更是指恢复护佑的神圣状态，远离一切羞耻和伤痛。因为并非凡在复活中恢复了存在的人都必然回到同一种类型的生命。那些已经得了洁净的人与那些仍然需要洁净的人之间存在着巨大的间距。对那些在有生之年已经预先借助水洗得了洁净的人，就能恢复那种护佑状态。所谓护佑状态，就是恢复纯洁、毫无情欲的状态，恩福就在于这种无情无欲的状态，这一点不会有什么争议。至于那些其软弱已经变得根深蒂固的人，那些不曾对他们的污秽进行洁净，没有神秘的水，没有对神圣权能的求告，也没有忏悔以期改正的人，就必须进入专门为他们这种人设置的地方——就像炼炉就是专门为提炼混有杂质的金子准备的——以便混合在他们里面的邪恶在漫长的世代里熔化消失，使他们的本性向神恢复纯洁。因为火和水里都包含一种净化的美德，所以，凡借这神秘的水洗净了其罪之污秽的人，就不再需要其他的洁净方式了；而不曾接受水洗的，就必须接受火的净化。

第三十六章

常识和《圣经》的教义都表明，人若没有完全洁净自身因恶而产生的污点，就不可能被接纳成为天上一员。这件事本身虽然微不足道，却是伟大恩福的开端和基础。我称之为微不足道是因为这种改正方式非常方便。说实在的，这件事有何难呢？即相信神无处不在，在万物之中，也与那些求告他赐给维持生命之力的人同在，并且这样显现出来成就那唯有他才会做的事。而最适合神圣权能做的事就是拯救那些需要拯救的人；这种拯救借助水里的洁净显出效果来①；凡在水里得了洁净的必分有纯洁；而真正的纯洁就是神。这样说来，你就会明白，这事刚开始时是多么微不足道，多么容易实现；我指的是信心和水；前者在于意志，后者伴随着人的生命。然而，从这两者中生发出来的恩福，天哪，是多么伟大，多么奇妙，不得不使人联想到与神本身的关系！

第三十七章

因为人是一种具有两重性的受造物，是灵魂和身体复合而成的，所以得救的人必然在这两部分上都成为新生命的主人。而灵魂既因信与主融合，就从中得到获救的方式和机会；与生命联合的行为就包含了一种与生命的友好关系。但身体是以另外的方式与救我们的主交往和联合的。正如人出于某种悖逆的行为吃了毒药，就要用另外的药物来缓解其致命的影响（人怎样吃了致命的毒物，就当怎样使解毒剂进入生命器官，以便保证药剂的疗效扩散到全身系统）；同样，我们既已尝了违背本性的毒物②，就必须要有某种解毒剂来把已经被分解的东西黏合起来，这样的解毒剂进入我们体内，就可以借其自身的抗毒力来解除毒物所带给身体的伤害。那么这解毒剂是什么呢？不是别的，就是已经表明胜了死、曾是我们生命之初果的那个身体。如使徒所说的③，一点面酵就能使面团发起来，同样，神已经赐下它不朽的那个身体，当它来到我

---

① 《约翰福音》3：5。

② 格列高利这里似乎是指夏娃吃了智慧果，从而在我们的本性中引入了一种道德和生理的毒物。

③ 《哥林多前书》5：6。

们中间，就使全部身体都转变为它本身。就像毒汁与抗毒剂混合，毒汁就失去了致命的效果，同样，不朽的身体一旦进入接受它的事物里面，就把整体的性质都转化为不朽。不过，任何东西要进入身体，没有别的方式，只能通过吃喝吸收到生命器官里。因而，身体必然以与它的构造相适合的方式接受这种生产生命的权能。因为唯有那个身体是神的器皿，接受了这种不朽的恩典，也因为我们已经知道，我们的身体没有任何其他可能的方式成为不朽，唯有通过它与那个不朽的身体的交往来分有不朽的本性，所以我们必须思考，那身体只有一个，全天下的信徒却有这么多，它如何可能把自己的身体永远地、完整地分配给每个人，同时保持自身的整体性不变。为了使我们的信心基于逻辑推论确定无疑地依靠于我们面前的这个题目，我们不妨稍作题外发挥，对身体作生理学上的思考。谁不了解我们的身体构造？其自身的存在中并不包含生命，正是由于有一种力量或权能从虚无进入它里面，它才有了自己的形态，并能持续存在；又借一种永不停止的运动吸取自己所缺乏的，排出体内多余的。比如一个皮袋，原来装满了液体，但后来袋底有了漏口，那么液体就会变少，不可能再保持充满状态，除非在顶端有另外的液体注进去，重新充满；因而，人看到这皮袋的周边是满鼓鼓的，就知道这种充满并非真的属于他所看见的对象本身，而是那被注入进去的东西在里面使它显现出这种形状和容量。同样，仅就我们身体的构造来说，并没有任何内在的把自己聚合起来的原子可以为我们所认知，完全是由于一种从外面引入进来的力量才使它保持存在。而这种力量就是（并被称为）营养。当然，并非所有的身体所需要的供养都是一样的，管理人自然的主根据各自的情况分配给各个身体相应的营养。有些动物挖出树根当食物，有些食草为生，还有的食肉为主，而人首要的食物是饼；为了使他的身体保持湿润，饮料——不是单纯的水，而是时时加上糖的甜味的水——作为辅食增强我们里面心脏的力量。因而，只要想到这些东西，就是从暗喻的意义上想到我们身体的具体形状。因为那些东西进到我的体内就变成我的血和肉，相应的营养物被吸收之后就转化为我身体的形式。了解了这些特点之后，我们必须再回到当前的问题。这问题就是，基督的一个身体如何使整个人类，也就是一切有信心的人获得活力，并且虽然同时在众人中间，其自身却未有减少？也许现在我们离可能的解释已经不很远了。既然每个身体的存续依赖于营养，而营养要通过吃喝获得，就我们所吃的来说，饼是主食，我们所喝的就是加糖的甜水，既然如一开始所解释的，神的道——既是神又是道——穿戴了人性，进入了与我们一样的身体之中，而没有对人的物理构造进行改造，使它变成另外的样子，而是按通常而适合的方式维持他自己的身体，通过吃喝保证它的延续，吃的就是饼——正如我们自己的情形，前面已经多次说过，只要看到饼，在一定意义上也就是看到人的身体，因为把饼吃进体内，饼就成了身体；同样，就主的情形来说，神所进入的身体，因为分有饼的营养，所以在一定程度上就是与饼同一的；那种营养，如我们所说的，自身转化成了身体的本性。须知，一切肉体所特有的东西也可以认为就是肉体，即，主的身体也是借饼维生的；那身体因神住在它里面，道被转化为神性的尊严。这样，我们完全可以相信，被神的道祝圣了的饼就变成了神的道的身体。那身体曾经暗示了饼，但因为神的道住在里面，成为肉身的帐篷，所以已经变体成圣了。那转化为主的身体的饼缘何成为一种神圣潜能，如今也缘于同样的原因出现了相似的结果。就如在那里，道的恩典使主的身体成为圣洁的，这身体的生计维系于饼，在一定意义上它本身就是饼；同样，在这里，如使徒所说的，饼"因神的道和人的祈求成为圣洁了"①；不是说通过吃的过程它进展到一个阶段，从而变成了道的身体，而是道当下就转变为身体，如道自己所说的："这是我的身体。"另外，一切肉身都靠湿润的东西滋养（没有这种结合，我们属地的部分就不可能维持生命），正如我们靠结实的固

---

① 《提摩太前书》4：5。

体食物维持身体的固体部分，同样，我们要维持湿润部分得靠湿润的原子；这湿润原子一旦进入我们体内，因着其可输送的性质，就转化为血液，特别要注意的是，如果加上酒，它就具有转变为热的能力。既然包含神的肉身也分有这种特定的营养物以维持生计，既然显明出来的神将自己融入可灭的人性是出于这样的目的，即使人类因与神的这种共性而同时得到神化，正是为了这样的目的，通过神圣恩典的安排，他借那个肉身——它是靠饼和酒来维持生命的——把自己灌输到每个信徒里面，使他自己与信徒们的身体结合，以这种与不朽者的联合来保证人也能在不朽上有份。他鉴于人的祈福给予这些恩赐，借此使这些可见事物的本性转化（transelement）① 为不朽的。

第三十八章

至此，我想，除了信心②，关于福音奥秘的疑问已经一一作答，无有遗漏；至于信心，我们在本文只作简单的说明。读者若想得到更精细的阐释，可参看我们已经出版的另外一些著作。在那些著作里，我们尽我们所能热切而准确地解释了这个题目，既与对手展开了论战，也就驳斥我们的问题作出了我们自己的思考。但在本文的讨论中，对于信心这个题目我们只想说与福音的语言直接相关的内容，即凡借属灵的重生而出生的人，就可知道生他者是谁，他要成为怎样的受造物。因为唯有这种生育方式才有力量成为它所选择成为的事物。

第三十九章

须知，凡是出生而来的事物都顺从于那生育它们的父母的动机，

---

① 有解释者认为，这个词的意思是指借助一种额外的恩典转变为另一种样式或用途，这种转变"不改变本性，只在原来的本性上添加恩典"。不过，还应当注意的是，在斐洛看来，这个词是用来指从一种原子变为另一种原子，比如土变为水。——中译者注

② 参见《教会教义手册》："信心就是使人坚定地相信神在圣礼（洗礼）中应许他们的事。"

但属灵的出生却依赖于那被生者的力量。这里当然潜藏着危险，因为既然每个人都可以自由选择，那他就得注意不可错失对他有益的东西。我想，对于被推向自己的生育的人来说，最好是根据先前的推理来决定哪个父亲对他有益，他的本性应包含哪种原子更有益于他。因为如我们已经说过的，这样的孩子有能力选择自己的父母。既然一切存在者可以分为两类，一类是受造的，一类是非受造的，而非受造的世界自身里面拥有不变性和不动性，受造的世界则是可变可动的，那么他经过估算和思考之后应该选择哪个与他有益的，更愿意作他父母的？是处于常变状态的，还是拥有不变、稳定、恒善之本性的？我们知道，福音向我们交代了三个人和名字，信徒的诞生或产生就借它们而发生，从这三位一体生育的就等同于从父、子、圣灵出生——福音就是这样说到灵的："从灵生的就是灵"①，保罗正是"在基督里"②生出信徒的，父则是"众人的父"。所以这里，我恳请听者的心灵在选择时要保持清醒，免得它虽然有能力使坚固不动摇的事物成为其生命的根基，却最终使自己成了某种摇摆不定之事的产物。那按照神的安排到来的人，在他里面所生的与他的心气相一致的东西必显示出大能来；所以，凡认信圣三位一体是非受造的，就踏上了坚定不移的生命之途；而由于错误认识只在三位一体里看到受造的性质，然后在那样的观念里受洗的人，其重生所得的仍是变化不定的生命。因为凡被生的就必然与生育者相似。那么这两者哪一个具有更大的优点，是踏上不变的生命之途，抑或是再次被此生这种变化多端的不稳定生命之波推来荡去？既然凡有一点理解力的人都能清楚地看到，稳定的生活比不稳定的生活具有更高的价值，完全的比缺乏的，没有需要的比有需要的，无须前进、永远驻留在完全的众善之中的，比一步步艰辛地

① 《约翰福音》3：6。
② 《哥林多前书》4：15。

攀登的，具有更大的益处，那么每个人，至少是每个拥有理智的人，就必须在两者之间作出非此即彼的选择，或者相信圣三位一体是属于非受造的世界，从而借助属灵的出生使它成为其自己生命的源泉，或者，如果他认为圣子或圣灵是外在于第一位，即真善，神，父的，那么在他重生之际所接受的信念里就不可包括这两个位格在内，免得他不知不觉地把自己交给那不完全的本性（它自身还需要别人来使它成为善的呢)①，从而使他失去对那高级世界的信心，在一定意义上使自己又回到某种与他自己的本性相同的事物之中。须知，人只要把自己捆绑于受造之物，就不再有从神获得拯救的盼望。由于一切受造物无一例外都是从不存在进入存在的，所以每个受造物都与其自身有一种密切的关联，比如在身体构造上，所有的肢体都有一种天生的相互联系，尽管有些是向下的，有些是向上的；从造物界的观点看，受造物与其自身是同一的，而我们中间的差别，是丰富还是缺乏，绝不会使它脱离这种与自身的天然一致性。在一切从非存在状态进入存在的事物中间，虽然在其他方面彼此各有分别，但在这点上我们发现全都一致，毫无区别。人本身是一种受造的存在物，他若认为圣灵和独生的神也同样是受造的，那么他所怀的走向更好状态的盼望便是虚妄的；因为他的重生只是恢复自身而已。这样，所发生的事就类似于尼哥底母（Nicodemus）的猜测；当我们的主告诉尼哥底母人必须从天上得重生时，他因为无法理解这奥秘的含义，所以只能想到母亲的肚腹②。所以，如果一个人的行为不向着非受造的本性前进，而向着他自身相似并同样受捆绑的本性前进，那么人的出生就是出于下面的，而不是出于上面的。但福音告诉我们，得救者的重生是从上面来的。

---

① 即某个受造物的本性。比如，只是作为人的基督，他自身是不完全的，所以不可能给人完全。

② 《约翰福音》3：4。

第四十章

在我看来，就已经阐述的内容来说，本教义手册的教导还没有完成。我认为，我们应当把这个问题的结果也考虑进去，许多领受了洗礼之恩典的人都忽视这一点，从而误入歧途，自我欺骗，所以只是表面看起来而不是真正地得了重生。因为如果我们还停留在原来的状态中，那么借重生所发生的我们生命中的变化就不可能是真正的变化。我不明白，一个人若仍然处在原来的状态，没有发生一点点与他本性不同的变化，那怎么可能相信他成了另外一个人呢？众所周知，领受救赎的重生就是为了更新改变我们的本性。然而，人性本身在洗礼中没有接受改变，人的理性、悟性、科学能力，以及其他独特品性都没有发生变化。事实上，如果我们本性中的这些属性有哪一个被换走了，这种变化就可能是恶化。既然从上面来的生肯定是对人的更新，而这些属性却不接受改变，那么要探究的问题就是：他身上改变的是什么，成全重生之恩典的变化是什么。显然，当那些印刻在我们本性中的恶性被抹掉了，就发生了一种向良善状态的变化。那么，如果我们在那神秘的洗礼中得了"洗濯"，如先知所说的①，使心里变得"洁净"，灵魂"除掉了恶"，从而变成良善的人，并转变为更好的状态。但当洗礼施用于身体时，灵魂若没有洁净自己情欲的污点，受洗后的生活仍然保持与受洗前的生活一样，那么我得说——虽然这样说可能有点放肆，但我仍然要说，毫不掩饰——在这样的情形中，水只是水，圣灵的恩典根本没有显现在这样的人的洗礼重生上；也就是说，不仅畸形的愤恨，贪婪的情欲，放荡而粗俗的念头，带着傲慢、嫉妒、自夸，毁损神的形像，而且不义的所得也与他同在，他甚至还引诱妇人通奸，寻欢作乐。如果这些以及诸如此类的邪恶受洗后与受洗前一样围绕在他的生命周围，那么我看不出他在

---

① 《以赛亚书》1：16。

什么方面有了变化；在我看来，他与先前完全是同一个人。受到他不公正待遇的人，受到他诬告的人，被他强迫剥夺其财富的人，就这些人而言，虽然他在洗礼之水里洗濯了，但他们在他身上看不到任何变化。他们也没有从他那里听到撒该（Zacchaus）的叫喊："我若讹诈了谁，就还他四倍。"① 在他受洗前他们论到他所说的话，如今仍然完全适用；他们用同样的名字来称呼他，说他是贪婪的人，对别人的东西眼睛发绿的人，把自己的奢侈生活建立在他人的痛苦之上的人。这样的人，仍然停留在原先的道德水平上，却对自己喋喋不休地说着从洗礼中领受的有益的变化，请这样的人听听保罗是怎么说的："人若无有，自己还以为有，就是自欺了。"② 你所不是的，就是你所没有成为的。因而那些已经得了重生的人的福音说："凡接待他的，他就赐他们权柄，作神的儿女。"③ 我们知道，人所生的孩子与父母的本性是完全相同的。所以，如果你已经领受了神，如果你已经成了神的儿女，就当在你的品性里显示出你里面的神，在你自身中显明生你的父来。使我们认得神的那些标记，必使如此出生的子与神的关系显现出来。"他张手，使有生气的都随愿饱足。""他移开过犯。""他懊悔恶。""主对众人仁慈，不会对我们天天发怒。""神是公义的主，在他没有不义之事。"④ 还有其他诸如此类的散布在《圣经》里的经文都教导我们，如果你像这些人那样生活在这样的事中，你实在就是神的孩子；但如果你仍然坚持原有的恶的标记，那么自我唠叨从天上得着的重生是徒劳无益的。先知的预言会驳斥你说："你是'人的儿子'，不是至高者的儿子。你'喜爱虚妄，寻找虚假。'你不知道人是怎样'成为可敬的'，除了成为圣洁的，没有

---

① 《路加福音》19：8。
② 《加拉太书》6：3。
③ 《约翰福音》6：12。
④ 这些引文出自七十子译本的《诗篇》145：16，103：12（《以赛亚书》43：25），《约珥书》2：13，《诗篇》7：11、92：15。

别的道路。"

最后，我们还必须补充以下一点，即，福音书里为那些已经虔敬生活的人所提供的那些好事是无法准确描述出来的。请问，那"眼睛未曾看见，耳朵未曾听见，人心也未曾想到的"① 事怎么可能描述呢？事实上，罪人的痛苦生活与感觉所能感受到的痛苦根本不能相提并论。即使来世的某种惩罚以我们今世所熟知的术语来命名，彼此之间的区别仍然不可谓不悬殊。你已经知道，当你听到火这个词时，要想到一种不同于我们所看见的火的另一种火，那火有这火所没有的东西，因为那火是永不熄灭的，而这火可以凭经验找到许多熄灭方法；一种可以熄灭的火与一种根本不会熄灭的火之间存在着巨大的差异。因而，那火不同于这火。同样，如果一个人听到"虫子"这个词，千万不可因为用了同一个词就以为它是指地上爬行的动物；因为它的修饰词"不死的"要求我们想到另一种动物，而不是此世所熟知的东西。既然这些东西是作为此世之后的来世必然到来的事物立在我们面前的，是按照神对各人生活的公义审判，从各人自己的品性中自然发展出来的结果，那么明智的人必然不会只关心现世，而要更关注来世，并在这短暂的、转瞬即逝的生命中为那不可言说的恩福设立根基，通过正确的选择消除一切邪恶经历；如今他们在此生中如此做了，此后就要在来生得到永恒的回报。

---

① 《以赛亚书》64：4，《哥林多前书》2：9。

译名对照表

A

Abraham，亚伯拉罕

Anomoean，亚诺摩安

Arabia，阿拉伯

Aristotle，亚里士多德

Armenian，亚美尼安

Assyria，亚述

Athen，雅典

Athanasius，阿塔纳修

B

Basil，巴西尔

Basilides，巴西里得

Bethany，伯大尼

C

Caesar，恺撒

Cain，该隐

Cappadocian，卡帕多西亚

Cerdo，塞尔多

Council of Antioch，安提阿公会

Croesus，克罗苏

Chrysostom，克累索斯顿

D

Daniel，但以理

Demiurge，得穆革

E

Elias，以利亚

Epicharmus，埃比迦姆

Epicurean，伊壁鸠鲁主义者

Eunomius，优诺米斯

Ezekiel，以西结

G

Galilee，加利利

Golgotha，各各他

Gregory of Nyssa，尼撒的格列

高利

H

Heraclitus，赫拉克利特

Herod，希律

I

Isaac，以撒

J

Jechoniah，耶哥尼雅

John Damascene，大马士革的
约翰

Joseph，约瑟

Judah，犹大

Judea，犹太地

K

Kebes，刻贝

L

Lazarus，拉撒路

M

Macrina，玛克丽娜

Manes，梅尼斯

Manichaen，摩尼教徒

Marcion，马吉安

Mose，摩西

Mount of Olives，橄榄山

N

Nain，拿因城

Naaman，乃缦

Nicodemus，尼哥底母

Noah，挪亚

O

Origen，奥利金

P

Palestine，巴勒斯坦

Paul，保罗

Peter，彼得

Phineas，斐尼阿

Philo，斐洛

Plato，柏拉图

R

Rebecca，利百加

S

Sabellius，撒伯流

Sadducees，撒都该人

Simmias，西米亚斯

Simon，西门

Socrates，苏格拉底

Sodomite，所多玛

Solomon，所罗门

Stoics，斯多亚派

V

Valentinus，瓦伦廷

X

Xerxes，薛西斯一世

Z

Zacchaus，撒该